개정3판

FABVLA
DOCET

개정3판

FABVLA DOCET

희랍 로마 신화로 배우는 고전 라티움어

김남우 지음

GRAECA et ROMANA FABVLA
LINGVAM LATINAM DOCET

아카넷

Argūmenta

저자서문 · 009
개정판을 내며 · 011
약어표시 · 012
Intrōductiō 라티움어, 라티움어 자모와 발음 · 013

Caput I PRINCIPIVM · 020
명사 변화, 명사 변화 제1변화

Caput II RES PVBLICA ROMANA · 025
동사 변화, 동사 변화 제1변화
RES ROMANA : Via

Caput III OVIDIVS · 032
명사 변화 제2변화, 동사 변화 제2, 3, 3-1, 4변화, 현재 시제, 불규칙 동사 sum
LATINITAS VIVA!

Caput IV EVROPA · 039
형용사 제1/2 변화, 어순, 일치, sum의 과거, 미래
LATINITAS VIVA!

Caput V ARACHNE · 047
불규칙 동사 possum의 현재, 과거, 미래, 명사 변화 제3변화(1), 등위접속사
LATINITAS VIVA!

Caput VI DAPHNE · 055
형용사 제3변화(1), 명령법, 불규칙 동사 volō, eō의 현재, 과거, 미래
LATINITAS VIVA!

Caput VII PHAETHON · 063
동사의 사주, 의문문, 지시대명사(ille, hic)
LATINITAS VIVA!
주요 사주표

Argūmenta

Caput VIII	**NIOBE** 명사 변화 제3변화(2), 지시대명사(is, ea, id) LATINITAS VIVA!	072
Caput IX	**ACTAEON** 과거 시제, 미래 시제, 불규칙 동사 fīō, ferō의 현재 LATINITAS VIVA!	079
Caput X	**CALLISTO** 부정사 구문, 부정사의 시제, 명사 변화 제3변화(3) LATINITAS VIVA!	086
Caput XI	**THISBE** 인칭대명사, 동사 현재 완료, 과거 완료, 미래 완료 RES ROMANA : Cibus	094
Caput XII	**NARCISSVS** 분사, 분사 구문, 형용사 제3변화(2) RES ROMANA : Amphitheātrum Flāvium	102
Caput XIII	**ARETHVSA** 미래수동분사, 동명사, 명사 변화 제4변화 RES ROMANA: Philosophia	110
Caput XIV	**PHILEMON** 목적 분사, 명사 변화 제5변화, 수사 RES ROMANA : Urbs Rōma	119
Caput XV	**PYGMALION** 관계대명사, 의문대명사와 의문형용사, 종속절(관계), 직설법 수동태 현재, 과거, 미래 선택 의문문 RES ROMANA : Domus	126

Caput XVI	IO		135
	형용사 비교급, 최상급, 종속절(비교)		
	RES ROMANA : Septem rēgēs		

Caput XVII	DEVCALION		143
	불규칙 형용사(sōlus 등), 격 용법(속격), 동사 직설법 수동태 완료		
	RES ROMANA : Duodecim tabulae		

Caput XVIII	BYBLIS		153
	격 용법(여격), 격 용법(대격)		
	RES ROMANA : Quaestiō		

Caput XIX	ALKYONE		162
	격 용법(탈격)		
	RES ROMANA : Rēs pūblica		

Caput XX	MEDEA		171
	접속법, 접속법의 시제 일치		
	RES ROMANA : Scrīptōrēs		

Caput XXI	MELEAGROS		180
	주절의 접속법, 전치사의 용례		
	RES ROMANA : Cālendarium		

Caput XXII	ORPHEVS		187
	종속절(간접의문문), 종속절(목적)		
	RES ROMANA : Diī et deae		

Caput XXIII	MORS ACHILLIS		195
	종속절(결과), 종속절(이유, 양보, 비교)		
	RES ROMANA : Fēriae		

Caput XXIV	ARMA ACHILLIS 종속절(조건) RES ROMANA : Bacchānālia	203
Caput XXV	POLYXENA 종속절(시간), 간접화법 RES ROMANA : Nōmen	211

TABVLAE	220
VOCABVLA	238
참고문헌	268
저작권 표시	269
색인	271

저자서문

Fabula docet는 희랍·로마 신화의 원천인 오비디우스 Ovidius의 『변신이야기 Metamorphoses』를 토대로 고전 라티움어를 배우는 교재다. '신화 이야기가 라티움어를 가르친다'라는 뜻을 새겨 교재의 제목을 '이야기가 가르친다 fabula docet'로 정했다. 우리말로 된 교재는 늘 절실하다. 무엇보다도 우리말 문법과 용례에 비추어 쉽고 재미있게 배울 수 있는 이야기 형식의 교재가 항상 요청된다.

Fabula docet는 기초문법을 추려 27과에 담았으며, 각 과는 속담, 문법, 독해, 연습문제, 회화 및 로마문물 등 다섯 꼭지로 구성되었다. 속담(adagia)란 로마 고전작품과 친해지는 과정이다. 문법(grammatica)은 독해에 필요한 문법을 설명한다. 독해(lectio)에서는 오비디우스의 『변신이야기』에서 뽑은 이야기들을 학습 단계별로 쉽게 바꾼 짧은 산문들이 제시된다. 연습문제(pensum)는 문법을 익히고 푸는 문제와 독해를 마치고 확인하는 문제로 이루어졌다. 회화(Latinitas viva)는 고전 라티움어로 자기소개를 하는 방법을 가르친다. 끝으로 로마문물(res Romana)에는 고대 로마 전반을 이해하는 데 도움이 되는 정보들이 제공된다.

Fabula docet는 1,700개 내외의 단어를 기초 어휘부터 학습 단계별로 알맞게 배치했고, 기초 문장론의 핵심을 개괄했으며 기초 형태론과 형태 변화의 원리를 체계적으로 설명했다. 또한 문법을 복습하도록 다양한 연습문제를 마련했고, 후반부에는 카이사르와 키케로, 베르길리우스와 호라티우스 등 로마고전기의 대표적 작가가 쓴 작품에서 유익한 문장을 선별했다.

Fabula docet는 정암학당의 키케로전집 번역분과를 중심으로 구성된 편집위원회에서 원고 심의, 수정안 제시 및 검토의 편집과정을 거쳤다. 편집위원으로 수고하신 김선희 선생님을 비롯하여 강철웅, 성중모, 양호영, 이선주 선생님께 감사드린다. 또 교재개발 기회를 제공한 서강대학교 CORE 사업단과 서강대 철학과 이상섭 선생님께 감사드린다. 그리고 로마문물 소개란에 글을 실어주신 서울대 법대 명예교수 최병조 선생님, 서울대 사범대 역사교육과 김덕수 선생님, 시립대 법대 성중모 선생님, 갤러리 K. ark 관장 박민음 선생님께 감사드린다. 라티움어의 의미와 역사 부분을 검토한 장지연 선생님께 감사드린다. 본문을 검토한 안승훈 선생님과 단어장을 정리한 오수환 선생에게 감사한다. 고맙게도 대우재단이 주최하고 정암학당이 기획·주관한 CrossTalk 시민인문학강좌 라틴어교실을 통해 교재를 만들 수 있었다. 이 교재의 모태가 된 초기 교재 Festina Lente로 배우느라 고생한 학생들에게 감사한다. 어려운 출판 상황에서도 출판을 맡아준 아카넷 출판사와 편집진에게 감사한다.

저자 서문

고전 라티움어를 배우는 여러분의 용기를 응원하며, 거칠고 험난한 고전어의 바다에서 Fabula docet가 여러분이 항로를 잃지 않고 더 멀리 전진하도록 돕는 든든한 길잡이가 되길 기대한다.
Cras ingens iterabimus aequor 내일은 큰 파도를 타리라!
(호라티우스, 서정시 I 7, 32행)

2019. 2. 11.

개정판을 내며

개정판 3판 서문

이번 개정판에서는 3학기제에 맞추어 본문을 25과로 줄이고 문법 내용을 재배치하고 연습 문제를 추가하는 큰 변화가 있었다.

2024. 12. 1.

개정판 2판 서문

1년이라는 짧은 시간에 벌써 개정을 두 번 거듭하였다. 이 교재를 선택한 고전어 교실마다 수업에서 발견된 오류를 전해주었고 개선 사항을 조언해주었다. 전남대학교 철학과, 대우정암 고전어교실, 연세대학교 영문학과, 카이스트 인문사회과학부 등 라티움어 교실을 맡았던 여러 선생님들께 감사드린다.

2020. 2. 3.

개정판 1판 서문

개정판을 내면서 초판의 미흡했던 부분을 대폭 수정하였다. 단어가 처음 등장하는 곳의 쪽수를 교재 맨 뒤의 단어장에 기록하였고 각 과의 단어장에 등재한 어휘도 수정 및 보강하였다. 또한 각 과의 읽기 본문에 수록된 글의 출처를 각각 표시하였다. '로마 철학'에 관한 내용을 읽기 자료로 추가하였다. 사진 자료를 보충했으며 일부는 자리를 바꾸었다.

이제 교사용 지침서가 나와야 한다. 초판에 소략하게 설명한 문법 사항을 어디까지 어떻게 가르쳐야 할지를 검토할 것이고, 또 연습문제 풀이와 더불어 반복 학습에 도움이 될 보충 연습문제를 담을 것이다.

개정판에 도움을 준 선생님들께 감사드린다. 다시 읽어 준 오수환 선생에게 감사한다. 임성진 선생은 초판본 읽기 본문의 오류와 오타를 찾아주었고, 단어의 첫 등장 위치를 확인해주었는바 이에 감사한다.

2019. 8.

약어 표시

감탄	감탄사	*alci*	여격
관대	관계대명사	*alqd*	대격(사물)
관부	관계부사	*alqm*	대격(인물)
관형	관계형용사	*alqo*	탈격
대명	대명사	*coni.*	접속법(coniūnctīvus)
부명	부정대명사	*dat.*	여격(datīvus)
부	부사	*f.*	여성(fēminīnum)
비인	비인칭 동사	*fut. pf.*	미래완료(futūrum perfectum)
수	수사	*fut.*	미래(futūrum)
의대	의문대명사	*gen.*	속격(genetīvus)
의부	의문부사	*imper.*	명령법(imperatīvus)
의접	의문접속사	*impf.*	과거(imperfectum)
의형	의문형용사	*ind.*	직설법(indicātīvus)
전	전치사	*inf.*	부정사(īnfīnītīvum)
접	접속사	*loc.*	장소격(locātīvus)
지명	지시대명사	*m.*	남성(māsculīnum)
		n.	중성(neutrum)
		nom.	주격(nōminātīvus)
abl.	탈격(ablātīvus)	*part.*	분사(participium)
acc.	대격(accūsātīvus)	*pass.*	수동(passīvus)
AcI	대격과 부정사 (accūsātīvus cum īnfīnītīvō)	*pf.*	현재완료(perfectum)
		plpf.	과거완료(plūsquamperfectum)
AcP	대격과 분사 (accūsātīvus cum participiō)	*pl.*	복수(plūrālis)
		pr.	현재(praesēns)
act.	능동(āctīvus)	*sg.*	단수(singulāris)
alcis	속격	*voc.*	호격(vocātīvus)

Intrōductiō

I. 라티움어 Lingua Latīna

1. 라티움어의 의미

라티움어는 로마가 지중해 세계를 지배할 때 지중해 세계의 수많은 민족이 사용한 행정언어다. 기원전 240년 리비우스 안드로니쿠스가 제1차 카르타고 승리를 기념하는 축제에서 공연한 작품을 시작으로 라티움어는 문학 언어가 되었고 엔니우스, 플라우투스, 베르길리우스, 호라티우스, 오비디우스 등의 시인이 있었다. 루크레티우스와 키케로, 세네카 등은 라티움어로 철학책을 저술하였다. 리비우스는 라티움어로 쓰인 역사서를 남겼다.

라티움어는 로마제국을 넘어선다. 로마제국이 사라진 후에도 라티움어의 위세는 줄어들지 않았다. 구어체 라티움어인 '대중 라티움어 Vulgata'는 프랑스어, 이탈리아어 등의 언어로 발전하며 모든 라티움어 계열의 뿌리가 되었다. 대중 라티움어는 영어에도 많은 영향을 남겼다.

라티움어는 외교 언어다. 로마제국이 사라진 뒤에도 라티움어는 각 도시와 지방을 연결하는 언어였다. 각 민족어가 발달하였고 각 도시와 지방이 서로 소통할 가능성을 열어둘 필요가 있었기에 그들은 외교적으로 중요한 문건에 라티움어를 택하였다. 기독교에서 라티움어는 예배와 신학의 언어였다. 또 라티움어는 의학, 식물학 등에서 병명이나 신체 기관의 명칭, 식물의 학명을 정하는 데 사용되었다.

Cupīdō

2. 라티움어의 형성

라티움어는 인도유럽어족에 속한 방언이다. 인도유럽어족은 희랍어, 라티움어, 게르만어, 켈트어를 비롯하여 이란어, 범어, 슬라브어, 발트어 등을 포함한다. 기원전 1200년경 알프스를 넘어 이탈리아 반도로 들어온 인도게르만어의 한 부류는 다시 이탈리아 중서부의 라티움어, 이탈리아 중남부의 오스키어, 이탈리아 북동쪽의 움부리아어 등으로 갈라진다.

라티움어는 우선 로마와 같은 뿌리를 갖는 라티움 동맹 도시들의 언어였다. 로마와 인접한 에트루리아 문명은 인도유럽어

Gladiātōrēs

에 속하지 않는다. 희랍 자모를 조금 변형하여 사용한 에트루리아 자모는 로마 자모 형성에 영향을 미쳤다. 이탈리아 남부의 희랍 식민지 도시들은 모국의 희랍어를 사용하였다. 로마가 이탈리아 반도를 통일할 때 라티움어는 주변의 언어들을 밀어내고 이탈리아 반도를 언어적으로 통일한다. 물론 오스키아어와 움부리아어는 기원후 1세기 무렵까지 라티움어와 나란히 쓰였다.

현재 남아 있는 가장 오래된 라티움어 문장은 기원전 6세기 내지 5세기의 것으로 추정되는 도기에 새겨져 있다. 12표법은 기원전 450년경에 쓰였다. 한니발 전쟁 이후 라티움어에 희랍어의 영향이 점차 증가하였다. 기원전 1세기 전반 루크레티우스(55년 몰), 카툴루스(55년 몰), 살루스티우스(86~35년) 등은 의식적으로 희랍어에 맞서 라티움어를 발전시켰다. 이때 일상 라티움어가 문학과 과학과 철학의 언어로 크게 성장한다. 고전기 라티움어는, 기원후 1세기 퀸틸리아누스의 판단에 근거하여, 키케로, 카이사르, 리비우스, 베르길리우스, 호라티우스, 오비디우스를 포함하여 기원후 14년 아우구스투스 사망에 이르는 기간을 아우른다.

이후부터 대략 기원후 250년까지 사용된 라티움어를 황제기 라티움어라고 부르는데, 이때 키케로의 작품들은 산문의 전범이 된다. 페트로니우스, 타키투스, 아풀레이우스 등이 이 시기를 대표한다. 문어와 구어의 간극이 발생하기 시작하였고, 정치적 이유에서 희랍어의 영향이 다시 강하게 대두된다. 또 이 시기에 대중 라티움어(Vulgata)에 기반을 둔 기독교 라티움어가 생겨난다. 문어체의 고전기 라티움어와 확연히 구분되는 구어체의 대중 라티움어를 통해 일반 대중에게 기독교를 선교하면서 기독교 라티움어가 형성된다.

기독교가 국교가 되자, 기독교 라티움어는 키케로의 전범을 받아들인다. 락탄티우스는 기독교 라티움어를 피하고 고전 라티움어를 쓰려고 노력하였다. 아우구스티누스는 키케로의 전범을 따

르면서 동시에, 교육받지 못한 사람들을 위한 설교에서 기독교 라티움어를 사용하였다. 히에로뉘무스는 고전기 라티움어와 기독교 라티움의 균형을 추구하였는바, 그가 교황의 명으로 새로 번역한 라티움어 성경(불가타 성경 Vulgata)에서 기독교 라티움어의 영향을 볼 수 있다.
대중 라티움어는 고전 라티움어로부터 크게 벗어나 있었지만, 교회를 찾은 백성들이 이해할 수 있는 라티움어였다. 기원후 7~8세기에 이르러 고전 라티움어를 지향하는 교회 지식인들의 라티움어는 '대중 라티움어'와 큰 차이를 보인다. 9세기로 접어들면서 대중 라티움어로부터 백성들의 새로운 언어가 생겨나기 시작한다. 이때부터 라티움어는 문어로만 쓰였고, 지배계급이 라티움어의 부활을 꾀할수록 라티움어는 백성들이 이해하기 어려운 언어가 되었다.
오늘날 라티움어계는 프랑스어, 이탈리아어, 스페인어, 포르투갈어, 루마니아어, 스위스의 레토로만어 등을 들 수 있다. 영어는 영국이 기독교를 받아들이면서 기독교 라티움어의 영향을 받았고, 노르망족의 지배를 받으며 라티움어계의 프랑스어가 혼입된다.
르네상스 시대에 페트라르카는 다시 키케로의 라티움어를 전범으로 삼는다. 단테와 페트라르카가 시작한 고전 라티움어 운동은 에라스무스에게 이르러 꽃피기 시작하였다. 19세기 후반까지도 대학들은 박사논문을 고전 라티움어로 쓰기를 요구하였다.

Forum Rōmānum © Diana Ringo

Erasmus, *Laus stultitiae*, 1511.

More, *Utopia*, 1516.

Copernicus, *De revolutionibus orbium caelestium libri VI*, 1542.

Kepler, *Mysterium Cosmographicum*, 1596.

Bacon, *Novum Organum*, 1620.

Galilei, *Fisico mathematica*, 1623.

Descartes, *Meditationes de prima philosophia*, 1641.

Leibniz, *De principio individui*, 1663.

Spinoza, *De intellectus emendatione*, 1677.

Newton, *Philosophiae naturalis principia mathematica*, 1687.

Euler, *Nova theoria lucis et colorum*, 1746.

Humboldt, *Florae Fribergensis Specimen*, 1793.

Gauß, *Disquisitiones arithmeticae*, 1801.

II. 라티움어 자모와 발음

1. 기원전 1세기까지 라티움어 자모(abecedārium)는 21자로 구성된다.

A B C	D E F	G H I	K L M	N O P	Q R S	T V X
a be ce	de e ef	ge ha i	ka el em	en o pe	qu er es	te u ex

Y Z   y Graeca, Zeta 이 두 글자는 기원전 1세기에 희랍어를 적기 위해 들어온다.

I V   자음(j, w)이기도 하고 모음(i, u)이기도 하다.
           IVVENIS, VARIVS, IVS

C G K Q   C는 K를 대신하기도 하고 G를 대신하기도 한다.
           약자 C. 는 Gaius를 나타낸다.
           K는 점점 C로 적게 되어 나중에는 Kalendae, Kaeso 등만 남는다.
           Q는 언제나 V와 붙여 쓴다.

2. 글자는 고대 말까지 대문자로만 적었다. 우리는 소문자를 사용하며, 대문자는 문장(혹은 문단)의 시작이나 고유명사(형용사)의 첫 글자에만 사용한다. 로마공화정 말기에도 소문자가 일부 사용되었지만, 출판에 소문자가 적용된 것은 기원후 9세기 이후로 보인다.

기원후 113년에 건립된 트라야누스 기념비

3. 원칙적으로 모든 글자를 읽는다. 모음을 중심으로 적절히 음절을 구성하여 읽는다.
    모음 a, e, i, o, u는 각각 장단의 구별이 있다.
    복모음 ae, au, ei, eu, oe, ui은 한 음절이며 언제나 장음절을 이룬다.

장단	ā-nus, ă-nus, ăn-nus, oc-ci-dō, oc-cī-dō
	a-mat, a-mā-mus
복모음	moe-ni-a, foe-dus, po-ē-tae
	pu-el-lae, lau-dat, cae-lum, nau-tae, Cae-sar
	Eu-rō-pa, seu, heu, de-us, me-us
	dein-de, ei-us[ei-jus], hui-us[hui-jus], cui-us[cui-jus], fu-it
모음 i	is, id, fu-it
자음 i	ia[ja]-cet, iu[ju]-ve-nis, Iū-li-us
	māi-or[mai-jor], hui-us[hui-jus], cui-us[cui-jus], et-iam[eti-jam]
모음 u	ei-us[ei-jus], hui-us[hui-jus], cui-us[cui-jus], fu-it
자음 u	quae-rō, e-quus, quis, lin-gua, san-guis, per-suā-de-ō
자음 v	iu-ve[we]-nis, vē[wē]-nī, vī[wī]-dī, vī[wī]-cī, vī[wī]-vō[wō],
	vol[wol]-vō[wō]

b	bi-bō, bo-nus, bel-lum, pū-bli-ca, bra-chi-um
bs, bt	urbs[ps], ob[op]-ti-ne-ō
c	cī[ki]-vis, Cae-sar, crī-men, crē-dō, oc-ci-dō
g	a-gō, fin-gō, glō-ri-a, gra-dus
gn	gig[ŋ]-nō, sig[ŋ]-num, mag[ŋ]-num, dīg[ŋ]-nus, Gnae-us
h	hui-us[hui-jus], haec, hic, ha-run-dō, hi-run-dō
n	sā-nus, nā-tū-ra, an-nus, mēn-sa, dīg-nus
	fin[ŋ]-gō, sān[ŋ]c-tus, re-lin[ŋ]-quō, vin[ŋ]-cu-la
q, 항상 qu	qu[kw]ae-rō, e-qu[kw]us, qu[qw]is, qu[qw]id
r	cū-ra, cur-rus, spē-rō, drā-ma, Drū-sus
s	sed, spē-rō, sci-en-ti-a, ē-mis-sum
t	te-ne-ō, vē-ri-tās, Tacitus, Titus, cas-tra, pa-trem, mit-tō
	ra-ti-ō, sen-ti-ō, nā-ti-ō-nēs, ob-ti-ne-ō, ō-ti-um
x	mix[ks]-tum, rēx[ks], vōx[ks], ex-er-ce-ō, a-xis[ak-sis], u-xor[uk-sor]
ch	pul-cher, ar-chi-tec-tū-ra, cha-rac-tēr, scho-la
ph	phi-lo-so-phi-a, tri-um-phus
th	the-ā-trum, Thē-bē, ma-thē-ma-ti-ca

4. 음절 구분의 규칙

   1) 두 모음 사이에 위치한 하나의 자음은 뒤쪽 모음에 속한다.
   2) 연속된 두 모음은 두 음절로 분리한다.
   3) 연속된 자음의 마지막 자음은 뒤쪽 음절에 속한다.
   4) 폐쇄음(p, b, t, d, c, g) + 유음(l, r)은 하나의 자음으로 간주한다.
   5) qu, ch, ph, th는 하나의 자음으로 간주한다.
   6) 복합된 단어는 어원별로 구분한다.

   do-mus, a-mī-cus, me-us, an-nus, sānc-tus, pa-trem, sīc-ut
   re-spon-de-ō, sus-ci-pi-ō, su-spi-ci-ō, scho-la, quo-que

5. 한 단어의 강세는 3음절 규칙에 따른다.
   1) 2음절 단어는 앞 음절에 강세를 둔다.
   2) 3음절 이상의 단어는 마지막에서 두 번째 음절이 장음절인 경우, 그 음절에 강세를 둔다.
   3) 마지막에서 두 번째 음절이 단음인 경우, 마지막에서 세 번째 음절에 강세를 둔다.
   4) 장모음을 가진 경우, 또는 모음 뒤에 연속된 자음이 둘 이상일 경우, 장음절로 간주한다.

   nē-mō, ser-vat, u-xor, tem-plum

   ō-ti-um, in-ci-dō, mā-tri-bus, re-spon-de-ō, Gal-li-a, oc-ci-dō

   de-ō-rum, Ger-mā-nus, per-mit-tō, dū-xē-runt, oc-cī-dō

Lūcius Cornēlius Scīpiō Barbātus 석관, Rōma

Caput I　PRINCIPIVM

ADAGIA

에라스무스, 〈격언집 *Adagia*〉 II i 1

하지만 왕이 저지른 한 번의 망설임 혹은 한 번의 성급한 결정은, 불멸의 하느님, 얼마나 큰 폭풍을 야기하며 인간사의 얼마나 큰 몰락을 초래하는가! 하지만 왕이 '천천히 서둘러라'를 자신의 규칙으로 삼는다면, 다시 말해 적시에 올바른 결정을 내리고 현명하게 물러서기도 하며, 추진력과 조심성의 적절히 균형 잡힌 혼합하는 중용을 보여준다면, 그리하여 왕이 경솔하게 처리하여 나중에 후회할 일을 하지 않거나 태만으로 소홀하게 일을 행하지 않는다면, 이것은 국가에 얼마나 커다란 이익이 되겠는가? 내가 묻거니와, 이런 국가보다 복되고 굳건하며 건실한 나라가 있을 수 있겠는가?

천천히 서둘러라!
Festīnā lentē!

Vespasiānus 황제 때 발행된 dēnārius

GRAMMATICA LATINA

I. 명사 변화

1. 명사 어미는 성(genus), 수(numerus), 격(cāsus)에 따라 변화한다.
2. 성 : 남성(*m.*), 여성(*f.*), 중성(*n.*)
3. 수 : 단수(*sg.*), 복수(*pl.*)
4. 격 : 주격(*nom.*), 속격(*gen.*), 여격(*dat.*), 대격(*acc.*), 탈격(*abl.*), 호격(*voc.*)
5. 예외적으로 장소격(*loc.*)이 일부 남아 있다.

II. 명사 변화 제1변화

fōrma, ae, *f.* 형상   nauta, ae, *m.* 선원

fōrma	fōrmae	nauta	nautae
fōrmae	fōrmārum	nautae	nautārum
fōrmae	fōrmīs	nautae	nautīs
fōrmam	fōrmās	nautam	nautās
fōrmā	fōrmīs	nautā	nautīs

agricola, ae, *m.*   casa, ae, *f.*   fāma, ae, *f.*   incola, ae, *m./f.*   fābula, ae, *f.*

Praedia di Iulia Felix, Pompeii

VOCABVLA

agricola, ae, *m.* 농부	incola, ae, *m./f.* 주민	lentē 천천히
aura, ae, *f.* 공기	massa, ae, *f.* 덩어리	
casa, ae, *f.* 집	Mūsa, ae, *f.* 음악의 여신	ergō 따라서
concordia, ae, *f.* 화합, 질서	nātūra, ae, *f.* 자연	et 그리고
cūra, ae, *f.* 근심, 돌봄	pūgna, ae, *f.* 투쟁	sed 그러나
fābula, ae, *f.* 이야기	terra, ae, *f.* 대지	
fāma, ae, *f.* 명성	unda, ae, *f.* 파도, 바다	ab/ā 로 부터, 에 의하여(*abl.*)
fēmina, ae, *f.* 여성		dē 로 부터, 에 관하여(*abl.*)
flamma, ae, *f.* 화염	nōn 아니	in 안으로(*acc.*), 안에(*abl.*)
fōrma, ae, *f.* (아름다운) 형상	nunc 이제	

LECTIO : PRINCIPIVM

In prīncipiō est chaos. Chaos est massa mixta. Et in massā sunt pūgnae. Ergō fōrma nōn est in mundō. Ā nātūrā autem massa est dīvīsa in terram et undam et flammam et auram. Unde fōrmae sunt in mundō. Nunc in mundō nōn pūgna, sed concordia est.

『변신이야기』 1, 5~55행

in prīncipiō 태초에
chaos, *n.* 혼돈이
est, sunt 이다, 있다
mixta 뒤섞인
in mundō 세상에
autem 하지만
est dīvīsa 나뉘었다
unde 거기로부터

PENSUM

I. 라티움어로 답하시오.

1. Quid est in prīncipiō?
2. Quid est chaos?
3. Quōmodo est dīvīsa massa?
4. Unde fōrmae sunt in mundō?
5. Quid est nunc in mundō?

quid? 무엇이
quōmodo 어떻게?
unde? 어디서

II. 변화표를 완성하시오.

1. fōrma
2. fābula
3. pūgna
4. nātūra
5. unda
6. flamma

Lupa Rōmāna

III. 변화형을 쓰시오.

1. aura의 *pl. gen.*
2. flamma의 *pl. acc.*
3. terra의 *sg. dat.*
4. massa의 *sg. abl.*
5. concordia의 *pl. nom.*
6. incola의 *pl. dat.*

IV. 우리말로 옮기시오.

1. Aurōra est Mūsīs amīca.
2. Ālea iacta est.
3. Aquila nōn captat muscam.
4. At rēgīna est saucia cūrā.
5. Fēmina dux est.

Aurōra 새벽의 여신
ālea 주사위, iacta 던져진
aquila 독수리, musca 파리
captat 잡다
at 그런데, saucia 상처 입은
dux 지도자

V. est, sunt 가운데 알맞은 형태를 선택하시오.

1. Fōrmae multae (   ).
2. Dē mundō (   ) fābulae.
3. Fōrma nōn (   ) in prīncipiō.
4. In massā mixtā (   ) pūgnae.
5. Pūgnae (   ) in mundō.

multae 많은

VI. 라티움어로 옮기시오.

1. 태초에 혼돈이 있다.
2. 세상에 아무런 형태가 없다.
3. 세상에 투쟁들이 있다.
4. 덩어리는 땅과 물과 불과 바람으로 나뉘었다.
5. 세상에 투쟁이 아니라 질서가 있다.

Caput II — RES PVBLICA ROMANA

ADAGIA

세네카, 〈분노에 관하여 *Dē īrā*〉 II 29

분노를 치료하는 최고의 처방은 시간입니다. 우선 분노에 시간을 요구하십시오. 용서가 아니라 생각을 요청하십시오. 분노는 초기에는 강한 충동을 지니지만, 기다리면서 약화됩니다. 분노를 한꺼번에 없애려고 하지 마십시오. …… 전해들은 것들을 곧바로 믿어서는 안 됩니다. 많은 사람은 속이기 위해 거짓말을 전하며, 많은 사람은 자신들이 속았기 때문입니다. 어떤 자는 비방을 통해 호의를 구하려고 하며, 불의를 당해서 고생한 것처럼 불의를 지어냅니다. 사악한 자들이 있어 친밀한 우정을 갈라놓으려고 합니다. 못된 자들이 있어 멀리서 안전하게 재미삼아 서로 앙숙이 되어 싸우는 것을 지켜보는 자들이 있습니다. …… 진실은 많이 살펴볼수록 더욱 분명히 드러나는 법입니다.

분노를 치료하는 최고의 처방은 시간입니다.
Maximum remedium īrae est mora.

īra Achillis

GRAMMATICA LATINA

I. 동사 변화

1. 동사 어미는 법(modus), 태(genus), 시제(tempus), 인칭(persōna), 수(numerus)에 따른다.
2. 법 : 직설법(*ind.*), 접속법(*coni.*), 명령법(*imper.*)
3. 태 : 능동태(*act.*), 수동태(*pass.*)
4. 시제 : 현재(*pr.*), 과거(*impf.*), 미래(*fut.*), 현재완료(*pf.*), 과거완료(*plpf.*), 미래완료(*fut. pf.*)
5. 인칭 : 1인칭, 2인칭, 3인칭
6. 수 : 단수(*sg.*)와 복수(*pl.*)

II. 동사 변화 제1변화

amō, āre 사랑하다

직설법 능동 현재   직설법 수동 현재

amō	amā-mus	amo-r	amā-mur
amā-s	amā-tis	amā-ris	amā-minī
ama-t	ama-nt	amā-tur	ama-ntur

laudō, āre   ambulō, āre   habitō, āre   labōrō, āre   festīnō, āre

잔치, Pompeii, Casa dei Casti Amanti

VOCABVLA

āra, ae, *f.* 제단	stīlla, ae, *f.* 물방울	frequenter 빈번히
aqua, ae, *f.* 물	via, ae, *f.* 길	tandem 마침내
dea, ae, *f.* 여신	vīta, ae, *f.* 삶, 생명	valdē 매우
corōna, ae, *f.* 화관		
īnsula, ae, *f.* 섬	ambulō, āre 여행하다	ad 로, 근처에서(*acc.*)
paenīnsula, ae, *f.* 반도	cūrō, āre 돌보다	inter 사이에(*acc.*)
poēta, ae, *m.* 시인	festīnō, āre 서두르다	per 를 통하여(*acc.*)
porta, ae, *f.* 대문	habitō, āre 거주하다	
prōvincia, ae, *f.* 속주	laudō, āre 칭송하다	nōn sōlum...sed etiam
rēgīna, ae, *f.* 여왕	narrō, āre 이야기하다	뿐만 아니라...도
serva, ae, *f.* 하녀	nāvigō, āre 항해하다	
statua, ae, *f.* 조각상	sānō, āre 치료하다	

LECTIO : RES PVBLICA ROMANA

Populus Rōmānus in paenīnsulā Italiā habitat. In initiō Rōma est parva. Tandem urbs Rōma est maxima nōn sōlum in Italiā, sed etiam in Eurōpā. Gallia Hispānia Āfrica Asia Graecia sunt prōvinciae Rōmānae. Et īnsulae, Sicilia Corsica Sardinia, sunt prōvinciae. In Italiā et prōvinciīs Rōmānīs sunt valdē multae viae. Via Appia est rēgīna viārum. Per viās frequenter ambulant Rōmānī.

Populus Rōmānus 로마인민은
in initiō 처음에
parva 작은
urbs 도시
maxima 가장 큰
multae 많은
Rōmānī 로마 사람들은

PENSUM

I. 라티움어로 답하시오.

1. Ubī habitat populus Rōmānus?
2. Quid est Italia?
3. Quid est Sicilia?
4. Ubī est Italia?
5. Quid est via Appia?

ubī? 어디에
quid? 무엇?

II. 변화표를 완성하시오.

1. īnsula	2. statua	
3. agricola	4. dea	
5. tenebrae	6. porta	

tenebrae, ārum, *f. pl.* 어둠

III. 변화형을 찾으시오.

1. fāma의 *pl. gen.*
2. aqua의 *pl. acc.*
3. vīta의 *sg. dat.*
4. poēta의 *sg. abl.*
5. prōvincia의 *pl. nom.*
6. corōna의 *pl. dat.*

IV. 변화형을 완성하시오.

1. habitō
2. cūrō
3. sānō
4. labōrō
5. laudō
6. nāvigō

V. 우리말로 옮기시오.

1. Medicus cūrat, nātūra sānat.
2. Assidua stīlla saxum excavat.
3. Via trīta via tūta.
4. Sīmia in purpurā.
5. Fāmam cūrant, nōn cōnscientiam.

medicus 의사가
assidua 끈질긴
saxum 바위를, excavat 뚫는다
trīta 밟은, tūta 안전한
sīmia 원숭이, purpura 관복
cōnscientiam 양심을

VI. 우리말로 옮기시오.

1. Athēnae ā Rōmā longē absunt.
2. Trōia ab Athēnīs longē abest.
3. Hispānia ā Trōiā longissimē abest.
4. Crēta ā Siciliā longissimē abest.
5. Trōia et Athēnae inter sē longē absunt.

longē 멀리
longissimē 아주 멀리
inter sē 서로

VII. 라티움어로 옮기시오.

1. 그들은 속주들의 길을 돌본다.
2. 그들은 속주들을 칭송한다.
3. 로마인민은 속주들에 살고 있다.
4. 그들은 길을 통해 자주 여행한다.
5. 로마인민은 속주로 항해한다.

RES ROMANA : Via

"그리고 타르퀴니우스가 제일 처음으로 로마 성벽을 건설했는데, 예전에는 다만 임시적으로 아무렇게나 쌓았던 것이었다. 이때 장방형으로 다듬은 거대한 석재들이 이용되었다. 그는 또한 대하수도를 파기 시작하였다. 시내에서 모인 하수는 대하수도를 통해 티베리스 강으로 배출되었다. 이는 무어라고 형언할 수 없는 놀라운 건축물이다. 실로 내 생각에 로마가 만들어낸 세 가지 대단한 작품은, 이를 통해 로마제국의 위대함이 드러나는 작품은 수도교(水道橋), 고속도로, 대하수도라 하겠다."(할리카르나소스의 디오뉘시오스 『로마상고사』 III 67, 5)

- Via Appia : 로마에서 브룬디시움(Brundisium)에 이르는 도로. 기원전 312년부터 건설 시작. 약 540km.
- Via Aurēlia : 로마(porta Aurēlia)에서 피사이(Pīsae)에 이르는 도로. 336km. 나중에는 나르보 속주의 도시 아렐라테(Arelāte)까지 연장되어 962km에 이름. 기원전 241년부터 건설 시작.
- Via Latīna : 로마(porta Latīna)에서 카푸아에 이르는 도로. 카푸아(Capua)에 이르는 기원전 5세기 혹은 4세기의 도로를 확장하여 만듦. 218km.
- Via Tīburtīna : 로마(porta Esquilīna)에서 티부르(Tībur)에 이르는 도로. 기원전 286년경 건설 시작. 나중에 아드리아 해의 아테르눔(Aternum)까지 연장. 200km.
- Via Flāminia : 로마(porta Fontinālis)에서 아드리아 연안의 아리미눔(Arīminum)에 이르는 도로. 기원전 220년경 건설 시작. 283km.
- Via Salāria : 로마(porta Salāria)에서 카스트라 트루엔티눔(Castrum Truentinum)에 이르는 길로, 애초 기원전 400년경 사비눔(Sabīnum) 지역까지 소금을 나르던 도로.

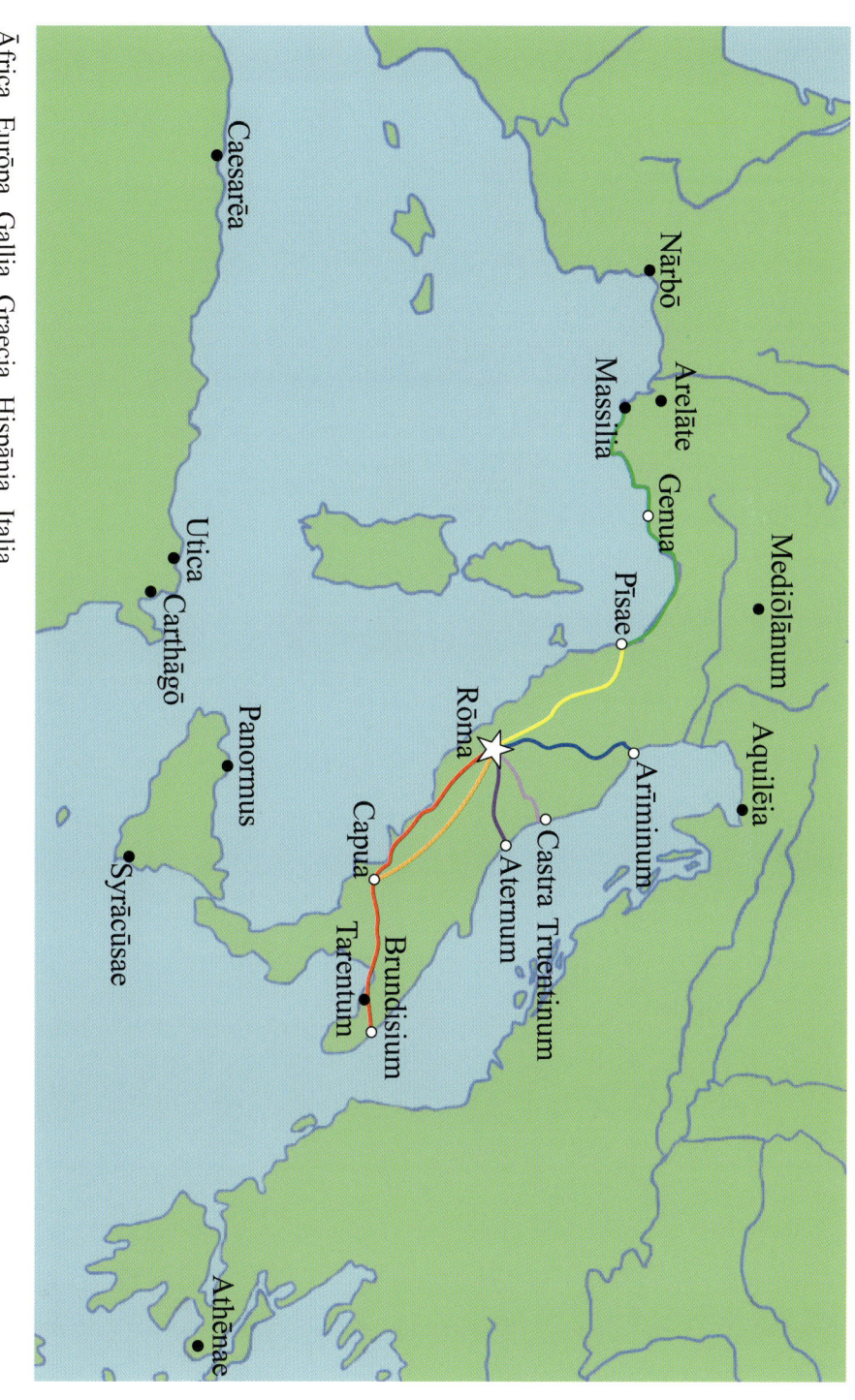

Āfrica, Eurōpa, Gallia, Graecia, Hispānia, Italia

Caput III OVIDIVS

ADAGIA

호라티우스, 〈시학 *Ars poētica*〉 347행 이하

잘못이지만, 덮을 만한 잘못이 있습니다.
손과 마음이 가는 대로 현이 울지 않기 때문이고,
(저음을 원하는데 늘상 고음을 내놓습니다.)
활도 겨눈 것을 늘 맞추진 않기 때문입니다.
시 전반이 훌륭히 빛난다면 사소한 오점을
꼬집지 않습니다. 부주의가 퍼질러 놓았거나
인간 본성상 피할 수 없기 때문일 터. 어떨까요?
예를 들어 필사자가 같은 실수를 반복한다면,
타일러도 그렇다면 용서 없습니다. 키타라 주자가
같은 현을 계속 헛짚는다면 질타할 겁니다.
거듭 실수하는 자는 또 다른 코이릴루스이니,
두세 번 성공할 때 경탄합니다. 한편
훌륭한 호메로스가 졸 때면 화를 냅니다.
하나 엄청난 작업에 기어든 졸음은 당연한 일.

훌륭한 호메로스가 좁니다.
Bonus dormītat Homērus.

Homērus, Bāiae © Marie-Lan Nguyen

GRAMMATICA LATINA

I. 명사 변화 제2변화

amīcus, ī, *m.* 친구   dōnum, ī, *n.* 선물   liber, brī, *m.* 책   puer, puerī, *m.* 소년

amīcus	amīcī	dōnum	dōna	liber	librī	puer	puerī
amīcī	amīcōrum	dōnī	dōnōrum	librī	librōrum	puerī	puerōrum
amīcō	amīcīs	dōnō	dōnīs	librō	librīs	puerō	puerīs
amīcum	amīcōs	dōnum	dōna	librum	librōs	puerum	puerōs
amīcō	amīcīs	dōnō	dōnīs	librō	librīs	puerō	puerīs

ager, agrī, *m.*   animus, ī, *m.*   arma, ōrum, *n. pl.*   castra, ōrum, *n. pl.*
oppidum, ī, *n.*   bellum, ī, *n.*   studium, ī, *n.*   verbum, ī, *n.*

1. 단수 주격 -us(-ius)로 끝나는 제2변화 명사는 -e(-ī)의 호격 어미를 가진다.
   Ubī es, puer?   Mārce cāre!   Iūlī pulcher!   Mī fīlī cāre!
2. 모든 중성 명사는 주격과 대격이 동일하고, 복수 주격과 대격은 -a로 끝난다.

II. 동사 변화 제2, 3, 3-1, 4변화

teneō, ēre 잡다   dūcō, ere 이끌다   capiō, ere 잡다   audiō, īre 듣다

teneō	tenēmus	dūcō	dūcimus	capiō	capimus	audiō	audīmus
tenēs	tenētis	dūcis	dūcitis	capis	capitis	audīs	audītis
tenet	tenent	dūcit	dūcunt	capit	capiunt	audit	audiunt

doceō, ēre   dēbeō, ēre   iubeō, ēre   dīcō, ere   mittō, ere
petō, ere   faciō, ere   rapiō, ere   sentiō, īre   veniō, īre

1. 동사 변화형은 어간말미 -ā, -ē, -ĕ, -ī 를 기준으로 분류한다.
2. 제3변화 동사는 현재 1인칭 단수형에서 -ō, -iō로 갈라진다.

III. 현재 시제(praesēns)

1. 현재 시제는 현재 계속되는, 반복되는 사건을 기술한다.
2. 현재 시제는 불변의 진리 등 항구적인 사태를 기술한다.
3. 현재 시제가 과거사건을 기술할 때 이를 역사적 현재(praesēns historicum)라 한다.
4. 접속사 dum은 시제와 무관하게 일반적으로 현재 시제를 동반한다.

IV. 불규칙 동사

sum, esse 이다, 있다

sum	sumus
es	estis
est	sunt

Ovidius © Kurt Wichmann

VOCABVLA

ager, agrī, *m.* 밭, 토지	littera, ae, *f.* 글자, 문학	currō, ere 달리다
amīcus, ī, *m.* 친구	lūdus, ī, *m.* 학교, 축제	dīcō, ere 말하다
anima, ae, *f.* 숨결, 영혼	magister, trī, *m.* 선생님	dō, are 주다
animus, ī, *m.* 영혼	nūntius, ī, *m.* 전령	doceō, ēre 가르치다
arma, ōrum, *n. pl.* 무기	oppidum, ī, *n.* 도시, 마을	ēmendō, āre 고치다, 개선하다
barba, ae, *f.* 턱수염	patria, ae, *f.* 조국, 고향	gaudeō, ēre 기뻐하다, 즐기다
bellum, ī, *n.* 전쟁	pecūnia, ae, *f.* 돈	maneō, ēre 머물다
caelum, ī, *n.* 하늘	philosophus, ī, *m.* 철학자	servō, āre 지키다
castra, ōrum, *n. pl.* 군영	studium, ī, *n.* 공부, 열정	scrībō, ere 쓰다
dominus, ī, *m.* 주인	verbum, ī, *n.* 단어, 말	temptō, āre 시도하다
fīlius, ī, *m.* 아들	vir, virī, *m.* 남자, 남편, 사내	
fluvius, ī, *m.* 강		semper 항상, 영원히
forum, ī, *n.* 광장	canō, ere 노래하다	tamen 그럼에도
līberī, ōrum, *m. pl.* 자녀, 자식	colō, ere 경작하다, 살다	

LECTIO : OVIDIVS

Quis sum? Ovidius mihi nōmen est. Sulmō mihi patria est. Quid sum? Poēta sum. Semper pater dīcit: "Quid studium inūtile temptās? Homērus ipse nōn pecūniās relīquit." Mōtus sum, sed tamen semper Mūsīs amīcus sum. Semper studium litterārum mihi manet. Multa quidem scrībō, multa ēmendō, multa flammīs dō. Nunc fābulās dē mūtātīs fōrmīs vōbīs dīcō. Fābulae mihi fāmam dant.

quid? 무엇?, quis? 누구?
mihi 나에게
nōmen 이름은
pater 아버지가
inūtile 쓸모없는
ipse 본인도
relīquit (*pf.*) 남겼다
mōtus 흔들린
multa 많은 것을, quidem 실로
mūtātīs 변화된
vōbīs 너희에게

『슬픔의 노래 *Trīstia*』 4, 10

Caput III

『변신이야기』 1606년 출판본 표지

PENSUM

I. 다음을 라티움어로 옮기시오.

1. 농부는 밭에서 일한다.
2. 선생님은 글을 가르친다.
3. 시인은 이야기들을 들려준다.
4. 그들은 광장으로 달려간다.
5. 그들은 자식들을 사랑한다.

II. 다음에 알맞은 동사를 채우시오.

1. Egō et tū (   ) in casā.
2. Egō et Tullia (   ) in viā.
3. Tū et Tullia (   ) in lūdō.
4. Mārcus et Tullia (   ) in undīs.
5. Deus et dea (   ) in caelīs.

habitō
spectō
labōrō
nāvigō
festīnō

III. 변화표를 완성하시오.

1. animus
2. verbum
3. bellum
4. arma
5. castra
6. magister

IV. 우리말로 옮기시오.

1. Rhodanus est fluvius in Galliā.
2. Rhēnus et Danuvius fluviī in Germāniā sunt.
3. Apollō medicīnae et medicōrum deus est.
4. Neptūnus dominus Ōceanī et fluviōrum est.
5. Mercurius nūntius deōrum est.

medicinae 의학의
Ōceanī 바다의

V. 변화표를 완성하시오.

1. amō
2. habeō
3. mittō
4. faciō
5. veniō
6. iubeō

habeō, ēre 가지다
iubeō, ēre 명하다

폼페이 벽화

VI. 우리말로 옮기시오.

1. Barba nōn facit philosophum.
2. Per aspera ad astra.
3. Arma virumque canō.
4. Servat nāvis dīmidium animae meae.
5. Animus meus mūtātās fōrmās dīcit.

aspera 고난, astra 별
que = et
dīmidium 반쪽
meae, meus 나의
nāvis 배는
mūtātās 변화된

VII. 라티움어로 옮기시오.

1. 당신의 이름은 무엇입니까?
2. 나의 이름은 오비디우스입니다.
3. 당신의 직업은 무엇입니까?
4. 나의 직업은 시인입니다.
5. 나는 이야기들을 들려줍니다.

LATINITAS VIVA!

A : Salvē. Cūiās es?	안녕하십니까? 고향이 어디입니까?
B : Salvē. Veniō ā <u>Rōmā</u>.	안녕하십니까? 나는 로마에서 왔습니다.
A : Bonum oppidum est.	좋은 도시입니다.
B : Grātiās. Salvē. Cūiās es?	감사합니다. 안녕하십니까? 고향이 어디입니까?
C : Salvē. Veniō ā <u>Capuā</u>.	안녕하십니까? 나는 카푸아에서 왔습니다.

Caput IV   Europa

ADAGIA

키케로, 〈로스키우스 변호 연설 *Prō Rōsciō*〉 84

로마 인민에게 더없이 진실되고 지혜로운 재판관이라 여겨진 루키우스 카시우스는 소송에서 매번 '누구에게 이득인가?'를 묻곤 했습니다. 이득의 기대 없이는 범죄를 저지르려 하지 않는 것이 인간의 삶입니다. …… 심판인 여러분, 둘 중 누가 섹스투스 로스키우스를 죽였는지 고민하는 일이 남았습니다. 살해로 부자가 된 사람입니까? 아니면 가난해진 사람입니까? 살해 전에 가난했던 사람입니까? 아니면 살해 후에 몹시 가난해진 사람입니까? 탐욕에 불타 친척을 공격한 사람입니까? 아니면 평생 금전 이득은 모르고 노동의 대가만을 알았던 사람입니까?

누구에게 이득인가?
Cui bonō?
루키우스 카시우스 롱기누스 라빌라 L. Cassius Longīnus Ravilla(기원전 127년 집정관)

Eurōpa © Carl Raso

GRAMMATICA LATINA

I. 형용사 제1/2변화

bonus, a, um 좋은, 훌륭한

bonus	bonī	bona	bonae	bonum	bona
bonī	bonōrum	bonae	bonārum	bonī	bonōrum
bonō	bonīs	bonae	bonīs	bonō	bonīs
bonum	bonōs	bonam	bonās	bonum	bona
bonō	bonīs	bonā	bonīs	bonō	bonīs

1. 명사 제1변화와 제2변화를 따르는 형용사 변화를 묶어 제1/2변화 형용사라고 부른다.

    magnus, a, um   multus, a, um   malus, a, um

    dūrus, a, um   laetus, a, um   meus, a, um

2. er, (e)ra, (e)rum 의 어미를 갖는 제1/2변화 형용사가 있다.

    pulcher, pulchra, pulchrum   miser, misera, miserum

II. 어순(ōrdō verbōrum)

1. 명확성의 원칙에 따를 뿐, 특별히 정해진 어순은 없다.
2. 문장의 맨 앞과 맨 뒤는 강조 위치다. 보통 주어와 술어가 위치한다.
3. 연관성에 따라 단어들은 가까이 위치한다. 형용사와 명사, 전치사와 명사.

    Tullia statuam Minervae corōnā ornat.

    Ornat statuam Minervae corōnā Tullia.

III. 일치

1. 주어와 술어동사의 수

    Gallia est in Eurōpā.   Italia et Gallia sunt in Eurōpā.

    Poēta fābulam narrat.   Puellae casās spectant.

2. 관형어와 술어의 성, 수, 격

　　Amīcus bonus est mihi.

　　Puellae bonae lūdunt in viā.

　　Poēta magnus narrat.

　　Bonus puer et puella currunt.

　　Puella et puer sunt bonī.

3. 술어적 용례

　　Puellae fābulam [laetae] audiunt.

　　Fābula [magna] nōbīs laetitiam dat.

4. 명사도 관형어가 되고 이를 동격이라 한다. 가능한 범위 내에서 성, 수, 격을 일치한다.

　　Rōmānī, dominī orbis terrārum

　　Rhēnus flūmen

　　Syrācūsae urbs pulcherrima

5. 단수라도 의미를 살펴 복수로 간주할 수 있다(congruentia ad sēnsum).

　　Populus Rōmānus adveniunt.

IV. 불규칙동사 : sum의 과거와 미래

eram	erāmus	erō	erimus
erās	erātis	eris	eritis
erat	erant	erit	erunt

Magnī virī erant in meīs castrīs.

Laetitia nōn erit vōbīs.

VOCABVLA

deus, ī, *m.* 신
dīvitiae, ārum, *f. pl.* 재산
herba, ae, *f.* 풀
initium, ī, *n.* 시작
laetitia, ae, *f.* 즐거움
ōra, ae, *f.* 해안
praeda, ae, *f.* 전리품
philosophia, ae, *f.* 철학
puella, ae, *f.* 소녀
taurus, ī, *m.* 황소
tergum, ī, *n.* 등
vestigium, ī, *n.* 발자국

audeō, ēre 감히 ~하다(*inf.*)
contingō, ere 손대다, 만지다
dēscendō, ere 내려가다
dēsīderō, āre 바라다, 희망하다
errō, āre 헤매다, 떠돌다

excēdō, ere 떠나다
habeō, ēre 가지다
iuvō, āre 돕다
lūdō, ere 놀다
metuō, ere 두려워하다
occurrō, ere 만나다(*alci*)
ornō, āre 장식하다
paveō, ēre 무서워 떨다
pōnō, ere 놓다
respiciō, ere 뒤돌아보다
sīdō, ere 앉다
spectō, āre 바라보다
videō, ēre 보다

dūrus, a, um 모진
fōrmōsus, a, um 아름다운
laetus, a, um 즐거운
meus, a, um 나의

magnus, a, um 큰
malus, a, um 악한
miser, era, erum 가련한
multus, a, um 많은
noster, tra, trum 우리의
pulcher, chra, chrum 예쁜
siccus, a, um 마른
tener, era, erum 부드러운

mox 곧
prīmō 처음에
tam 이처럼

cum 와 함께(*abl.*)
ē, ex 로부터(*abl.*)
usque ad 까지(*acc.*)

quod 왜냐하면

Pāsiphae, casa dei Vettii, Pompeii

LECTIO : EVROPA

Poēta Ovidius fābulam dē Eurōpā narrat. Iuppiter in Olympō habitat. Dē caelīs terrās spectat. Puellam videt. Deus in fōrmam taurī mūtātus dē caelīs dēscendit. Taurus in tenerīs herbīs ambulat. Eurōpa taurō occurrit. Puella mīrātur, quod tam fōrmōsus est. Prīmō metuit eum contingere. Sed paulātim metus ex animō excēdit. Mox taurus et puella amīcī sunt. Sīdere in tergō taurī audet Eurōpa. Deus ā siccā terrā ad undās sēnsim vestīgia pōnit. Praedam dūcit ad īnsulam Cretam. Puella pavet ōramque relictam misera respicit.

『변신이야기』 2, 833~875행

mūtātus 모습을 바꾸고
mīrātur 놀라다
eum 그를
paulātim 차츰
metus 두려움이
sēnsim 조금씩
relictam 떠나온

Eurōpa, casa di Giasone, Pompeii

PENSUM

I. 라티움어로 옮기시오(sum 동사의 시제에 주의).

1. 황소의 발자국은 무척 컸다.
2. 거대한 재산의 시작은 크지 않았다.
3. 해안의 풀밭은 크고 아름다웠다.
4. 아피우스 대로는 길의 여왕이었고 여왕일 것이다.
5. 우리는 늘 문학의 친구일 것이다.

II. 괄호 안의 동사를 알맞게 고치시오.

1. Puellae (ornō   ) ōstia.   ōstia 출입구들을
2. Taurī (labōrō   ) in agrō.
3. Multae fēminae (ambulō   ) in viā.
4. Dominus cum līberīs (habitō   ) in casā.
5. Puerī in agrō (ludō   ) cum amīcīs.

III. 틀린 것을 바로잡으시오.

1. Fābula est bonus.
2. Magna sunt īnsula.
3. Puellae sum pulchrae.
4. Bellum est malus.
5. Poēta est bona.
6. Taurum pulcher puella ornat.
7. Ā terrā siccā excēdit agricolae.
8. Incolae labōrant multae cum līberīs.
9. Occurrunt miserās praedās.
10. Vitam noster iuvat philosophia.

IV. 변화표를 완성하시오.

1. faciō
2. habeō
3. metuō
4. occurrō
5. pōnō
6. paveō

V. 다음을 라티움어로 옮기시오.

1. 시인은 즐거운 이야기를 들려준다.
2. 유피테르는 아름다운 에우로파를 본다.
3. 소녀는 아름다운 아프리카 속주에 살고 있다.
4. 모진 황소는 바다를 두려워하지 않는다.
5. 황소와 소녀는 조국을 뒤돌아본다.

VI. 우리말로 옮기시오.

1. Errāre hūmānum est.
2. Dūrōs Fortūna iuvat.
3. Quae sunt maximae dīvitiae? Nōn dēsīderāre dīvitiās.
4. Necesse est minima esse initia.
5. Ab ōvō usque ad māla.

hūmānum 인간적인
quae 어떤?
maximae 가장 큰
necesse est 필연적이다
minima 가장 작은
māla 사과
ōvum 달걀

VII. 변화표를 완성하시오.

1. taurus bonus
2. dominus noster
3. rēgīna fōrmōsa
4. herba pulchra
5. ager meus
6. fluvius siccus
7. vestigium magnum
8. nauta miser
9. verbum malum

VIII. 복수로 바꾸시오.

1. Magister puerum bonum laudat.
2. Puer in lūdō laborat.
3. Dominus cum nūntiō dīcit.
4. Tullia ad āram amīcae occurrit.
5. Bellum nōn ōtium facit.

ōtium 여가를

LATINITAS VIVA!

A : Excūsā mē. Ubī est Rōma?
　　Rōma est in Āfricā?

B : Minimē vērō. Rōma est in Italiā.
　　Excūsā mē. Ubī est Capua?
　　Capua est in Graeciā?

C : Minimē vērō. Capua est in Italiā.

실례합니다. 로마는 어디에 있습니까?
로마는 아프리카에 있습니까?
아니요. 로마는 이탈리아에 있습니다.
실례합니다. 카푸아는 어디에 있습니까?
카푸아는 희랍에 있습니까?
아니요. 카푸아는 이탈리아에 있습니다.

전차 경기 © Ealdgyth

Caput V ARACHNE

ADAGIA

살루스티우스, 〈노년의 카이사르에게 보내는 편지 *Epistulae ad Caesarem senem*〉 1

예전에 이런 주장이 있었습니다. 운명이 왕국과 제국을 선물로 주었고, 그밖에 인간들이 한껏 욕심 부리는 다른 것들도 마찬가지라는 것입니다. 종종 이것들이 운명이 제멋대로 준 것처럼 가당치도 않은 사람들에게 주어져 부패하지 않는 법이 없었기 때문입니다. 하지만 경험은 아피우스의 노랫말 '각자는 각자의 운명을 만든다'는 말이 진실임을 가르쳐줍니다. 그리고 특히 당신의 경우에 이 말은 더없는 진실입니다. 당신은 탁월한 업적으로 남들을 크게 앞섰고 사람들이 당신의 위업을 칭송할 틈도 없이 당신은 사람들이 칭송해야 마땅한 일들을 이루었습니다.

각자는 각자의 운명을 만든다.
Quisque faber suae fortūnae.
아피우스 클라우디우스 카이쿠스 A. Claudius Caecus(기원전 340~273년)

Sīlēnus et Pān, Pompeii © Yann Forget

GRAMMATICA LATINA

I. 불규칙 동사

possum, posse 할 수 있다

현재   과거   미래

possum	possumus	poteram	poterāmus	poterō	poterimus
potes	potestis	poterās	poterātis	poteris	poteritis
potest	possunt	poterat	poterant	poterit	poterunt

Fābulam nunc dīcere possum.
Nōn potestis satis respondēre.

II. 명사 변화 제3변화(1)

dux, cis, *m.* 지도자   tempus, oris, *n.* 시간

dux	ducēs	tempus	tempora
ducis	ducum	temporis	temporum
ducī	ducibus	temporī	temporibus
ducem	ducēs	tempus	tempora
duce	ducibus	tempore	temporibus

rēx, rēgis, *m.*   lībertās, ātis, *f.*   pāx, pācis, *f.*   genus, eris, *n.*   opus, eris, *n.*

orīgō, inis, *f.*   nūtrīx, īcis, *f.*   lūx, lūcis, *f.*   lēx, lēgis, *f.*   honestās, ātis, *f.*

virtūs, ūtis, *f.*   multitūdō, inis, *f.*   ratiō, ōnis, *f.*   ōrātor, ōris, *m.*   amor, ōris, *m.*

vēritās, ātis, *f.*   pulchritūdō, inis, *f.*

III. 등위 접속사

1. 순접 et, -que, atque, neque(nec=et nōn)

    Gallia et Germānia = Gallia Germāniaque

    puer atque puella

    senātus populusque Rōmānus

    Rhēnus fluit Caesarque Rhēnum trānsit.

2. 역접 sed, autem, vērō

    Ōtium est bonum, sed parvum.

    Īnsulae parvās fenestrās habent, sed magna ōstia.

3. 선택 aut, vel

    vērum aut falsum

    Disce, aut discēde!

    Neglegentiae vel imprūdentiae causā dēfendit.

4. 이유 nam, enim

5. 결과 itaque, igitur, ergō

6. 일부 접속사는 문장의 두 번째에 위치한다. autem, vērō, enim, igitur

    Egō autem nōminō Mārcum.

    In umbrā igitur pūgnāmus.

    Haec sunt parva, illa vērō magna.

Casa dei Cervi, Herculaneum(기원전 79년)

Caput V

VOCABVLA

arānea, ae, *f.* 거미
fīlum, ī, *n.* 실
homō, minis, *m.* 사람, 인간
labor, ōris, *m.* 노동
laus, laudis, *f.* 칭찬
nātiō, ōnis, *f.* 민족
nympha, ae, *f.* 요정
pictūra, ae, *f.* 그림
sapientia, ae, *f.* 지혜

advocō, āre 호출하다
certō, āre 다투다
debeō, ēre 해야 한다(*inf.*)
discō, ere 배우다
fōrmō, āre 만들다
inquam 말하다(inquit, inquiunt)

mūtō, āre 바꾸다
pendeō, ēre 매달리다
pingō, ere 그리다
portō, āre 옮기다
pūgnō, āre 싸우다
quaerō, ere 찾다, 구하다
recūsō, āre 거부하다
respondeō, ēre 대답하다
vincō, ere 물리치다
vītō, āre 피하다

clārus, a, um 밝은, 저명한
decōrus, a, um 단정한, 합당한
falsus, a, um 거짓된
īrātus, a, um 분노한
lānificus, a, um 양털 일의

parvus, a, um 작은, 한미한
tuus, a, um 너의
vērus, a, um 참된

bene 잘, 훌륭하게
certē 확실히
cūr? 왜?
dīligenter 세심하게
maximē 매우
quoque 도 또한
ubī? 어디에?

prō 의 대가로(*abl.*)

ubī 할 때

Pēnelopē lānifica © kladcat

LECTIO : ARACHNE

Arachnē est nāta in oppidō parvō, sed studiō artis lānificae quaerit clāram fāmam. Puella bene pictūrās fōrmāre et pingere potest. Nymphae eās amant et laudant. Ubī pictūrae fōrmās decōrās habent, lānificam artem spectāre quoque nymphās maximē iuvat. Nymphae, "Quis est," inquiunt, "tua magistra? Ubī est? Certē Minerva tua magistra est." Arachnē respondet: "Nēmō mea magistra esse potest. Minerva mēcum certāre potest. Cūr certāre vītat?" Dea īrāta quoque certāre nōn recūsat. Tandem puella et dea certant dē arte lānificā. Puella vincit deam. Dea mūtat eam in arāneam. Minima arānea pendet semper in fīlō suō.

『변신이야기』 6. 1~145행

est nāta 태어났다
artis lānificae 양털 기술의
eās 그녀들을, 그것들을
iuvat 즐겁게 하다
artem lānificam 양털 기술을
magistra, ae, f. 여선생님
nēmō 아무도 아닌
mēcum 나와 함께
eam 그녀를
minima 아주 작은
suō 자신의

Villa dei Misteri, Pompeii

Caput V

PENSUM

I. 괄호의 단어를 알맞게 고치고 우리말로 옮기시오.

1. Mārcus (bonus   ) servōs advocat.
2. Servī (magnus   ) corōnās portant.
3. Ārās deōrum (pulcher   ) corōnīs ornant.
4. Gaius (miser   ) bella in Galliam portat.
5. (Parvus   ) Quīntus habet pecūniam.

II. 변화표를 완성하시오.

1. respondeō   2. pingō   3. quaerō
4. vincō   5. dēbeō   6. lūdō

III. 괄호의 단어를 알맞게 고치시오.

1. Fīliī! Ubī (sum   )?   Salvē, Salvēte 안녕
2. Salvē, (dominus   )!
3. Salvēte, (dominus   )!
4. Quid (ornō   ), puellae?
5. Festīnā lentē, (meus Gaius   )!

IV. 우리말로 옮기시오.

1. Labor omnia vincit.
2. Amor omnia vincit.
3. Dum spīrō, spērō.
4. Virum bonum nātūra, nōn ōrdō facit.
5. Vīta hominis est peregrīnātiō.

omnia 모든 것을
dum 하는 동안에
spīrō 숨쉬다
spērō 희망하다
ōrdō 신분이
peregrīnātiō 타향살이

V. 괄호의 단어를 알맞게 바꾸시오.

1. In casā ōstia multa esse (possum   ).
2. Mārce! Servōs labōrāre nōn in culīnā iubēre (dēbeō   ).
3. Ambulāre in viā (possum   ), puellae!
4. Mī fīlī cāre, (dēbeō   ) dīligenter discere.
5. Magistrī magnī, (dēbeō   ) dīligenter puerōs docēre.

ōstia 출입구들이
iubēre 명하다
in culīnā 부엌에서

VI. 라티움어로 옮기시오.

1. 소녀는 작은 마을에 살고 작은 집에서 태어났다.
2. 선생님은 소년들을 가르치고, 소년들은 라티움어를 배운다.
3. 소녀들은 소년들과 아름다운 문학을 두고 다툰다.
4. 소녀는 신들의 악행을 그리지만, 여신은 신들의 선행을 그린다.
5. 요정들은 소녀의 그림과 위대한 노동을 칭송한다.

VII. 변화표를 완성하시오.

1. homō bonus
2. labor magnus
3. lībertās pulchra
4. nātiō tua
5. opus clārum
6. rēx miser
7. laus vēra
8. falsa fōrma
9. parva orīgō

VIII. 시제를 과거와 미래로 바꾸시오.

1. Spērāre potestis in labōribus.
2. Pictūrae falsae ornāre possunt āram.
3. Fōrmae sunt certē decōrae.
4. Poēta sum maximē bonus.
5. Amor vincere potest omnia.
6. Bellum parvum quoque est malum.
7. Hominēs īrātōs nōn possum laudāre.
8. Falsā fāmā potes nōn laetus esse.
9. Vērōs amīcōs habēre possumus.
10. Sumus mūtātī in arāneās.

IX. 라티움어로 옮기시오.

1. 시인은 자유롭지만, 농부는 자유롭지 못하다.
2. 선생님들은 위대하고 훌륭하다.
3. 너희 소녀들은 착하고 아름답다.
4. 그들은 아주 훌륭하거나 아주 형편없다.
5. 그들은 훌륭하지도 착하지도 않다.

LATINITAS VIVA!

A : Excūsā mē! Quid tibi nōmen est?   실례합니다. 당신의 이름이 무엇입니까?
B : Mihi nōmen est Quīntus.   내 이름은 퀸투스입니다.
A : Nōmen pulchrum!   좋은 이름입니다.
B : Grātiās tibi agō.   감사합니다.
   Excūsā mē! Quid tibi nōmen est?   실례합니다. 당신의 이름이 무엇입니까?
C : Mihi nōmen est Iūlia.   내 이름은 율리아입니다.

Personae, Pompeii

Caput VI DAPHNE

ADAGIA

세네카, 〈인생의 짧음에 관하여 *Dē brevitāte vītae*〉 1

우리 필멸의 인간들 대부분은 자연의 무자비함에 대해 한탄합니다. …… 그리하여 가장 뛰어난 의사는 "인생은 짧고 기예는 길다"라고 한탄했습니다. …… 우리에게 시간이 적다기보다는 우리가 시간을 낭비하는 것이라 하겠습니다. 삶은 충분히 길며, 전체적으로 잘 배치된다면 위대한 업적을 이루는 데에 충분할 만큼 주어져 있습니다. 하지만 사치와 태만으로 흘려보내고 선한 일에 사용하지 않는 한, 삶이 사라진다는 것을 알아채지도 못한 순간 어찌해 볼 틈도 없이 삶이 지나가버렸음을 느끼게 됩니다. 그렇습니다. 우리가 짧은 삶을 부여받은 것이 아니라 짧게 만든 것입니다. 삶이 부족한 것이 아니라 우리가 낭비한 것입니다.

인생은 짧고 기예는 길다.
Vīta brevis, ars longa.
히포크라테스 Hippocratēs(기원전 5~4세기)

Daphnē fīlia et pater Pēnēus © Wolfgang Sauber

GRAMMATICA LATINA

I. 형용사 제3변화(1)

dulcis, dulce 달콤한, 즐거운

dulcis	dulcēs	dulce	dulcia
dulcis	dulcium	dulcis	dulcium
dulcī	dulcibus	dulcī	dulcibus
dulcem	dulcēs	dulce	dulcia
dulcī	dulcibus	dulcī	dulcibus

1. 남성 어미와 여성 어미가 –is 등으로 동일하다. 중성 어미는 -e 등이다.
   trīstis, trīste   omnis, omne   fortis, forte
2. 제1/2변화 형용사처럼 남성, 여성, 중성으로 삼분되는 경우도 있다.
   celer, celeris, celere   ācer, ācris, ācre   salūber, salūbris, salūbre
3. 남성, 여성, 중성의 구분이 없는 형용사도 있다.
   fēlīx, īcis   sapiēns, entis   amāns, antis

II. 명령법

1. 긍정

| amā | tenē | age | cape | audī |
| amāte | tenēte | agite | capite | audīte |

2. 부정 : 명령법을 사용하여 금지의 뜻을 나타내고자 할 때 : nōlī 혹은 nōlīte + *inf*.
   Nōlī nūgās narrāre!   Nōlīte hastam iacere!
3. sum의 명령법
   Bonus es/estō!   Bonī este!
4. 2인칭 단수 명령법 어미 –e가 탈락하는 경우도 있다.
   Dūc! Fac! Dīc!

III. 불규칙 동사

volō, velle 원하다   eō, īre 가다

현재	과거	미래	현재	과거	미래
volō	volēbam	volam	eō	ībam	ībō
vīs	volēbās	volēs	īs	ībās	ībis
vult	volēbat	volet	it	ībat	ībit
volumus	volēbāmus	volēmus	īmus	ībāmus	ībimus
vultis	volēbātis	volētis	ītis	ībātis	ībitis
volunt	volēbant	volent	eunt	ībant	ībunt

Hoc tibi persuādēre volumus.

In Capitōlium celeriter eunt.

Venus

VOCABVLA

amor, ōris, *m.* 사랑
Apollō, inis, *m.* 아폴로
arbor, oris, *f.* 나무
capillus, ī, *m.* 머리카락
caput, pitis, *n.* 머리
causa, ae, *f.* 이유, 원인
Cupīdō, inis, *m.* 쿠피도
Daphnē, ēs, *f.* 다프네
dolor, ōris, *m.* 고통
fīlia, ae, *f.* 딸
medicīna, ae, *f.* 의술
mūsica, ae, *f.* 음악
nōmen, inis, *n.* 이름
oculus, ī, *m.* 눈
ōsculum, ī, *n.* 입맞춤
pāstor, ōris, *m.* 목동
sagitta, ae, *f.* 화살
silva, ae, *f.* 숲

sōl, sōlis, *m.* 태양
umerus, ī, *m.* 어깨

adeō, īre 찾아가다
clāmō, āre 소리치다
deceō, ēre 어울리다
fugiō, ere 도망하다, 피하다
laedō, ere 상처 입히다
petō, ere 찾다
sentiō, sentīre 알다
superō, āre 따라잡다, 정복하다
teneō, ēre 잡다
trepidō, āre 떨다
vocō, āre 부르다

ācer, ācris, ācre 매운
āter, ātra, ātrum 검은
celer, eris, ere 빠른

dulcis, e 달콤한
duo, duae, duo 둘
fēlīx, īcis 행복한
fortis, e 용감한
prīmus, a, um 최초의
saevus, a, um 잔인한
salūber, bris, bre 건강의
sapiēns, entis 지혜로운
similis, e 유사한
superbus, a, um 오만한
trīstis, e 슬픈

statim 즉시
adhūc 아직까지, 여태

at 그런데
autem 하지만
quoniam 왜냐하면

Apollō cum lyrā © Carole Raddato

LECTIO : DAPHNE

Prīmus amor Phoebī Daphnē est. Phoebus superbus, "Quid facis, puer," inquit, "cum sagittīs? Nōn tuōs umerōs sagittae decent." Cupīdō īrātus duās sagittās tenet. Haec amōrem ācrem, illa amōrem dulcem facit. Cupīdō laedit illā Apollinem, hāc nympham. Phoebus nympham videt. Et caput et capillōs et oculōs laudat. Daphnē autem nōmen amōris fugit. Deus clāmat: "Manē! Nympha, manē! Nōn egō sum pāstor. Iuppiter est mihi pater. Egō sum deus sōlis, mūsicae, medicīnae." Phoebus puellam petit et superāre vult. Daphnē celeris fugit et patrem, deum aquārum, vocat. "Mūtā fōrmam meam, pater cārissime! Nōn volō virum et fīliōs habēre." Statim pater fīliam in arborem mūtat. Apollō autem ōscula dat et sentit arborem adhūc trepidāre. "At quoniam puella mea nōn potes esse, arbor eris mea."

『변신이야기』 1. 452~567행

Phoebus 아폴로의 별칭
haec...illa 이것은...저것은
illā...hāc 저것으로...이것으로
egō 나는
patrem 아버지를
pater cārissime
 더없이 소중한 아버지!
arborem adhūc trepidāre
 그녀가 아직 떨고 있는 것을(AcI)

Venus et Mārs, Pompeii

PENSUM

I. 동사를 분석하시오.

1. volēbam
2. volunt
3. volētis
4. īmus
5. ībās
6. ībitis

II. 명령법에 주의하여 라티움어로 옮기시오.

1. 아들들아, 열심히 일해라!
2. 안녕하십니까? 주인님!
3. 시인을 사랑해라, 아이들아!
4. 가이우스야, 서둘러 학교에 가라!
5. 사랑하는 나의 아들아, 이야기를 들어라!

III. 다음을 라티움어로 옮기시오.

1. 신은 소녀를 사랑하기를 원하였다.
2. 소녀는 숲으로 다가갔다.
3. 소녀는 신에게서 도망치고, 신은 소녀를 쫓는다.
4. 신은 소녀의 머리카락과 눈을 칭찬한다.
5. 강물의 신은 소녀를 나무로 바꾼다.

IV. 괄호의 단어를 알맞은 꼴로 바꾸시오.

1. Saeva īra dat amōrem Phoebō (superbus   ).
2. Phoebus videt puerum cum sagittīs (parvus   ).
3. Sagittae decent nōn umerōs (tuus   ).
4. Puellae ad silvās (āter   ) adeunt.
5. Puellae oculōs (pulcher   ) laudat deus.

V. 우리말로 옮기시오.

1. Fortibus virīs est fortūna data.
2. Simile gaudet similī.
3. Ūna hirundō nōn facit vēr.
4. Vestis virum facit.
5. Quid est hominī inimīcissimum? Alter homō.

hirundō 제비, vēr 봄
vestis 옷
inimīcissimum 가장 적대적인
alter 다른

VI. 변화표를 완성하시오.

1. homō dulcis
2. nōmen trīste
3. lībertās salūbris
4. pāstor fortis
5. rēx sapiēns
6. dolor magnus

VII. 복수로 바꾸시오.

1. Amor est dolor saevus.
2. Quid facis, puer, cum sagittā?
3. Puellam amāre vult.
4. Mūtā fōrmam meam, deus cārissime!
5. Nōn volō fīlium et fīliam habēre.

deus (호격)

VIII. 우리말로 옮기시오.

1. Catō esse bonus volēbat.
2. Puerum valdē amāre volēmus.
3. Cum virō sapientī ambulāre volēbam.
4. Poētae vultis semper fāmam bonam tenēre.
5. Sī vīs homō bonus esse, quid facere dēbēs?

sī 만약에

LATINITAS VIVA!

A : Amīce (Amīca), festīnā!   친구여! 서둘러라!
B : Tacē! Minimē. Lentē faciō.   조용히 해라! 아니다. 나는 천천히 한다.
    Amīce (Amīca), lentē!   친구여! 천천히!
C : Tacē! Minimē. trepidē faciō.   조용히 해라! 아니다. 나는 서두른다.
    Amīce (Amīca), festīnā!   친구여! 서둘러라!

paulātim; gradātim; pedetentim   조금씩; 한걸음씩; 한 발자국씩
trepidē; rapidē   빨리; 맹렬히

Cupīdō et Lyra © Wolfgang Rieger

Caput VII PHAETHON

ADAGIA

키케로, 〈우정론 *Dē amīcitiā*〉 64

시련을 함께하는 우정은 대부분 사람들에게 얼마나 버겁고 얼마나 힘겨운 일입니까? 이런 우정으로 뛰어드는 사람을 찾기란 실로 어려운 일입니다. 하지만 "확실한 친구는 불확실 속에서 확인된다"는 엔니우스의 말은 옳습니다. 경솔함과 변덕스러움, 이 두 가지가 대부분의 사람들을 지배하며 그리하여 우리는 성공한 친구들을 질투하고 실패한 친구들을 저버립니다. 두 경우에 모두 진중하게 꾸준하게 변함없이 우정을 지키는 사람은 인류를 통틀어 아주 드물어 거의 신적인 일이라고 생각해야 합니다.

확실한 친구는 불확실 속에서 확인된다.
Amīcus certus in rē incertā cernitur.
엔니우스 Ennius(기원전 239~169년)
〈헤쿠바 *Hecuba*〉 210.

Samnītēs, 기원전 4세기, Napoli

GRAMMATICA LATINA

I. 동사의 사주(四柱)

1. 동사의 변화 전체를 파악하기 위한 필수 4요소를 사주라 한다.

2. 동사의 사주는 사전 표제어를 구성한다.
    1) *ind. act. pr. 1. sg.*
    2) *act. pr. inf.*
    3) *ind. act. pf. 1. sg.*
    4) *pf. pass. part.*

3. 동사는 어간의 마지막 모음(ā, ē, e, ī)에 따라 나뉜다.
    제1변화 동사 amō, āre, amāvī, amātum
    제2변화 동사 teneō, ēre, tenuī, tentum
    제3변화 동사 dūcō, ere, dūxī, ductum
    제3-1변화 동사 capiō, ere, cēpī, captum
    제4변화 동사 audiō, īre, audīvī, audītum

4. 수동형만 존재하는 못 갖춘 동사(dēpōnēns)와 반 못 갖춘 동사(sēmi-)가 있다.
    hortor, hortārī, hortātus sum
    audeō, audēre, ausus sum
    gaudeō, gaudēre, gāvīsus sum

5. 모든 동사가 사주를 온전히 갖는 것은 아니다. 흔히 *pf. pass. part.*가 없을 수 있다.
    discō, discere, didicī, —

6. 기본 동사에 접두사(ab, ad, amb, ante, circum, com, dē, dis, ex, in, intrō, ob, per, prae, prō, re, sē, sub, trāns) 를 붙여 복합동사를 만든다.
    condūcō, ere, dūxī, ductum
    dēcipiō, ere, cēpī, ceptum
    retineō, ēre, tinuī, tentum

II. 의문문

1. 긍정 혹은 부정의 의문문 : -ne, nōnne, num

    Estne tibi nōmen Iūlius?

    Nōnne tibi nōmen Iūlius est?

    Num tibi nōmen Iūlius est?

2. 보충의 의문문 quis? quid? quandō? ubī? cūr? quō? unde? quōmodo?

Quis est Phoebus?	Quid est Phoebus?	Quō vādis, domine?
Ubī habitat Iuppiter?	Quōmodo tē habēs?	Cūr in terrā sedēs?

3. 긍정의 대답은 ita (est), certē, etiam 혹은 의문문의 동사를 반복한다. 부정의 대답은 minimē vērō, nihil minus 혹은 nōn + 의문문의 동사를 반복한다.

    Estne tibi nōmen Iūlius? Ita est.

    Occupatne Phaethon currum sōlis? Nōn occupat.

III. 지시대명사

ille, illa, illud 저것

ille	illī	illa	illae	illud	illa
illīus	illōrum	illīus	illārum	illīus	illōrum
illī	illīs	illī	illīs	illī	illīs
illum	illōs	illam	illās	illud	illa
illō	illīs	illā	illīs	illō	illīs

hic, haec, hoc 이것

hic	hī	haec	hae	hoc	haec
huius	hōrum	huius	hārum	huius	hōrum
huic	hīs	huic	hīs	huic	hīs
hunc	hōs	hanc	hās	hoc	haec
hōc	hīs	hāc	hīs	hōc	hīs

Caput VII

VOCABVLA

bēstia, ae, *f.* 짐승
equus, ī, *m.* 말
habēna, ae, *f.* 고삐
īnsidiae, ārum, *f. pl.* 음모
iter, itineris, *n.* 여행
moenia, ium, *n. pl.* 성벽
nota, ae. *f.* 표식
ōrdō, inis, *m.* 질서
pater, tris, *m.* 아버지
pondus, deris, *n.* 무게
perīculum, ī, *n.* 위험
servus, ī, *m.* 하인
tenebrae, ārum, *f. pl.* 어둠
timor, ōris, *m.* 두려움
voluntās, ātis, *f.* 의지

agō, ere, ēgī, āctum 행하다

audiō, īre, īvī, ītum 듣다
corripiō, ere, ripuī, reptum 붙잡다, 휩쓸다
cupiō, ere, īvī(cupiī), ītum 원하다
currō, ere, cucurrī. cursum 달리다
dissuādeō, ēre, suāsī, suāsum 말리다
imperō, āre 명령하다 (*dat.*)
occupō, āre 차지하다
palleō, ēre, palluī, —, 창백해지다
pereō, īre, iī, itum 소멸하다
rapiō, ere, rapuī, raptum 잡아채다
redeō, īre, iī, itum, 돌아오다

arduus, a, um 가파른
dīvīnus, a, um 신성한
īnfēlix, īcis 불행한
ipse, a, um 본인의
medius, a, um 중간의, 한가운데의
mortālis, e 필멸의, 인간의
proprius, a, um 고유한
tūtus, a, um 안전한

modo 방금
penitus 깊이, 완전히
saepe 종종
tandem 마침내
unde 거기로부터

sine 없이 (*abl.*)

Villa Romana del Casale © Jerzy Strzelecki

LECTIO : PHAETHON

Phaethōn, "Phoebe pater", inquit, "sī modo sum dīvīnō patre nātus, dā mihi notam patris!" Phoebus fīlium audit. "Mī fīlī! Quid petis?" Ille petit patris currum et habēnās equōrum. "Nōn est tua voluntās tūta nec est mortālis. Pater quoque deōrum nōn agit currum sōlis." Pater autem dissuādēre nōn potest. Puer nōn videt perīcula magna. Via sōlis prīma est ardua. In mediō caelō altissima est. Vnde mare et terrās vidēre saepe Phoebō ipsī est timor. Iter est per īnsidiās bēstiārum.

Phaethōn tandem occupat currum sōlis. Sed equī sōlis manūs sine pondere sentiunt et currunt sine ōrdine. Puer pavet neque imperat equīs. Equī currum rapiunt, modo per āvia, modo per terrae propriās viās. Flammae corripiunt omnia in terrīs. Magnae urbēs cum moenibus pereunt. Īnfēlīx Phaethōn terrās spectat penitusque pallet. Sunt in oculīs tenebrae.

『변신이야기』 2. 1~339행

sī modo ...이기만 하다면
nātus 태어난
patris currum 아버지의 마차를
agit currum sōlis 태양의 마차를 몰다
via...prīma 길의 첫 부분은
altissima 아주 높은
mare 바다를
Phoebō ipsī 포이부스 자신에게도
manūs 손들을
āvia 길 아닌 곳
urbēs 도시들이

Sōl

PENSUM

I. ille, illa, illud를 알맞게 변화시켜 넣으시오.

1. Phoebus (   ) puerum in terrā videt.
2. Puellae in librō fābulās (   ) discunt.
3. Fīliam tuam in (   ) īnsulam dūcit.
4. Amīcus (   ) puellae erat bonus.
5. (   ) rēgem dūrum hominēs nōn cupiunt.

II. hic, haec, hoc을 알맞게 변화시켜 넣으시오.

1. (   ) liber litterās Rōmānās semper laudat.
2. Duo ē (   ) puerīs domum redīre cupiunt.
3. Cupiō (   ) puellās corōnīs ornāre.
4. (   ) servus Mēdus, ille Dāvus est.
5. Lȳdia (   ) servum amat, nōn illum.

III. 괄호의 단어를 알맞게 고치시오. 시제를 과거로 바꾸시오.

1. Ovidius pulchram fābulam narrāre (possum   ).
2. Fābulās dē Eurōpā audīre (possum   ), puerī!
3. Iuppiter omnia facere (possum   ).
4. Puella, ambulāre cum taurō (volō   )!
5. Taurus et puella in herbīs ambulāre (volō   ).

IV. 현재 분사를 만들고 변화표를 완성하시오.

1. audiō   2. capiō   3. corripiō
4. inveniō   5. rapiō   6. fugiō

V. 우리말로 옮기시오.

1. Malevolus animus abditōs dentēs habet.
2. Dux fugiēns occīsus est.
3. Ignis cōnsūmptor omnium est.
4. Nātūra nōrma lēgis est.
5. Omnia mea mēcum portō.

malevolus 악의적인
abditōs dentēs 숨겨진 이빨
fugiēns 도망하는
ignis 불
cōnsūmptor 파괴자
nōrma 기준
abeunt 떠나다

VI. 다음 질문에 라티움어로 답하시오.

1. Habēsne casam pulchram?
2. Vītāsne aeternās habent?
3. Bonumne equum habētis?
4. Num habēs amīcōs pulchrōs?
5. Nōnne habent agrōs laetōs?

aeternus, a, um 영원한

VII. 변화표를 완성하시오.

1. iter longum
2. flūmen celere
3. bellum trīste
4. concordia dulcis
5. timor magnus
6. voluntās ācris

flūmen 강

VIII. 분사를 활용하여 문장을 하나로 만드시오.

1. Studium litterārum mihi manet. Multa scribō.
2. Fābulās dīcō. Fābulae mihi fāmam dant.
3. Deus in Olympō habitat. Puellam videt.
4. Puella pictūrās format. Nymphae eās laudant.
5. Deus puellam petit. Puella fugit.

LATINITAS VIVA!

A : Salvē! Ubī est bibliothēca?　　안녕하십니까? 도서관이 어디입니까?
　　Quōmodo ad eam adveniō?　　어떻게 거기에 갑니까?
B : Venī secundum hanc viam.　　이 길을 따라가세요.
A : Summās grātiās!　　대단히 감사합니다.
B : Nihil causae!　　천만에요.
　　Salvē! Ubī est caupōna?　　안녕하십니까? 여관이 어디입니까?
　　Quōmodo ad eam adveniō?　　어떻게 거기에 갑니까?
C : Venī secundum hanc viam.　　이 길을 따라가세요.

dormītōrium; mēnsa

Hortus, Villa di Livia

주요 사주표

1. agō, agere, ēgī, āctum
2. cadō, cadere, cecidī, –
3. caedō, caedere, cecīdī, caesum
4. capiō, capere, cēpī, captum
5. cēdō, cēdere, cessī, cessum
6. claudō, claudere, clausī, clausum
7. cōgō, cōgere, coēgī, coāctum
8. cōnstituō, cōnstituere, cōnstituī, cōnstitūtum
9. crēdō, crēdere, crēdidī, crēditum
10. cupiō, cupere, cupīvī, cupītum
11. dēfendō, dēfendere, dēfendī, dēfēnsum
12. dīcō, dīcere, dīxī, dictum
13. dō, dare, dedī, datum
14. dūcō, dūcere, dūxī, ductum
15. emō, emere, ēmī, ēmptum
16. faciō, facere, fēcī, factum
17. frangō, frangere, frēgī, frāctum
18. fugiō, fugere, fūgī, fugitum
19. fundō, fundere, fūdī, fūsum
20. gerō, gerere, gessī, gestum
21. habeō, habēre, habuī, habitum
22. iaceō, iacēre, iacuī, –
23. iaciō, iacere, iēcī, iactum
24. iungō, iungere, iūnxī, iūnctum
25. legō, legere, lēgī, lēctum
26. lūdō, lūdere, lūsī, lūsum
27. maneō, manēre, mānsī, mānsum
28. mittō, mittere, mīsī, missum
29. moveō, movēre, mōvī, mōtum
30. nōscō, nōscere, nōvī, nōtum
31. pellō, pellere, pepulī, pulsum
32. petō, petere, petīvī, petītum
33. pōnō, pōnere, posuī, positum
34. quaerō, quaerere, quaesīvī, quaesītum
35. rapiō, rapere, rapuī, raptum
36. regō, regere, rēxī, rēctum
37. relinquō, relinquere, relīquī, relictum
38. scrībō, scrībere, scrīpsī, scrīptum
39. sedeō, sedēre, sēdī, sessum
40. sentiō, sentīre, sēnsī, sēnsum
41. sistō, sistere, stetī, statum
42. solvō, solvere, solvī, solūtum
43. speciō, specere, spexī, spectum
44. stō, stāre, stetī, statum
45. suādeō, suādēre, suāsī, suāsum
46. surgō, surgere, surrēxī, surrēctum
47. tangō, tangere, tetigī, tāctum
48. tendō, tendere, tetendī, tentum
49. texō, texere, texuī, textum
50. tingō, tingere, tīnxī, tīnctum
51. tollō, tollere, sustulī, sublātum
52. trahō, trahere, trāxī, tractum
53. veniō, venīre, vēnī, ventum
54. vincō, vincere, vīcī, victum
55. vīvō, vivere, vīxī, –

Caput VIII NIOBE

ADAGIA

베르길리우스, 〈아이네이스 *Aenēis*〉 5권 225행 이하

이제 결승선을 앞두고 오직 클론툿이 남았다.
그를 뒤따르며 있는 대로 힘을 쏟고 있었다.
그때 함성은 더욱 커지고 모두가 추격자를
열성으로 응원할 때, 환호는 하늘에 울렸다.
하나는 다 잡은 영광과 명예를 지키지 못한
치욕을 당할까, 목숨을 승리와 바꾸려 하였다.
승기를 탔다. 할 수 있단 믿음에 할 수 있었다.
어쩌면 충각을 나란히 상을 탈 수도 있었다.

할 수 있단 믿음에 할 수 있었다.
Possunt, quia posse videntur.

Puellae, Villa Romana del Casale © M. Disdero

GRAMMATICA LATINA

I. 명사 변화 제3변화(2)

cīvis, is, *m.* 시민   aedēs, is, *f.* 신전, 주택   pars, partis, *f.* 부분

cīvis	cīvēs	aedēs	aedēs	pars	partēs
cīvis	cīvium	aedis	aedium	partis	partium
cīvī	cīvibus	aedī	aedibus	partī	partibus
cīvem	cīvēs	aedem	aedēs	partem	partēs
cīve	cīvibus	aede	aedibus	parte	partibus

nāvis, is, *f.*   mōlēs, is, *f.*   ars, tis, *f.*   urbs, urbis, *f.*   nox, noctis, *f.*

1. 단수 주격과 속격의 어미가 -is, -is(혹은 -es, -is)로 동일한 경우거나, 주격 단음절이면서 단수 속격 어미 -is 앞에 자음이 두 개 이상인 경우에 복수 속격의 어미가 -ium이 된다.

2. 주의 : canis, canis; iuvenis, iuvenis; pater, patris; māter, mātris; frāter, frātris 등.
   canis, canum   iuvenis, iuvenum   pater, patrum

II. 지시대명사

is, ea, id 그가, 그녀가, 그것이

is	iī, eī	ea	eae	id	ea
eius	eōrum	eius	eārum	eius	eōrum
eī	iīs (eīs)	eī	iīs (eīs)	eī	iīs (eīs)
eum	eōs	eam	eās	id	ea
eō	iīs (eīs)	eā	iīs (eīs)	eō	iīs (eīs)

Ūnam rem explicō eamque maximam.

Maximum est perīculum iīs, quī maximē timent.

Caesar lēgātōs mittit ad eās cīvitātēs.

VOCABVLA

aetās, ātis, *f.* 세월
ars, tis, *f.* 기술, 예술
auctor, ōris, *m.* 시조
avus, ī, *m.* 할아버지
axis, is, *m.* 축
cīvis, is, *m.* 시민
cīvitās, ātis, *f.* 국가
color, ōris, *m.* 색깔
comes, mitis, *m./f.* 동료
cōnstantia, ae, *f.* 항덕
disciplīna, ae, *f.* 규율
frāter, tris, *m.* 형제
fundāmentum, ī, *n.* 토대
hostis, tis, *m.* 적
iuvenis, is, *m.* 소년, 청년(*gen. pl.* iuvenum)
lacrima, ae, *f.* 눈물
lēgātus, ī, *m.* 사신
mēnsa, ae, *f.* 식탁
mora, ae, *f.* (시간) 지체
nēmō, *m.* 아무도 아닌 사람
ops, opis, *f.* 재산(*pl.*)

ōs, ōris, *n.* 입, 얼굴
poena, ae, *f.* 벌, 고통
sanguis, inis, *m.* 피
saxum, ī, *n.* 바위
turba, ae, *f.* 군중, 운집

antepōnō, ere, posuī, positum 앞세우다
appellō, āre 부르다
cernō, ere, crēvī, crētum 구별하다
explicō, āre 설명하다
īgnōrō, āre 무지하다
licet, licuit 허락되다(+*inf.*)
mittō, ere, mīsī, missum 보내다
occidō, ere, cidī, cāsum 쓰러지다
occīdō, ere, cīdī, cīsum 죽이다
percutiō, ere, cussī, cussum 치다, 뚫다

poscō, ere, poposcī, — 요구하다
supersum, esse, fuī, — 살아남다
timeō, ēre, uī, — 두려워하다

acūtus, a, um 날카로운
aliēnus, a, um 이방의
alter, era, erum 둘 중 하나의
crūdēlis, e 잔인한
longus, a, um 긴, 먼
spectābilis, e 화려한
stultus, a, um 어리석은
ūnus, a, um 하나의

domī 집에서
domum 집으로
frūstrā 헛되이
intereā 그 사이에
tantum 겨우

apud 에서(*acc.*)

LECTIO : NIOBE

Venit Niobē cum comitum turbā spectābilis et fōrmōsa. "Nōnne stultum est Lātōnam mihi antepōnere? Cūr nōn mē, sed Lātōnam colitis? Mihi Tantalus auctor est. Eī licuit tangere mēnsās deōrum. Diōnē, fīlia Atlantis, est māter mea. Atlās avus fert axem aetherium. Iuppiter est alter avus. Magnās opēs meās spectāre potestis in omnibus casae partibus. Sunt mihi fīliae septem et totidem iuvenēs. Sum fēlīx. Sed haec Lātōna errat in terrā et in caelō et in undīs. Et tantum duōrum līberōrum māter est."

Poenae mora nōn longa est. Septem iuvenēs sagittīs ab Apolline percussī occidunt. "Sed tamen, crūdēlis dea, nōn mē vincis. Mihi miserae plūra supersunt quam tibi fēlīcī." Intereā Diāna septem fīliās etiam omnēs sagittīs occīdit. Niobē ūnam minimam fīliam poscit, sed frūstrā. In eius ōre est color sine sanguine. Saxum fēmina fit. Sed tamen lacrimās mānat.

『변신이야기』 6, 146~312행

licuit → licet의 *pf.* 허락되었다
fert 짊어지다
aetherium 하늘의
totidem 같은 수의
mihi miserae 불쌍한 나에게
plūra 더 많은 것
quam 보다 더
tibi fēlīcī 행복한 당신에게
minimam 제일 어린
fit 되다
mānat 흘리다

Caput VIII

PENSUM

I. 변화표를 완성하시오.

1. cīvis fortis
2. illud corpus
3. id ipsum tempus
4. hic rēx
5. is auctor
6. ea Platōnis fōrma
7. haec nāvis
8. ille hostis noster
9. aedēs magna

II. 괄호 안에 알맞은 형태를 쓰시오.

1. Rōma ā parvā (orīgō   ) orta est.
2. Dīvitiās et (lībertās   ) poscō.
3. Nēmō potest ūnō aspectū in (amor   ) cadere.
4. Graecī trēs (ōrātor   ) Rōmam mittunt.
5. Venerem appellāmus (māter   ) Aenēae.

orta 생겨난
ūnō aspectū 첫눈에
Aenēae 아이네아스의

III. 우리말로 옮기시오.

1. Aequum animum servāre semper mementō.
2. Cūr tam acūtum cernis in vitiīs amīcōrum?
3. Dum loquimur, fugit invida aetās.
4. Omnēs ūna manet nox.
5. Hōc modō quisque sē fugit.

aequum 평온한
mementō 너는 기억하라(inf.)
in vitiīs 잘못들에 대해
loquimur 이야기하다
invida 질투하는
quisque 각자는
hōc modō 이와 같이

IV. 다음을 라티움어로 옮기시오.

1. 우리는 사계절을 칭찬한다.
2. 너는 자유에 대한 저 이야기들을 들려준다.
3. 너희는 용감한 그들을 보낸다.
4. 그들은 훌륭한 지도자들에게 인사한다.
5. 그들은 이 로마의 지도자를 만난다.

quattuor hōrās 사계절을
salūtō, āre 인사하다(acc.)

V. 우리말로 옮기시오.

1. Multī terrās aliēnās vident.   ibī 거기에서
2. Multī semper domī manent et aliēnōs īgnōrant.
3. Multī Athēnās veniunt et ibī cum philosophīs multās hōrās certant.
4. Multōs annōs Athēnīs manent et nōn domum redeunt.
5. Multī domī puerōs philosophiam docent.

VI. 우리말로 옮기시오.

1. Agrī miseribus agricolīs dīvīsī sunt.
2. Aedēs ā fundāmentīs novae ēmendātae sunt.
3. Cōnstantia et disciplīna ā puerīs cultae sunt.
4. Quam multa misera sunt audīta et vīsa!
5. Quid illa cīvitās in provinciā appellāta erat?

Fullonica di Veranius Hypsaeus, Pompeii

Caput VIII

LATINITAS VIVA!

A : Quōmodo tē habēs, amīce (amīca)? 당신은 어떻게 지내시나요, 친구여?
B : <u>Nōn malē</u>. Grātiās. Et tū? 나쁘지 않습니다. 감사합니다. 당신은요?
A : <u>Bene</u> mē habeō. Grātiās. 잘 지냅니다. 감사합니다.
B : Quōmodo tē habēs, amīce (amīca)? 당신은 어떻게 지내시나요, 친구여?
C : <u>Bene</u>. Grātiās tibi agō. Et tū? 잘 지냅니다. 감사합니다. 당신은요?

Apollō et Diāna, 기원전 470년, Louvre

Caput IX　ACTAEON

ADAGIA

키케로, 〈베레스 탄핵연설 *In Verrem*〉 12, 36

원로원 전체가 소수의 파렴치와 오만에 시달리고 재판의 추문에 신음하고 있는 상황에서 저는 약속하노니 이런 인간의 사나운 고발자이고자 합니다. 무섭고 끈질기며 혹독한 적이 되고자 합니다. 이것이 제가 원하는 것이며, 이것이 제가 요구하는 것이며, 제가 정무관으로서 하려고 하는 것이며, 로마 인민이 내년 1월 1일부터 국가를 위해, 그리고 무도한 자에 맞서 일하도록 저에게 내준 직책을 맡아 제가 하고자 하는 것입니다. …… 재판 매수를 목적으로 돈을 맡기거나 받거나 보장하거나 약속하거나 알선하거나 중개하곤 하던 자들, 그리고 이를 위해 위력을 행하거나 파렴치를 보이던 자들은 이제 재판에서 손을 떼기 바라며, 극악한 범죄에 마음을 두지 않기를 바랍니다.

저는 약속하노니 이런 인간의 사나운 고발자이고자 합니다.
Profiteor huic generī hominum mē inimīcum accūsātōrem.

Venātiō, Lucania, 기원전 4세기 후반
© Carole Raddato

GRAMMATICA LATINA

I. 과거 시제(imperfectum)

1. 과거 시제는 현재 어간 + 시제 어간 ba + 인칭어미로 만든다.
   amā-bam, -bās, -bat, -bāmus, -bātis, -bant
   capiē-bam, -bās, -bat, -bāmus, -bātis, -bant

2. 과거 시제는 과거의 어느 시점에 계속되는 사건을 나타낸다.
3. 과거 시제는 과거의 반복적인 사건을 나타낸다(iteratīvum).
4. 과거 시제는 주어의 의지를 나타낸다(conātus).

II. 미래 시제(futūrum)

1. 미래 시제는 제1변화 동사와 제2변화 동사의 경우, 현재 어간 + 시제 어간 b + 인칭어미로 만든다.
   amābō, -bis, -bit, -bimus, -bitis, -bunt
2. 제3변화, 제3-1변화, 제4변화 동사의 경우, 현재 어간 + 시제 어간 ē + 인칭어미로 만든다. 부록의 동사변화표를 참조하시오.
   dūcam(!), ēs, et, ēmus, ētis, ent
3. 미래 시제는 미래 시점에 지속되는 사건, 반복되는 사건을 나타낸다.

III. 불규칙동사

fīō, fierī 되다   ferō, ferre 옮기다

fīō	fīmus	ferō	ferimus
fīs	fītis	fers	fertis
fit	fīunt	fert	ferunt

Homō fierī nōn potest fōrmōsior.
Cotīdiē aliquid discēns senex fīō.
Sīgna in hostem ferunt, sīcut fāma fert.

VOCABVLA

Actaeōn, onis, *m.* 악타이온
caedēs, is, *f.* 죽음
canis, is, *m./f.* (*gen. pl.* canum) 개
cervus, ī, *m.* 사슴
cōnsul, ulis, *m.* 집정관
corpus, oris, *n.* 몸
fera, ae, *f.* 맹수
fōns, fontis, *m.* 샘, 우물
lūcus, ī, *m.* 성림(聖林)
mēns, ntis, *f.* 정신, 이성
mēta, ae, *f.* 말뚝, 반환점
mōns, montis, *m.* 산
nemus, oris, *n.* 숲
saevitia, ae, *f.* 잔인함
senex, senis, *m.* 노인
sīgnum, ī, *n.* 징표, 군기
trīstitia, ae, *f.* 슬픔
vulnus, eris, *n.* 상처

absum, esse, āfuī, — 멀리 있다, 없다
accurrō, ere, currī, cursum 달려가다
coeō, īre, iī, itum 모이다
contrahō, ere, trāxī, tractum 축소시키다
dēsum, esse, fuī, — 없다
dormiō, īre, īvī, ītum 잠자다
ēmineō, ēre, uī, — 두드러지다, 눈에 띄다
ferō, ferre, tulī, lātum 옮기다
fīniō, īre, īvī, ītum 끝내다
fīō, fierī, factus sum 되다
intrō, āre 들어가다
lavō, āre, lāvī, lautum 씻다
perfundō, ere, fūdī, fūsum 적시다, 끼얹다
perveniō, īre, vēnī, ventum 이르다, 도착하다
soleō, ēre, solitus sum 늘...하다(+*inf.*)
subeō, īre, iī, itum 들어가다, 짊어지다
tegō, ere, tēxī, tēctum 덮다, 가리다
trahō, ere, trāxī, tractum 끌다
valeō, ēre, uī, itum 건강하다

cēterus, a, um 나머지
fessus, a, um 지친
gelidus, a, um 차가운
īgnōtus 미지의
lūcidus, a, um 밝은, 맑은
plēnus, a, um 가득한 (*alqo/alcis*)
purpureus, a, um 심홍의
sacer, cra, crum 신성한
turpis, e 추한
suus, a, um 자신의
uterque, utraque, utrumque 둘 다 각각
varius, a, um 다양한

cotīdiē 매일

nisī 만약...하지 않는다면
aut 혹은
cum 할 때
dum 하는 동안, 한에서
sīcut 처럼
simulatque 하자마자
ubi 거기서

Caput IX

LECTIO : ACTAEON

Mōns erat plēnus variārum caede ferārum. Iam diēs medius omnium umbrās contrahēbat. Et sōl ex aequō ā metā utrāque aberat. In silvā Diānae sacrā erat lūcus, ubī fōns erat lūcidus gelidā aquā. Hīc dea silvārum fessa solēbat corpus suum lavāre. Dum ibī dea sē lavat, Actaeōn eō ipsō tempore, per nemus ignōtum errāns, perveniēbat in illum lūcum. Simulatque vir intrāvit lūcum, nymphae clāmābant. Tegēbant Diānam suīs corporibus. Sed tamen dea erat altior et ēminēbat inter omnēs.

Dea eum perfundēbat aquīs. Fugiēbat hērōs. In cursū sentiēbat sē in cervum mūtātum esse. Suōs canēs ad sē accurrere vidēre poterat. Canēs magnā cum saevītiā eum petēbant. Dum clāmāre poterat, verba in animō aberant, sed cum tandem dīcere volēbat, nōn diutius dīcere poterat. Illīs canibus dominum retinentibus cētera turba coībat. Cum fīnīta per plūrima vulnera vīta est, īra Diānae posita est.

『변신이야기』 3. 138~252행

diēs medius 정오는
ex aequō 똑같이
hīc (부) 이곳에서
eō ipsō tempore 바로 그 순간에
sē 자기 자신을
intrāvit → intrō의 *pf. 3. sg.*
　들어가다
altior 더 높은
hērōs 영웅은
in cursū 달리는 가운데
nōn diutius (부) 더 이상 아닌
dominum retinentibus 주인을
　붙들고 있을 때
plūrima 아주 많은

Actaeōn, Pompeii

PENSUM

I. 변화표를 완성하시오. 과거 시제와 미래 시제로 바꾸시오.

1. veniō
2. dormiō
3. speciō
4. faciō
5. fugiō
6. iaciō
7. sentiō
8. perveniō
9. audiō

II. 다음 명사의 변화형을 쓰시오.

1. corpus의 *pl. acc.*
2. multitūdō의 *sg. acc.*
3. rēx의 *pl. gen.*
4. ōrātiō의 *pl. dat.*
5. pāx의 *sg. gen.*
6. fōns의 *pl. gen.*

III. 우리말로 옮기시오.

1. Orātor sine pāce redībit.
2. Trīstitiam illōrum temporum nōn subībat.
3. Turpe est nōn īre, sed trahī.
4. Pār parī coit.
5. Aut ad mē aut ad tē cōnsulēs adībunt.

trahī → trahere의 *pass. inf.*
pār 같은 것

IV. 괄호 안에 알맞은 형태를 쓰시오.

1. Īra ācris augēscit (hostis   ).
2. Centum (nāvis   ) ēvertit tyrannus.
3. Est nōbīs hic ager sub (urbs   ).
4. Habēmus plēnam (nox   ) timōris.
5. Ex omnibus ēlēctī sunt optimī (iuvenis   ).

augēscit 커지다
ēvertit 전복시키다
ēlēctī → ēligō
optimī 최선의

V. 라티움어로 옮기시오.

1. 산은 야생 짐승들의 죽음으로 가득하다.
2. 샘은 차가운 물로 맑게 빛난다.
3. 숲에는 여신에게 바쳐진 성림(聖林)이 있다.
4. 여신은 남자의 얼굴을 물로 적셨다.
5. 개들은 큰 사나움으로 그를 쫓아갔다.

VI. 복수로 바꾸시오. 과거 시제와 미래 시제로 바꾸시오.

1. Puella mea mē nōn amat.
2. Poēta puellam nōn amō.
3. Fōrmam puellae nōn laudās.
4. Puellae rosam nōn dō.
5. Obdūrō, sed sine tē nōn valeō.

rosa, ae, *f.* 장미
obdūrō, āre 버티다

VII. 밑줄 친 분사가 유래한 동사를 찾으시오.

1. Chaos est dīvīsum in quattuor.
2. Massa est mixta.
3. Ālea iacta est.
4. Via trīta via tūta.
5. Fābulās dē mūtātīs fōrmīs dīcō.
6. Puella est nāta in oppidō parvō.
7. Fortūna data est fortibus.
8. Dux fugiēns occīsus est.
9. Iuvenēs sunt percussī.

LATINITAS VIVA!

A : Amice(Amīca), quid studēs?	친구여, 당신은 무엇을 공부합니까?
B : Studeō <u>mathēmaticae</u>.	나는 수학을 공부합니다.
A : Optima ars est!	아주 훌륭한 학문입니다.
B : Grātiās.	감사합니다.
Amice(Amica), quid studēs?	친구여, 당신은 무엇을 공부합니까?
C : Studeō <u>physicae</u>.	나는 물리학을 공부합니다.

chemica; architectūra; mēchanica; litterae; philologia; philosophia; medicīna; mūsica

Caput X CALLISTO

ADAGIA

키케로, 〈노년에 관하여 *Dē senectūte*〉 63

얼핏 보기에 하찮고 사소해 보이는 것들이 노인에게 명예를 의미한다네. 아침 인사를 받는 것, 예방(禮訪)을 받는 것, 길을 양보 받는 것, 이쪽에서 다가가면 사람들이 일어서는 것, 광장에 오갈 때 호위를 받는 것, 조언을 부탁 받는 것 등 말일세. 이런 관행들은 우리나라에서뿐만 아니라 외국에서도 도덕 수준이 높을수록 더 꼼꼼히 지켜진다네. 라케다이몬이야말로 노인들에게 가장 명예로운 거처라네. 노년에게 그토록 경의를 표하고 노년을 그토록 존중하는 곳도 없기 때문이네. 아테네에서 연극이 공연되는 동안 한 노인이 극장에 갔는데 아무도 그에게 자리를 내주지 않았다고 하네. 그러나 사절로 와서 앉아 있던 라케다이몬인들에게 그가 다가갔을 때 그들은 모두 일어서더니 그에게 앉기를 권하였다고 하네.

노년에게 그토록 경의를 표하고 노년이 그토록 존중되는 곳도 없다.
Nusquam tantum tribuitur aetātī, nusquam est senectūs honōrātior.
(천병희 역)

Nymphaeum,
Casa del Centenario, Pompeii

GRAMMATICA LATINA

I. 부정사 구문

1. 부정사(혹은 AcI)는 주어로 쓰인다.

    (vērīsimile est; apertum est; cōnstat; appāret; mē fallit; mē fugit)

    Errāre hūmānum est.

    Pulchrum est digitō mōnstrārī.

    Negōtium magnum est nāvigāre.

    Quid iuvat scīre futūrum?

    Mediōs esse nōn licet.

    Rēctē rem pūblicam administrāre est difficile.

    Necesse est morī.

    Cōnstat ad salūtem cīvium inventās esse lēgēs.

    Melius fuit perīsse quam haec vidēre.

2. 부정사(혹은 AcI)를 목적어로 취하는 동사가 있다.

    (cupiō; dēbeō; cōnstituō; audeō; soleō; possum; volō; nōlō; mālō)

    Beātī esse volumus.

    Tē audīre cupiō.

    Nōlō in tantīs reī pūblicae perīculīs mē dissolūtum esse.

    Catō bonus esse mālēbat quam bonus vidērī.

    Beātī profectō erimus, sī parvō contentī esse poterimus.

3. 대격과 부정사(AcI) : verba dīcendī, verba sentiendī 등의 목적어

    Mārcus dīxit eōs litterās scrīptūrōs esse.

    Uxor sentit virum dormīre.

    Tē beātam esse iubeō.

    Amor cōgit mē hoc facere.

II. 부정사의 시제

amāre	tenēre	dūcere	capere	audīre
amāvisse	tenuisse	dūxisse	cēpisse	audīvisse
amātūrus esse	tentūrus esse	ductūrus esse	captūrus esse	audītūrus esse

amārī	tenērī	dūcī	capī	audīrī
amātus esse	tentus esse	ductus esse	captus esse	audītus esse
amātum īrī	tentum īrī	ductum īrī	captum īrī	audītum īrī

1. 주절의 시제에 대해 상대시제를 가진다.

   Dīcēbat puerōs puellās amāre.　　　Dīcit ā puerīs puellās amārī.

   Dīcit puerōs puellās amāvisse.　　　Dīcit ā puerīs puellās amātās esse.

   Dīxit puerōs puellās amātūrōs esse.　　Dīcit ā puerīs puellās amātum īrī.

III. 명사 변화 제3변화(3)

animal, ālis, *n*. 동물　　　　mare, ris, *n*. 바다　　　　turris, is, *f*. 탑

animal	animālia	mare	maria	turris	turrēs
animālis	animālium	maris	marium	turris	turrium
animālī	animālibus	marī	maribus	turrī	turribus
animal	animālia	mare	maria	turrim	turrīs(ēs)
animālī	animālibus	marī	maribus	turrī	turribus

exemplar, āris, *n*.　　calcar, āris, *n*.　　secūris, is, *f*.　　sitis, is, *f*.

VOCABVLA

crīmen, inis, *n.* 범죄
condiciō, ōnis, *f.* 조건
dolus, ī, *m.* 간교
iniūria, ae, *f.* 불의
lingua, ae, *f.* 언어, 혀
locus, ī, *m.* 장소
mōlēs, is, *f.* 수고
negōtium, ī, *n.* 일
nihil 아무것도 아님
ōtium, ī, *n.* 여가
pōns, ntis, *m.* 다리
salūs, ūtis, *f.* 안녕, 건강
sēnsa, ōrum, *n. pl.* 생각
servitūs, ūtis, *f.* 굴종
sīdus, eris, *n.* 별
tēlum, ī, *n.* 창
ursa, ae, *f.* (암컷) 곰
vēlāmen, inis, *n.* 옷

accēdō, ere, cessī, cessum 다가가다
administrō, āre 관리하다
cēlō, āre 숨기다
cognōscō, ere, gnōvī, gnitum 알다
condō, ere, didī, ditum 세우다
cōnstituō, ere, uī, ūtum 세우다
dēfendō, ere, fendī, fēnsum 지키다
iaceō, ēre, uī, – 눕다
impōnō, ere, posuī, positum 싣다, 올려놓다
iubeō, ēre, iussī, iussum 명하다
meminī, meminisse, — 기억하다
ōdī, ōdisse, — 미워하다
pateō, ēre, uī, – 드러나다
sēcēdō, ere, cessī, cessum 떠나가다
studeō, ēre, uī, — 골몰하다
tingō, ere, tīnxī, tīnctum 적시다
tolerō, āre 견디다

attonitus, a, um 놀란, 얼빠진
caecus, a, um 눈먼
cūnctus, a, um 전체의
difficilis, e 어려운
dissolūtus, a, um 유약한
moderātus, a, um 절도 있는, 온건한
nescius, a, um 모르는
nūdus, a, um 벗은
populāris, e 인민의
pūblicus, a, um 공적인
salvus, a, um 건강한
sōlus, a, um 혼자의
tantus, a, um 그만큼 커다란
vīcīnus, a, um 가까운, 인접한

contrā 반하여, 반대하여
hinc 여기로부터
ōlim 예전에, 언젠가
paulō 조금, 약간
post 후에
procul 멀리
prope 거의
rēctē 올바르게, 무사히
propius 좀 더 가까이

atque 그리고
quam 보다 더
quīdem....sed 비록...하지만

Caput X

LECTIO : CALLISTO

Nympha, nōmine Callistō, per silvās cum Diānā et cēterīs nymphīs errābat. Tandem fessa subībat silvam nōn nōtam et sōla in terrā iacēbat. Iuppiter in Diānam mūtātus ad illam accēdēbat, cum puella salūtem dedit. "Salvē, dea! Es mihi māior Iove!" Ōscula nōn moderāta data sunt. Illa quidem contrā pūgnābat. Sed quis Iovem vincere potest?

Omnēs nymphae et Diāna nūda corpora aquīs gelidīs tingere volēbant. Cum cūnctae vēlāmina pōnēbant, ūna morās quaerēbat. Vēlāmen adēmptum crīmen patēbat, quod attonita cēlāre volēbat. Dea iubēbat eam dē suīs sēcēdere.

Paulō post cum fīlius nātus est, īrāta erat Iūnō. "Vidē iniūriam meam! Figūram pulchram tuam mūtābō in ursam." Callistō nunc erat ursa. Multīs annīs post fīlius per silvam ferās petēns mātrī occurrit. Māter fīlium cognōscēbat. Fīlius autem nescius tēla iacere volēbat, dum māter propius accēdere dēsīderābat. Iuppiter eōs duōs raptōs impōnēbat in caelum atque vīcīna sīdera faciēbat.

『변신이야기』 2, 401~507행

nōmine 이름에 있어서
nōtam 알려진
māior Iove 유피테르보다 더 위대한
adēmptum 벗겨진
nātus est 태어났다
occurrit 현재 완료
pectora 가슴을

Ursa māior © Sidney Hall(1788~1831)

PENSUM

I. 우리말로 옮기시오. 과거 시제와 미래 시제로 바꾸시오.

1. Magister vōs linguam Latīnam discere iubet.
2. Magister iubet nōs domum redīre.
3. Caesar Rōmam redīre cōnstituit.
4. Puerī medicum advenīre vident.
5. Iūliam cantāre audīmus.

advenīre 도착하다
cantāre 노래하다

II. 변화표를 완성하시오. (과거 시제와 미래 시제)

1. moveō
2. sedeō
3. doceō
4. videō
5. habeō
6. iaceō

III. 라티움어로 옮기시오.

1. 나는 훌륭한 사람이길 원한다.
2. 우리는 소년에게 지혜로운 사람이 되라고 명령한다.
3. 너희는 소녀들이 나를 불렀다고 들었다.
4. 그는 적들이 도시를 공격한다는 것을 알았다.
5. 우리는 우리가 무사히 도시를 방어하길 바란다.

oppugnō 공격하다

IV. 우리말로 옮기시오.

1. Dulce est dēsipere in locō.
2. Dulce et decōrum est prō patriā morī.
3. Forsan et haec ōlim meminisse iuvat.
4. Tantae mōlis erat Rōmānam condere gentem.
5. Ūna salūs victīs nūllam spērāre salūtem.

dēsipiō, ere 어리석다
morī 죽다
forsan 아마도
nūllam 없는

V. 다음을 우리말로 옮기시오.

1. Lībertās nōn poterit esse nōbīs sine magnīs labōribus.
2. Nihil erat tam populāre quam pāx et ōtium.
3. Omnēs hominēs nātūrā lībertātī studēbant et condiciōnem ōderant.
4. Multae nātiōnēs servitūtem tolerāre, sed populus Rōmānus nōn poterat.
5. Per dolum prope lībertās āmissa erat.

VI. 다음을 우리말로 옮기시오.

1. Disciplīnam in Galliam lātam esse fertur.
2. Homērum fuisse caecum trāditur.
3. Pȳthagoram ōlim in Italiam vēnisse ferunt.
4. Pōns in Hibērō factus esse trāditur.
5. Occīdisse patrem Rōscius fertur.

fertur 전한다
trāditur 전한다

VII. 부정사의 시제에 주의하여 라티움어로 옮기시오.

1. 나는 너희에게 문학을 가르치길 원하였다.
2. 너는 우리와 함께 산책해야 한다.
3. 선생님은 우리에게 책을 읽으라고 명하였다.
4. 너는 우리를 가르치길 원했느냐?
5. 그들은 소녀들을 칭찬하였다고 말한다.
6. 그들은 산책을 갈 것이라고 말하였다.
7. 우리는 아이들을 사랑한다고 말하였다.

LATINITAS VIVA!

A : Quō vādis, amīce(amīca)?　　친구여, 어디 갑니까?
B : Ad bibliothēcam veniō.　　도서관에 갑니다.
A : Quid facis in bibliothēcā?　　도서관에서 무엇을 합니까?
B : Librōs legō.　　책을 읽습니다.
　　Quō vādis, amīce(amīca)?　　친구여, 어디 갑니까?
C : Ad labōrātōrium veniō.　　실험실에 갑니다.
B : Quid facis in labōrātōriō?　　실험실에서 무엇을 합니까?

labōrātōrium(labōrō); dormitōrium(dormiō); mēnsa(cēnō); balneae(lavō)
piscīna(natō); gymnasium(corpus exerceō)

Casa di Casca Longus, Pompeii ⓒ Jebulon

Caput XI THISBE

ADAGIA

세네카, 〈마르키아 여사에게 보내는 위로 *Dē cōnsōlātiōne ad Mārciam*〉 9

"나에게 일어나리라고는 생각하지 못하였다." 하지만 많은 사람들에게 일어남을 그대는 보았고, 그래서 그대에게도 일어날 가능성이 있음을 알면서도, 그것이 그대에게 일어나리라 생각하지 못하였다는 것은 왜입니까? 무대에서 나올 법하지는 않은 대단한 시구가 있습니다. "어떤 이에게 일어날 수 있는 일은 누구에게나 일어날 수 있다." 그는 자식을 놓쳤습니다. 그대도 놓칠 수 있습니다. 그는 유죄판결을 받았습니다. 그대도 무고하지만 이런 판결을 받을 수 있습니다. 우리는 절대 당하지 않으리라고 생각하던 일들을 당했을 때, 바로 그 착각이 우리를 속이며 약하게 합니다. 일어나리라고 예견한 사람에게 닥쳐온 불행의 위력은 줄어듭니다.

어떤 이에게 일어날 수 있는 일은 누구에게나 일어날 수 있다.
Cuivīs potest accidere, quod cuiquam potest.
푸블리우스 쉬루스 Pūblius Syrus(기원전 1세기, 쉬리아 출신 작가)

Suāda et Cupīdō,
Pompeii © Marie-Lan Nguyen

GRAMMATICA LATINA

I. 인칭대명사

1인칭 2인칭 3인칭 재귀

egō	nōs	tū	vōs		
meī	nostrum / nostrī	tuī	vestrum / vestrī	suī	suī
mihi	nōbīs	tibi	vōbīs	sibi	sibi
mē	nōs	tē	vōs	sē	sē
mē	nōbīs	tē	vōbīs	sē	sē

1. 1/2 인칭대명사는 재귀적으로도 쓰인다.
   Nōs ad nostrōs recipimus.

2. meī, nostrī, tuī, vestrī, suī는 동사나 형용사의 목적어로 쓰인다. 소유는 소유형용사.
   Memor meī estō!   Vestrī oblītus sum.
   casa mea, casa nostra, vīlla tua, vīllae vestrae

3. nostrum과 vestrum은 부분의 속격(partitīvus)으로 쓰인다.
   nēmō nostrum, multī vestrum

4. 3인칭은 재귀대명사만 존재한다.
   Omne animal sē et suōs dīligit.

II. 동사 현재 완료, 과거 완료, 미래 완료

1. 완료 시제는 현재 완료, 과거 완료, 미래 완료로 구분한다.
2. 현재 완료는 동사의 *ind. act. pf. 1. sg.*에 인칭어미를 합하여 만든다.
   amāvī, amāvistī, amāvit, amāvimus, amāvistis, amāvērunt
   dūxī, dūxistī, dūxit, dūximus, dūxistis, dūxērunt
3. 과거 완료 시제는 현재 완료 어간 + eram 등을 결합하여 만든다.
4. 미래 완료 시제는 현재 완료 어간 + erō 등을 결합하여 만든다. 단, 3인칭 복수 -erint.
5. 완료 시제는 사건이 종료된 사건과 그 결과를 나타낸다.

Caput XI

VOCABVLA

antrum, ī, *n.* 동굴
bra(c)chium, ī, *n.* 상박, 팔
charta, ae, *f.* 종이, 문서
custōs, custōdis, *m.* 보초
dēns, dentis, *m.* 이빨
fātum, ī, *n.* 운명
fīnis, is, *m.* 경계, 끝
imperium, ī, *n.* 제국, 지배
membrum, ī, *n.* 사지
mors, tis, *f.* 죽음
paries, etis, *m.* 담, 벽
pectus, oris, *n.* 가슴
vitium, ī, *n.* 흠결
vōx, vōcis, *f.* 목소리

adveniō, īre, vēnī, ventum 도착하다
conveniō, īre, vēnī, ventum 모이다, 만나다
dēmittō, ere, mīsī, missum 내려 보내다, 넣다
dīligō, ere, lēxī, lēctum 사랑하다

ērigō, ere, rēxī, rēctum 올리다, 뜨다
exeō, īre, iī, itum 나오다, 죽다, 나가다
fallō, ere, fefellī, – 속이다
fundō, ere, fūdī, fūsum 붓다
indūcō, ere, dūxī, ductum 이끌다
inveniō, īre, vēnī, ventum 발견하다
laniō, āre 찢다
mōnstrō, āre 보여주다
nōminō, āre 이름 부르다
oblīvīscor, vīscī, lītus sum 잊다 (*alcis*)
obstō, āre, stitī, – 막다, 방해하다 (*alci*)
perimō, ere, ēmī, ēmptum 죽이다
recipiō, ere, cēpī, ceptum 수복하다
recondō, ere, didī, ditum 제자리에 두다, 감추다, 감다

sedeō, ēre, sēdī, sessum 앉다

commūnis, e 공통의, 공동의 (*alci*)
contiguus, a, um 인접한
cruentus, a, um 피 묻은
dubius, a, um 의심스러운
facilis, e 쉬운
hūmānus, a, um 인간적인
invidus, a, um 질투하는
resupīnus, a, um 누운, 뒤로 넘어진
sānus, a, um 건강한
vester, tra, trum 너희의

anteā 일찍이
haud 아니
quā 거기로

sub 아래로 (*acc.*), 아래에 (*abl.*)

LECTIO : THISBE

Pӯramus, iuvenum pulcherrimus, et Thisbē, optima puellārum, tenēbant vīllās contiguās. Amantēs ārdēbant mentibus. Erat paries iīs vīllīs commūnis. Prīmī vitium in eō vīdērunt, quod anteā nōn nōtum erat. Eōs iūvit per hoc vōcis iter facere posse. Solēbant dīcere: "Invide paries! Quid amantibus obstās?" Tandem cōnstituērunt multā nocte custōdēs fallere et domō exīre. Sē iussērunt ad silvam convenīre.

Per tenebrās ad eam silvam advēnit et sub umbrā Thisbē sēdit. Vēnit ecce lea. Quam procul vīdit et fūgit in antrum Thisbē. Saeva lea inventōs amictūs ōre cruentō laniāvit. Sērius advēnit Pӯramus. Amictūs cruentōs invēnit. "Egō tē perēmī. Iussī tē in loca ferārum plēna venīre nec prior hūc vēnī." Dēmīsit in suum pectus ferrum. Intereā timōre nōndum positō Thisbē rediit. Vīdit corpus cruentum. Cognōvit suum amōrem. "Pӯrame, Pӯrame, respondē! Tua cārissima Thisbē tē nōminat." Gravēs iam morte oculōs Pӯramus ērēxit et recondidit. Thisbē vīdit ferrum. Dēmīsit sub suum pectus ferrum.

『변신이야기』 4, 55~166행

nōtum 알려진
domō 집으로부터
ecce 보라
inventōs amictūs 발견된 겉옷들을
serius 늦게
amictūs cruentōs 피 묻은 겉옷들을
prior 먼저
timōre nōndum positō 두려움을 아직 떨쳐내지 못했지만

Herculēs et Omphalē © Stefano Bolognini

PENSUM

I. 변화표를 완성하시오. (과거 시제와 미래 시제)

1. dūcō
2. dīcō
3. agō
4. regō
5. surgō
6. cadō
7. claudō
8. mittō
9. vīvō

II. 변화표를 완성하시오. (현재 완료, 과거 완료, 미래 완료)

1. inveniō
2. faciō
3. laudō
4. sedeō
5. cōnstituō
6. trahō
7. videō
8. gerō
9. iaciō

III. 우리말로 옮기시오.

1. Per hostēs venimus haud dubiam in mortem.
2. Quā prīma Fortūna salūtis iter mōnstrat, veniēmus.
3. Fāta viam invenient.
4. Brundisium longae fīnis chartaeque viaeque est.
5. Iam nox indūcere terrīs umbrās et caelō fundere sīgna parābat.

IV. 변화표를 완성하시오.

1. corpus sānum
2. mors trīstis
3. vēlāmen adēmptum
4. ōrātiō facilis
5. homō stultissimus
6. crīmen falsum
7. fortis custōs
8. animal pulcherrimum
9. aequum pectus

V. 괄호의 단어를 알맞은 꼴로 바꾸시오.

1. Membra (corpus   ) hūmānī sunt duo (bracchium   ).
2. In (corpus   ) hūmānō (ūnus   ) caput est.
3. In (caput   ) sunt duo (oculus   ).
4. In ōre sunt (dēns   ) multī et (ūnus   ) lingua.
5. In pectore est (ūnus   ) antrum.

VI. 다음을 번역하시오.

1. Mārcus dīcit gladiātōrem fortem fuisse.   gladiātor 검투사
2. Gaius nōn dīxerat sē gladiātōrem vidēre.
3. Pūblius gaudet domī dormīvisse.
4. Magistrī iussērunt puerōs dīligenter labōrāre.
5. Imperāre sibi erat maximum imperium.

VII. 부정사의 시제에 주의하여 라티움어로 옮기시오.

1. 우리는 너희가 아이들을 칭찬하는 것을 보았다.   salūtem dō 인사하다
2. 너는 내가 소녀들에게 이야기를 들려주었음을 들었다.
3. 너희는 내가 선생님에게 인사했다고 듣는다.
4. 우리는 너희가 우리에게 인사하는 것에 기뻤다.
5. 그들은 너희가 우리를 칭찬할 것임을 몰랐다.

청소하지 않는 방, Musei Vaticani

Caput XI

RES ROMANA : Cibus

식사문화

로마인들은 오늘날과 마찬가지로 하루 세 번 식사를 하였다. 물론 세 끼 식사는 부유층이나 가능했다. 하루 중 첫 번째 끼니는 옌타쿨룸(ientāculum)이라고 부른다. 아침식사 시간은 제1시, 즉 아침이 밝아오는 여섯 시경이다. 죽이나 빵, 치즈, 꿀, 과일, 견과류 정도가 식탁에 올라왔다. 간혹 집에서 식사를 할 수 없을 경우, 빵집에 들러 빵을 사서 먹기도 했다. 빵과 함께 포도주에 물을 섞어서 마시거나 그냥 냉수를 마셨다. 오전 업무가 끝나는 제6시와 제7시 사이인 정오에 두 번째 끼니는 프란디움(prandium)이라고 부른다. 일터에 있는 사람들은 주로 간이식당에서 차가운 음식이나 곡물을 끓인 죽 등을 사 먹었다. 점심 식사에 포도주에 꿀을 섞어 만든 달콤한 꿀포도주(mulsum)를 마셨다. 거의 모든 로마인들이 오전에만 일을 하였다고 해도 과언이 아니다. 해가 지기 전에 일과를 마무리하기 위해 저녁식사(cēna) 또한 일찍 시작된다. 케나(cēna)는 로마인들의 주된 끼니로 제9~10시, 그러니까 오후 3~4시 사이에 시작한다. 손님을 초대한 격식 차린 저녁 연회(convīvium)는 때로 자정까지 이어지기도 했다.

 로마인들은 3인용 식당좌석을 트리클리니움(triclīnium)이라 불렀는데, 기원전 2세기경부터 기다랗고 커다란 이 식당좌석에 비스듬히 누워 식사하였다. 서로 이야기하기 편리하도록 식당좌석 3개를 'ㄷ'자로 배치하였다. 'ㄷ'자 중앙에 밥상(mēnsa)을 놓았다. 3개의 식당좌석 중 주인(dominus)이 누운 좌석은 아랫좌석(lectus īmus), 중요한 손님이 누운 좌석을 중앙 좌석(lectus medius), 나머지 손님들이 누운 좌석을 윗좌석(lectus summus)이라고 불렀다. 여성들도 남성들과 한자리에서 식사를 하였지만, 여성들은 식당좌석에 눕지 않고 앉아서 식사하였다. 로마 제정 시기에 들어 여성들도 누워서 식사를 할 수 있게 되었다. 연회는 보통 3과정으로 진행되는데, 입맛을 돋우는 전채요리(gustātiō), 그날의 주요리(mēnsa prīma), 주로 달콤한 후식(mēnsa secunda)이 기본구성이다.

 손님들은 편안한 차림을 하고 신발도 벗어야 했다. 식사 시작 전 모두 손과 발을 씻는 것은 매우 중요한 식사 예절 중 하나였다. 연회에 참석한 모든 손님들은 입과 손을 닦을 수건을 지참하는 것 또한 예의였다. 노예들이 음식을 나르며 시중을 들었고, 손님들은 손으로 집어 먹었다. 오늘날처럼 다양한 식사 도구들은 없었다. 따라서 대부분 음식은 한입에 먹을 수 있도록 조각조각 자르거나 완자 같은 모양으로 빚거나 한입에 먹을 수 있는 형태였다. 하지만 리굴라(ligula)라는 숟가락을 사용하기도 했다. 달걀이나 소나 달팽이를 먹기 위해 손잡이 끝이 뾰족한 침이 달린 숟가락은 코클레아르(coclear, cochlear)라고 불렸다. 깨끗하고 향기 나는 물로 손님들의 손을 씻겨주는 노예가 주변을 계속 돌아다녔다. 고대 로마인들의 식탁 예절은 오늘날의 관점에서 매우 기이하다. 뼈다귀나 갑각류의 껍질, 과일의 씨 등 먹고 남은 음식을 식당 바닥에 버리는 관습이 있었다. 사람들은 식사 중에 거리낌이 없이 마구 트림을 했다. 로마인들은 특히 식사의 트림을 매우 고귀한 행동으로까지 여겼다. 방귀도 뀔 수 있었다. 연회장이 울릴 정도의 큰 소리로 방귀를 뀌더라도 아무도 문제 삼지 않았다. 식사 도중에 배설도 가능했다고 한다. 원하는 사람은 노예가 들고 온 요강에 볼일을 보았다.

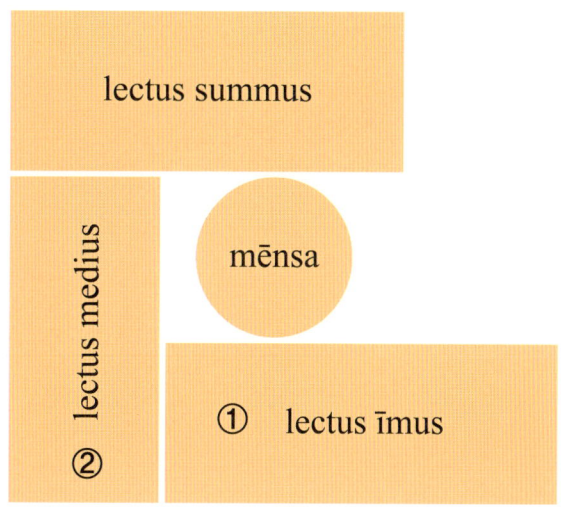

① dominus
② locus cōnsulāris

(박믿음, 『데 레 코퀴나리아』, 우물이있는집, 2018)

Caput XII NARCISSVS

ADAGIA

키케로, 〈카틸리나 탄핵연설 *In Catilīnam*〉 1, 2

카틸리나, 당신은 언제까지 우리 인내를 남용할 것인가? 얼마나 오랫동안 당신의 광기가 우리를 조롱할 것인가? 어디까지 당신의 고삐 풀린 만용이 날뛰도록 놓아 둘 것인가? 팔라티움 언덕의 야간 경비, 도시의 보초병, 인민의 공포, 모든 선량한 시민의 화합, 빈틈없는 경호 아래 개최된 오늘의 원로원, 이곳에 참석한 의원들의 표정을 보면서 당신은 아무것도 느끼지 않는가? 당신의 계획이 백일하에 드러났음을 느끼지 못하는가? 여기 있는 모든 사람에게 알려짐으로써 당신의 음모가 이미 좌절된 걸 보지 못하는가? 어젯밤에, 그저께 밤에 당신이 무엇을 했는지, 어디에 있었는지, 누구를 불러 모았는지, 어떤 계획을 꾸몄는지, 당신은 우리 가운데 누가 모를 것으로 생각하는가? 시대여! 세태여!

시대여! 세태여!
Ō tempora! Ō mōrēs!

Catilīna, Cesare Maccari, 1882~1888

GRAMMATICA LATINA

I. 분사

능동 현재	수동 과거	능동 미래	수동 미래
amāns	amātus	amātūrus	amandus
monēns	monitus	monitūrus	monendus
dūcēns	dūctus	dūctūrus	dūcendus
capiēns	captus	captūrus	capiendus
audiēns	audītus	audītūrus	audiendus

1. 수동 현재 분사, 능동 과거 분사는 존재하지 않는다.
2. 분사는 주절 시제에 대해 상대시제를 가진다.
3. 분사는 꾸미는 명사에 성·수·격을 일치시킨다.

   Homērus Laertam colentem agrum facit. (AcP)

   Videō puerum currentem. (AcP)

II. 분사 구문

1. 분사 구문(Participium coniūnctum): 시간, 이유, 동반, 조건, 양보, 역접, 목적 등을 표현한다.

   Trōia decem annōs capta dēnique ā Graecīs dēlēta est.

   Tibi nōs in summō perīculō tūtātō gratī sumus.

   Rūra colentēs ā Caesare pressī sunt.

   Graecīs Macedoniam incolentibus timor nōn adest.

   Servīlius adest dē tē sententiam latūrus.

2. 독립 탈격(Ablatīvus absolūtus): 분사 구문의 하나로 주문장과 독립된 부문장을 만든다.

   Caesare duce, nātūrā duce, Pompēiō auctōre, nūllā ūtilitāte quaesitā, occīsīs mīlitibus

   Pȳthagorās Superbō rēgnante in Italiam vēnit.

   Xerxēs occīsīs hominibus Athēnās dēlēvit.

III. 형용사 제3변화(2)

sapiēns, entis 지혜로운

sapiēns	sapientēs	sapiēns	sapientia
sapientis	sapientium	sapientis	sapientium
sapientī	sapientibus	sapientī	sapientibus
sapientem	sapientēs	sapiēns	sapientia
sapientī	sapientibus	sapientī	sapientibus

단수 탈격이 명사적으로 쓰일 경우 sapiente.

Etiam dormiēns eum absentem vīdit.
Ad forum viā sacrā adiēns Cicerōnī occurrit.
Nōbīs vērum dīcentibus nōn crēdēbant.
Pater sē absente fīliōs nāvigāre nōlēbat.

Amphitheātrum, Pompeii

VOCABVLA

aethēr, eris, *m.* 하늘, 천공 (*acc.* aethera)
aliquis, aliquid 어떤 사람, 어떤 무엇
capella, ae, *f.* 산양
collum, ī, *n.* 목
flōs, ōris, *m.* 꽃
gena, ae, *f.* 뺨
ignis, is, *m.* 불
latebra, ae, *f.* 은신처
sententia, ae, *f.* 생각, 의도
simulācrum, ī, *n.* 모상, 형상
superbia, ae, *f.* 오만

admīror, ārī 경탄하다, 감탄하다
claudō, claudere, clausī, clausum 닫다
contingō, ere, tīgī, tāctum 손대다, 만지다
crēdō, ere, didī, ditum 신뢰하다
dēleō, ēre, ēvi, ētum 지우다
dēprehendō, ere, hendī, hēnsum 붙잡다
discēdō, ere, cessī, cessum 떠나다
haereō, ēre, haesī, haesum 매달리다, 멎다
incolō, ere, coluī, cultum 거주하다
interrumpō, ere, rūpī, ruptum 중단하다, 파괴하다
mergō, ere, mersī, mersum 담그다, 처박다
nesciō, īre, scīvī, scītum 모르다
negō, āre 부정하다
placeō, ēre, uī, itum 좋아하다, 기뻐하다
prōcumbō, ere, cubuī, cubitum 엎드리다
prōmittō, ere, mīsī, missum 약속하다
rēgnō, āre 통치하다
summittō, ere, mīsī, missum 내려보내다, 복종시키다
tangō, tangere, tetigī, tāctum 건드리다, 감동시키다
tūtor, ārī, tūtātus sum 보호하다

īdem, eadem, idem 같은
aequus, a, um 공평한
exiguus, a, um 작은, 적은
fallāx, ācis 속이는, 기만하는
grātus, a, um 즐거운, 고마운
nūllus, a, um 아무도 아닌
liquidus, a, um 맑은, 투명한
nitidus, a, um 빛나는, 비옥한
opportūnus, a, um 알맞은
viridis, e 푸른, 싱싱한

humī 땅바닥에
inde 그러므로, 그때부터
nusquam 아무데도 아니

enim 사실, 왜냐하면

LECTIO : NARCISSVS

Narcissum multī iuvenēs, multae puellae cupiērunt. Nūllī iuvenēs illum, nūllae puellae tetigērunt. Erat in tenerā fōrmā tam dūra superbia. Inde dēspectī male dicēbant.

　Fōns erat nitidīs undīs liquidus, quem neque pastōrēs neque capellae contigerant. Hīc puer fessus prōcubuit. Dum bibit, vīsā imāgine correptus, in ōre suō immōtus haesit. Spectāvit humī positus suōs oculōs, suōs capillōs, suās genās, suum collum. Cūncta admīrātus est.

　Quotiēns fallacī fontī ōscula dedit! Quotiēns in mediam aquam bracchia mersit! Sed quid vidēret, nēscīvit. Crēdule, quid frūstrā simulācra petis? Quod petis, est nusquam. Quod cernis, umbra est. Tēcum vēnit, tēcum manet, tēcum discēdet!

　"Quis, iō silvae, crūdēlius amāvit? Scītis enim, quod multīs latebra opportūna fuistis. Quis sīc amāvit? Quod videō, quod mihi placet, nōn tamen inveniō. Exigua aqua nōs prohibet." Puer caput fessum viridī in herbā summīsit. Oculōs eius mors clausit. Nusquam corpus fuit. Croceus flōs prō corpore inventus est.

『변신이야기』 3. 339〜510행

quem(관대) 그 샘을
quotiēns 얼마나 자주
quid vidēret(간접의문문) 무엇을 보는지
Crēdule 쉽게 믿는 자여
prohibet 막다
croceus 짙은 황금빛의

PENSUM

I. 동사의 사주를 완성하시오. (현재완료, 과거완료, 미래완료)

1. iubeō
2. augeō
3. habeō
4. respondeō
5. debeō
6. possideō
7. maneō
8. moveō
9. suādeō

II. 다음 명사의 변화형을 쓰시오.

1. tempus의 *sg. dat.*
2. animal의 *pl. abl.*
3. genus의 *pl. gen.*
4. calcar의 *pl. nom.*
5. corpus의 *sg. abl.*
6. mare의 *pl. acc.*

III. 우리말로 옮기시오.

1. Quid studuimus eō cōnsule lēgibus cognōscendīs?
2. Quōmodo palam facere poterātis verbum istud?
3. Cūr tam multōs deōs nihil agere putāvistis?
4. Ubī sunt, quī Antōnium Graecē scīre negāvērunt?
5. Quōmodo Sōcratēs aequissimō animō dīxit sē morī?

lēgibus cognōscendīs 법률을 공부하는데
palam 공개적으로

IV. 우리말로 옮기시오.

1. Nōlīte, amīcī, eōdem adīre, unde relīquistī!
2. Quae egō volō, eadem tū nōn vīs.
3. In eādem urbe volunt cum eīs habitāre, quī honestī sunt.
4. Idem velle et idem nōlle, id est firma amīcitia.
5. Māluī mē sapientem ob eāsdem vōbīscum causās exīstimārī.

mālō 더 원하다
ob 때문에

Caput XII

V. 변화표를 완성하시오.

1. exemplar bonum
2. placidum mare
3. homō sapiēns
4. dulcis vōx
5. rēx fortis
6. iuvenis pulcherrimus
7. pōns interruptus
8. album ōs
9. fōns liquidus

VI. 우리말로 옮기시오.

1. Rīdēns vērum dīcere solēbat.
2. Dēmosthenēs ambulāns versūs multōs ūnō spīritū clāmābat.
3. Tantalus sitiēns flūmina ab ōre fugientia tangere desīderābat.
4. Quī timēns vīvit, līber nōn est.
5. Iuvenis per silvās vagantēs ferās petīvit.
6. Ignem vomentēs montēs vidēre volēns vēnit ad Siciliam.
7. Vērum dīcentibus facile crēdam.
8. Hīs rēbus cognitīs Caesar castra mōvit.
9. Quod deō teste prōmīsistī, id tenendum est.
10. Rōmānī Hannibale vīvō sē nōn sine īnsidiīs futūrōs esse putant.

versūs multōs 많은 시행을
ūnō spīritū 단숨에
sitiō, īre 목마르다
vomentēs 토하는
rīdeō 웃다
vīvō 살다
vagō 돌아다니다
vomō 토하다
vīvus, a, um 살아 있는
deō teste 신을 증인으로 하여

VII. 분사 구문을 이용하여 라티움어로 옮기시오.

1. 그는 쉬라쿠사이에서 추방당하여 코린토스에서 아이들을 가르쳤다.
2. 눈처럼 영혼도 스스로를 보지는 못하지만 다른 것들을 분별한다.
3. 죽음을 두려워한다면, 누가 불행하지 않을 수 있을까?
4. 피타고라스는 오만왕이 통치할 때 이탈리아에 왔다.
5. 어둠이 사라지고 빛이 돌아왔다.

RES ROMANA : Amphitheātrum Flāvium

기원후 70년 (Titus Flāvius) Vespasiānus 황제가 건축을 시작하여, 기원후 80년 Vespasiānus 황제의 아들 Titus (Flāvius Vespasiānus) 황제에 이르러 5층 구조로 완성되었다. (Titus Flāvius Caesar) Domitiānus 황제가 기존 구조에 6층을 얹었다.

Amphitheātrum Flāvium © Paolo Costa Baldi

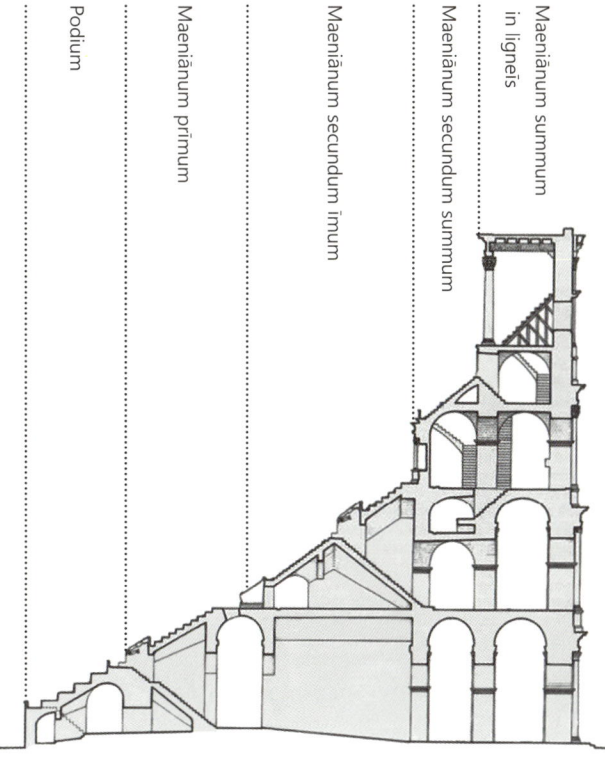

- Podium
  원로원 의원들
- Maeniānum prīmum
  원로원 의원 이외 귀족과 기사계급(equitēs)
- Maeniānum secundum īmum
  부유한 평민들
- Maeniānum secundum summum
  가난한 평민들
- Maeniānum summum in ligneīs
  여자들과 노예들

Caput XIII ARETHVSA

ADAGIA

베르길리우스, 〈아이네이스 *Aenēis*〉 1권 197행 이하

전우들아, 먼저 겪은 고생이 채 아니 잊혔으나
더한 일도 겪었거늘, 신은 이에도 끝을 두리라.
너희는 스퀼라가 미친 듯 짖어 대던 깊숙이 팬
바위굴을 지났고, 너희는 퀴클롭의 돌 세례도
겪었다. 용기를 가져라. 슬픔을 가져올 불안은
놓아 버려라. 이 또한 훗날 즐겁게 추억하리라.
수많은 고난을 지나, 많은 역경과 시련을 뚫고
라티움을 찾노라니, 운명은 게 조용한 거처를
주리라. 게서 트로야 왕국을 재건해도 좋겠다.
견디어라. 좋은 날을 위해 스스로를 돌보아라.

이 또한 훗날 즐겁게 추억하리라.
Forsan et haec ōlim meminisse iuvābit.

Ūrīnātor, Paestum, 기원전 480~470년 © Miguel Hermoso Cuesta

GRAMMATICA LATINA

I. 미래수동분사(Gerundīvum)와 동명사(Gerundium)

1. 미래수동분사(Gerundīvum) : 수동의 당위성. 의미상 주어는 여격으로.
   Mihi nōn dīcendum est.
   Cavendī nūlla occāsiō est dīmittenda.

2. 동명사(Gerundium)는 부정사의 속격, 탈격, 대격을 대신한다.
   cupiditās beātē vīvendī; genus dīcendī; studium discendī; iūdicandī causā
   Docendō discimus.
   Dē bene vīvendō certāmus.

3. 동명사는 미래수동분사로 바뀐다. 전치사에 딸린 동명사가 목적어를 취할 때 반드시.
   cōnsilium Athēnās relinquendī ↔ cōnsilium Athēnārum relinquendārum
   ars vēritātēs iūdicandī ↔ ars vēritātum iūdicandārum
   Multī in equīs parandīs cūram adhibent.

II. 명사 변화 제4변화

versus, ūs, *m.* 시행   manus, ūs, *f.* 손   cornū, ūs, *n.* 뿔

versus	versūs	manus	manūs	cornū	cornua
versūs	versuum	manūs	manuum	cornūs	cornuum
versuī	versibus	manuī	manibus	cornū	cornibus
versum	versūs	manum	manūs	cornū	cornua
versū	versibus	manū	manibus	cornū	cornibus

currus, ūs, *m.*   frūctus, ūs, *m.*   aestus, ūs, *m.*
spīritus, ūs, *m.*   vultus, ūs, *m.*

Exercituī frūmentum mētīrī oportet.

VOCABVLA

adulescentia, ae, f. 청춘
aestus, ūs, m. 더위
calculus, ī, m. 자갈
caverna, ae, f. 동굴
consilium, ī, n. 계획
cornū, ūs, n. 뿔
currus, ūs, m. 마차
dīligentia, ae, f. 세심함, 열심
exercitus, ūs, m. 군대
fuga, ae, f. 도주
humus, ī, f. 땅
manus, ūs, f. 손
murmur, uris, n. 웅얼거림
occāsiō, ōnis, f. 기회
poples, itis, m. 무릎
rēte, is, n. 그물
sēnsus, ūs, m. 감각
vēritās, ātis, f. 진리
vertex, ticis, m. 소용돌이
versus, ūs, m. 시행
vestis, is, f. 옷
vultus, ūs, m. 얼굴

adhibeō, ēre, buī, bitum 드러내다
advehō, ere, vēxī, vectum 옮기다
caedō, ere, cecīdī, caesum 자르다
dīmittō, ere, mīsī, missum 포기하다
ērubēscō, ere, rubuī, – 붉히다
feriō, īre, –, – 때리다, 치다
impediō, īre, īvī, ītum 방해하다
iūdicō, āre 판단하다
mētior, mētīrī, mēnsus sum 분배하다
percipiō, ere, cēpī, ceptum 파악하다
properō, āre 서두르다
recingō, ere, cinxī, cinctum 풀다
rumpō, ere, rūpī, ruptum 쪼개다

terreō, ēre, terruī, territum 위협하다
tollō, tollere, sustulī, sublātum 들다
vertō, ere, vertī, versus 바꾸다

adversus, a, um 불리한
altus, a, um 깊은, 높은
antiquus, a, um 오래된
ferus, a, um 사나운
ingēns, entis 커다란
rūsticus, a, um 촌스러운
secundus, a, um 순조로운

iterum 다시, 재차
nimis 지나치게
tenus 까지(선행 abl.)

LECTIO : ARETHVSA

Quae tibi erat causa fugiendī, Arethūsa? Cūr facta es sacer Siciliae fōns? Arethūsa ab altō fonte caput sustulit et amōrēs veterēs narrāvit. "Ūna nymphārum in Achaide eram. Quamquam fōrmae fāmam numquam petēbam, eam habēbam. Sed vultus nimis laudātus mē nōn iuvābat. Quā aliae gaudēre solent, egō rūstica eā laude ērubēscēbam.

Fessa redībam ā silvīs. Invēnī gelidās aquās sine vertice et murmure euntēs, per quās calculī omnēs vīsī sunt. Accessī prīmōque pedis vestīgia tīnxī, deinde poplite tenus. Nōn eō contenta, recincta, mē mersī in aquās. Quās dum feriōque trahōque, mediīs sub aquīs murmur sēnsī. 'Quō properās, Arethūsa?' Alphēos flumen iterum mihi dīxit. 'Quō properās?' Fugiēbam sine vestibus. Sīc mē ferus ille premēbat. Fessa fugā clāmāvī et vocāvī. 'Fer, Diāna, opem mihi!' Mōta dea est. Citius, quam nunc tibi facta narrō, in aquās mūtāta sum. Alphēos cognōvit amātās aquās et mūtavit sē in aquās. Eō ipsō tempore Dēlia rūpit humum. Et egō, in caecam cavernam mersa, advecta sum ad Ortygiam. Id est, cūr sim facta fōns Siciliae."

『변신이야기』 5. 409~642행

veterēs 옛날의
in Achaide 희랍에
aliae 다른
per quās (aquās) 물을 통해서
recincta 옷을 벗은
citius, quam...보다 빨리
eō ipsō tempore 바로 그 순간에
Dēlia 델로스 섬에서 태어난 여신이

Pōlypus et piscēs, Pompeii
© Marie-Lan Nguyen

PENSUM

I. 동사의 사주를 완성하시오. 분사를 만드시오.

1. faciō
2. capiō
3. fugiō
4. iaciō
5. efficiō
6. rapiō
7. prōiciō
8. percipiō
9. veniō

II. 괄호의 시제를 과거와 현재 완료로 바꾸시오.

1. Fīliās septem (caedunt   ) sagittīs percussās.
2. Pater Amphīōn moriēns (fīnit   ) dolōrem.
3. Ā laudātō virō laudārī (volō   ).
4. Cōnsul in urbem (redit   ) duce hostium ductō.
5. Vērum dīcentibus facile (crēdis   ).

III. 라티움어로 옮기시오.

1. 나에게 책을 주시오, 소년이여!   pānis, is, *m.* 빵
2. 우리에게 빵을 주시오, 친구들이여! 아니면 죽음을!
3. 포에부스여, 그에게 마차를 주지 마시오!
4. 마르쿠스여, 잠자지 말라!
5. 나의 아들아, 나를 믿어라!

IV. 다음 명사의 변화형을 쓰시오.

1. humus의 *sg. abl.*
2. spīritus의 *sg. acc.*
3. manus의 *sg. gen.*
4. cornū의 *pl. dat.*
5. tempus의 *pl. gen.*
6. virtūs의 *pl. abl.*

V. 우리말로 옮기시오.

1. Nē quid nimis!
2. Necessārium malum.
3. Nōsce tē ipsum!
4. Canis pānēs somniāns.
5. Elephantum ex muscā facis.
6. In vīnō vēritās.

somniō, āre 꿈꾸다
elephantus, ī, *m.* 코끼리
vīnum 포도주

VI. 변화표를 완성하시오.

1. fēlīx homō
2. spīritus ūnus
3. vultus trīstis
4. ingēns saxum
5. secunda mēnsa
6. currus altus
7. manus mea
8. frūctus magnus
9. exercitus fugiēns

VII. 미래분사와 동명사를 이용하여 라티움어로 옮기시오.

1. 우리 모두는 열심을 보여주어야만 한다.
2. 진실과 거짓을 판단하는 기술은 중요하다.
3. 그는 집을 마련하고 장식하는 데 얼마나 열심이었는가!
4. 자연은 영혼을 사물을 파악하는 데 적합한 감각들로 장식하였다.
5. 말의 우아함을 연설가들과 시인들을 읽음으로써 보여주어야 한다.

ēlegantia, ae, *f.* 우아함
idōneus, a, um 적합한

VIII. 우리말로 옮기시오.

Litterārum studia adulēscentiam acuunt, senectūtem oblectant, secundās rēs ōrnant, adversīs rēbus perfugium ac sōlācium praebent, dēlectant domī, nōn impediunt forīs, pernoctant nōbīscum, peregrīnantur, rūsticantur.

acuō, ere 연마하다
pernoctō, āre 밤을 새우다
peregrīnor 여행하다
rūsticor 시골에 살다

Caput XIII

IX. 우리말로 옮기시오.

1. Hic liber erat mihi legendus.
2. Falsa religiō erit tollenda.
3. Praecepta officiī erant nōbīs tradenda.
4. Superbia nōn est ferenda.
5. Puerīs sententiās discendās dāmus.
6. Magister puerōs ante urbem docendī causā prōdūxit.
7. Adhibuerunt cōnsilium capiendae urbis.
8. Virtūs cōnstantiae omnibus sapientibus admīrandae sunt.
9. Ad ēvertanda fundāmenta cīvitātis hostēs dūxit.
10. Quam multās imāginēs ad imitandum relīquērunt!
11. Rēgum imperium initiō fuit cōnservandae lībertātis.
12. Mēns nōn sōlum discendō, sed etiam cōgitandō augētur.
13. Vērī videndī cupiditātem nātūra hominī dat.
14. Arma capiendī spatium in maximō perīculō nōn datum est.
15. Cupidī bellōrum gerendōrum sunt multī propter glōriam.

religiō 종교
praecepta 가르침
cōnservō, āre 보존하다
spatium 여유 시간
cupidī 욕망하는

Satyrī, Vīlla Cicerōnis, Pompeii © ArchaiOptix

RES ROMANA : Philosophia

로마 철학

로마 철학은 로마가 희랍 문화를 접촉하기 시작한 기원전 2세기 중반부터, 혹은 라티움어로 저술된 최초의 철학적 저작 〈사물의 본성에 관하여 *Dē rērum nātūrā*〉를 쓴 루크레티우스(Lucrētius, 기원전 98~55년)부터 '최후의 로마인이자 최초의 스콜라철학자 ultimus Rōmānōrum et prīmus scholasticus'라고 불린 보에티우스(Boethius, 기원후 477~524년)에 이르는 시기에 로마 공화정과 로마 제국에서 전개된 철학을 가리킨다.

공화정 시기의 로마인들은 희랍 철학의 영향 하에 로마 철학을 성립시켰다. 스키피오(Scīpiō, 기원전 185~129년) 중심의 교양 있는 로마인들은 특히 파나이티우스(Panaetius)와 포세이도니우스(Posīdōnius)를 통해 스토아학파(Stōicī)의 영향을 받았다. 이후에 희랍의 철학 학파들은 기원전 88년 경 미트리다테스 전쟁 이후에 술라의 박해를 피해 아테네를 떠나 대거 로마로 이동하였다. 이때 회의주의 아카데미아(Acadēmīa)의 수장이던 라리사의 필론(Philōn, 기원전 154/3~84/3년)이 로마로 이주했고 그의 강의를 들은 로마의 젊은이들 가운데 키케로(Cicerō)가 있었다. 또 소요학파(Peripatēticī)와 스토아학파를 아우르는 단일한 아카데미아 전통을 주장하는 아스칼론의 안티오코스(Antiochus, 기원전 약 125~약 68년)가 로마의 지식인들과 활발히 교류했다. 한편 에피쿠로스학파(Epicūrēī)와 견유학파(Cynicī)도 공화정 말기의 로마에서 큰 영향을 행사했다.

로마 철학이 희랍 철학을 수동적으로만 받아들인 것은 아니다. 헬레니즘 후기는 학설 자체의 독창성보다 기존 철학들의 창조적 이종교배가 요구되던 시기였다. 가령, 키케로는 회의주의 아카데미아의 입장을 바탕으로 스토아윤리학을 포괄적으로 수용하고자 했고, 스토아주의자인 세네카도 스토아철학의 입장을 초월해서 에피쿠로스의 도덕적 고귀함을 높이 평가했다. 또한 로마 철학자들, 특히 키케로는 희랍 철학을 라티움어로 번역하는 과정에서 이후 철학 용어로 정착되는 다양한 어휘들을 산출했다. 본질(essentia), 성질(quālitās), 덕(virtūs), 원인(causa), 원리(prīncipium), 지각(perceptiō) 등이 그것이다.

헬레니즘 철학은 자연학, 윤리학, (언어, 문법, 수사학을 포함한) 논리학의 세 분과로 구분되어 발전했는데, 로마 철학은 특히 로마적 실용성에 따라 수사학과 윤리학에 관심을 가졌다. 키케로는 철학과 수사학의 단절을 지양하고, 철학의 이론과 수사학의 실제를 결합시켰다. 그는 〈연설가에 관하여 *Dē ōrātōre*〉에서 철학과 수사학, 형식과 내용, 재능(ingenium)과 기술(ars)을 통합한 이상적인 연설가를 통해 로마적 철인 통치자의 모습을 제시하였다. 또 그는 '양쪽 입장에서의 논변 in utramque partem'이라는 희랍적 수사학 기술을 수용한 다수의 철학적 대화편들을 저술했다.

한편 세네카(Seneca)나 아우렐리우스(Aurēlius) 황제 등의 로마 철학자들은 철학을 이론학이 아니라 '삶의 기술 ars vītae'로 여겨 윤리학 중심의 철학을 발전시켰다. 이들은 로마 사회가 요구하는 규범 혹은 의무(officium)를 스토아철학 전통을 바탕으로 이론화하고 체계화하는 독창성을 보여준다. 그래서 이상적 로마적 규범을 의미하는 '선조들의 전통 mōs māiōrum'은 지혜(sapientia), 절제(temperantia), 용기(fortitūdō), 정의(iūstitia)라는 전통적인 네 가지 덕목과 더불어, 신의(fidēs), 결백(innocentia), 항상심(cōnstantia), 충심(pietās), 신심(religiō) 등 매우 로마적인 덕목도 포함한다. 또한 로마 철학은 '영혼 치유 animōrum medicīna'에 큰 관심을 보였다. 로마 철학자들은 특히 에피쿠로스학파와 스토아학파에 의해 심도 있게 탐구되던 영혼 치유라는 개념을 발전시켜, 사회적 윤리적 전통 가치의 해체가 급격하게 진행되던 로마 사회에 영적 위안의 제공을 모색했다. 로마의 스토아철학자들이 제시한 금욕주의적이고 관조적인 삶이나, 루크레티우스 등의 에피쿠로스주의자들이 그린 우정(amīcitia)도 이런 모색의 일환이라고 할 수 있다. 호라티우스, 베르길리우스, 페르시우스, 루키아누스 등 로마 시인들도 영혼 치유라는 측면에서 스토아철학이나 에피쿠로스철학을 차용했다.

양호영(정암학당 연구원, 로마 철학 전공)

Venus, Casa di Fabio Rufo, Pompeii.

Caput XIV PHILEMON

ADAGIA

세네카, 〈은둔에 관하여 *Dē ōtiō*〉 1

우리는 좋은 길과 나쁜 길을 그 자체로 평가하는 것이 아니라 발자국의 수로 평가합니다. 되돌아온 발자국은 없는데도 말입니다. 당신은 제게 말할 것입니다. "세네카, 뭐라고? 너의 학파를 버린다고? 확실히 너희 스토아학파는 말한다. '우리는 죽을 때까지 실천할 것이다. 우리는 공공선에 힘쓰고, 개개인을 돕고, 원수에게조차 늙은 손을 내밀어 도와주기를 멈추지 않을 것이다. 우리는 나이가 들어서도 군복무를 하는 자들이고, 매우 훌륭한 시인이 말하듯이 "우리는 백발에도 투구를 눌러쓴다." 우리는 죽기 전까지도 은둔할 수 없고, 경우에 따라서는 죽어서도 은둔할 수 없는 그런 사람들이다.' 왜 너는 제논의 사령부에서 에피쿠로스의 가르침을 우리에게 설파하는가? 너희 학파에 염증이 났다면 배신하기보다는 완전히 떠나는 것은 어떤가?" 저는 당신에게 당장 이렇게 대답하겠습니다. "당신은 왜 내가 나의 선생들을 흉내 내는 것 이상을 하기를 요구하지 않는가? 그렇다면 어떤가? 나는 선생들이 나를 떠나보낸 곳이 아니라 이끄는 곳으로 갈 것이다."

우리는 백발에도 투구를 눌러쓴다.
Cānitiem galeā premimus.
베르길리우스 Vergilius(기원전 70~19년)
〈아이네이스 *Aenēis*〉 9권 612행(천병희 역)

Nīlus, Pompeii

GRAMMATICA LATINA

I. 목적분사(Supīnum) : 대격 목적분사(목적분사 1)와 여격 목적분사(목적분사 2)

Iste noctū domum vīcīnī vēnit fūrātum.

Hoc facile est intellectū.   Hoc est incrēdibile dictū.

II. 명사 변화 제5변화

rēs, reī, *f.* 일   diēs, diēī, *m.* 날

rēs	rēs	diēs	diēs
reī	rērum	**diēī**	diērum
reī	rēbus	**diēī**	diēbus
rem	rēs	diem	diēs
rē	rēbus	diē	diēbus

1. rēs, diēs만이 복수형을 완전하게 갖는다. spēs, speciēs 등은 복수 주격과 대격만.
2. 제5변화 명사 중 diēs, merīdiēs만이 남성이고 나머지는 여성이다. diēs도 기일, 특정일을 뜻할 때 여성이다.

III. 수사

1. ūnus, duo, trēs는 격변화 한다.
2. 4~100까지는 격변화하지 않는다.
3. 백 단위 : 200~900은 격변화 한다.
4. 천 단위 : 1000은 격변화 하지 않고 2000부터 격변화 한다.

18 duodēvīgintī   19 ūndēvīgintī   20 vīgintī

100 centum   200 ducentī, ae, a   300 trecentī, ae, a

1000 mīlle   2000 duo mīlia

VOCABVLA

anus, ūs, f. 노파
ānser, eris, m. 거위
auctōritās, ātis, f. 위엄
auxilium, ī, n. 도움
cinis, eris, m. 재
collis, is, m. 언덕
domus, ūs, f. 집
error, ōris, m. 잘못
focus, ī, m. 화덕
folium, ī, n. 나뭇잎
gradus, ūs, m. 걸음
mēnsis, is, m. 달, 월
mīles, itis, m. 병사
requiēs, ētis, f. 휴식 (acc. requiem)
senectus, ūtis, f. 노령
speciēs, ēī, f. 외형
spēs, eī, f. 희망
templum, ī, n. 신전
vīs, vīs, f. 힘 (pl. vīrēs, vīrium)

abeō, īre, iī, itum 떠나다

cōnsenēscō, ere, senuī, — 함께 늙다
dēlīberō, āre 심사숙고하다
dēterreō, ēre, uī, itum 막다, 저지하다
exspectō, āre 기다리다
flectō, ere, flēxī, flēxum 굽히다, 돌리다
fūror, ārī, fūrātus sum 훔치다
intellegō, ere, lēxī, lēctum 알다
luō, ere, luī, — 씻다, 갚다
mactō, āre 제물로 바치다, 도살하다
pāreō, ēre, uī, — 복종하다
prōdūcō, ere, dūxī, ductum 인도하다, 산출하다
recipiō, ere, cēpī, ceptum 수복하다, 영접하다
relevō, āre 경감한다, 위로하다
relinquō, ere, līquī, lictum 버리다

succurrō, ere, currī, cursum 돕다
volvō, ere, volvī, volūtum 굴리다

armātus, a, um 무장한
incrēdibilis, e 놀라운
tepidus, a, um 미지근한, 따뜻한

praesertim 특히
semel 한 번, 한 차례
sērō 늦게
simul 함께

dōnec 하는 동안 내내
ante 전에(acc.)
super 위에(acc./abl.)

Praedia di Iulia Felix, Pompeii

Caput XIV

LECTIO : PHILEMON

Iuppiter speciē mortālī vēnit ad Phrygiam et Mercurius. Deī mīlle domūs adiērunt locum requiemque petentēs. Mīlle domūs clausērunt portās. Ūna tamen parva recēpit eōs. In illā Baucis anus eādemque aetāte Philēmōn erant iunctī et cōnsenuērant.

  Ubī caelicolae parvam domum intrāvērunt, vir summā senectūte iussit eōs membra positō sedīlī relevāre. Inde in focō tepidum cinerem dīmōvit et ignēs foliīs prōdūxit. Super omnia vultūs bonī accessērunt nec parva voluntās. Ānser erat, minimae custōs vīllae, quem dominī mactāre parābant.

  Deī vetuērunt eum mactāre. Dīxērunt: "Dī sumus, meritāsque poenās luent vīcīnī. Modo vestram domum relinquite ac comitāte nostrōs gradūs et ad summum montem abīte simul!" Duō pāruērunt. Ubi longē aberant, flexērunt oculōs et mersa sub aquā omnia vidērunt. Illa dominis duobus etiam parva domus mūtāta est in templum. Duo templī cūstodēs erant, dōnec vīta data est. Annīs tandem solūtī, Baucis Philēmōna frondēre, Philēmōn Baucida frondēre vidit.

caelicolae 신들이
sedīle, is, *n.* 의자
meritās 합당한
comitāte 따르다
frondeō, ēre 잎이 무성해지다

『변신이야기』 8. 661~725행

Fullōnia, Pompeii

PENSUM

I. 동사의 사주를 완성하시오. 분사를 만드시오.

1. tollō
2. ferō
3. sufferō
4. auferō

II. 변화표를 완성하시오.

1. fidēs certa의 *sg. abl.*
2. rēs pūblica의 *pl. dat.*
3. spēs longa의 *sg. acc.*
4. diēs prīmus의 *pl. acc.*
5. speciēs hūmāna의 *pl. nom.*
6. requiēs plēna의 *sg. acc.*

III. 우리말로 옮기시오.

1. Dēlīberandō discitur sapientia.
2. Dēlīberandō saepe perit occāsiō.
3. Graecī pācem petitum ōrātōrēs Rōmam mīsērunt.
4. Vīrēs tuās amīcī beneficiīs, inimīcī iniūriīs sentient.
5. Lēgātī auxilium rogātum veniēbant.

beneficiīs 호의에 의해
rogātum 청하려고

IV. 우리말로 옮기시오.

1. In viā occurrunt armātīs mīlitibus.
2. Ō rem vīsū miseram!
3. Dum succurrere hūmānīs errōribus cupient, ipsī sē in errōrēs maximōs indūcent.
4. Quod optimum factū erit, faciēs.
5. Quid est tam dulce audītū quam summa laus?

V. 괄호에 알맞은 수를 넣으시오.

1. Annus in (　　　　　　) mēnsēs dīvīsus est.   sarculum 세기
2. Saeculum est (　　　　　　) annī.
3. Homō sānus (　　　　　　) annōs vīvere potest.
4. Diēs in (　　　　　　) hōrās dīviditur.
5. Tempora annī sunt (　　　　　　).
6. Partēs caelī sunt (　　　　　　).
7. In urbe Rōmā sunt (　　　　　　) collēs.
8. Homō habet (　　　　　　) manūs.
9. Manus habet (　　　　　　) digitōs.

VI. 우리말로 옮기시오.

1. Oppidum ab Aenēā, fugientī ā Trōiā, conditum esse dēmōnstrant.
2. Ad mare fugiēbant vītam petītum.
3. At Aenēās, per noctem in animō plūrima volvēns, ubi lūx data est, eam domum relīquit.
4. Lēgātī veniunt auxilium implōrātum.
5. Habet senectūs, honōrāta praesertim, summam auctōritātem.

plūrima 아주 많은 것
implōrō, āre 탄원하다
honōrāta 존경받는

VII. 분사류를 이용하여 라티움어로 옮기시오.

1. 그들은 모습을 바꾸고 하늘에서 내려왔다.
2. 현자는 무엇에도 숙고를 그만두지 않는다. (dēterreō)
3. 그는 많은 생각을 하다가 실수를 저질렀다.
4. 그는 도움을 요청하기 위해 병사들을 보냈다.
5. 행하기에 가장 훌륭해 보이는 것을 행하라!

VIII. 아래 지도에서 다음을 찾으시오.

1. Capitōlium
2. Palatium
3. Circus Maximus
4. Campus Martius
5. Forum Rōmānum
6. Subūra
7. Aqua Appia
8. Via Sacra
9. Theātrum Pompeiī
10. Ampitheātrum Flāvium(Colosseum)

RES ROMANA : Urbs Rōma(기원전 31년)

Cristiano64 그림

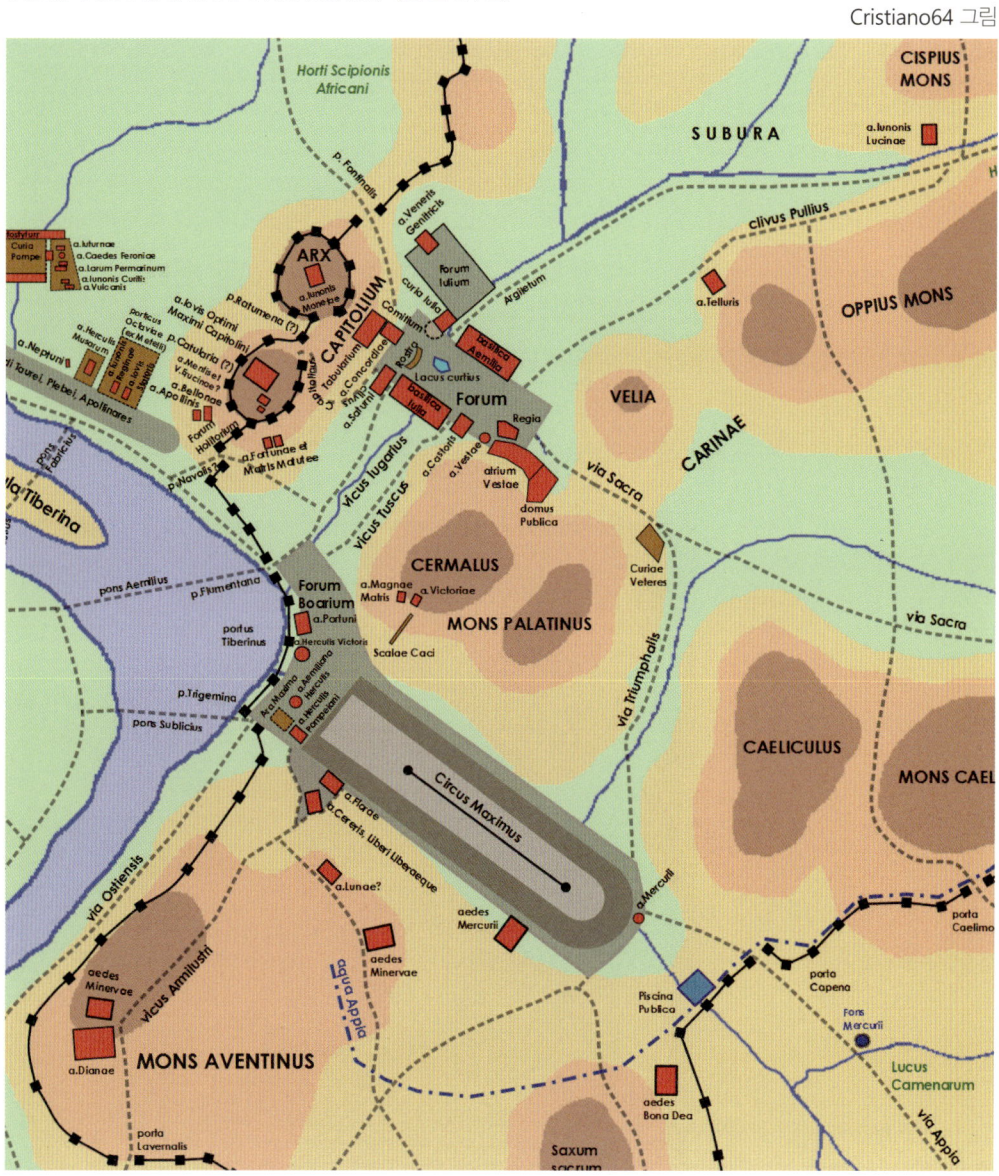

Caput XV PYGMALION

ADAGIA

베르길리우스, 〈아이네이스 *Aenēis*〉 1권 459행 이하

멈춰 눈물지으며 말하였다. "아카텟아, 어느 고장,
세상 어느 곳이 여태도 우리 노고를 모르겠나?
프리암을 보라! 예서도 명예는 보상을 받는다.
세상의 눈물, 사람일은 사람 마음을 적시는 법.
안심하라! 우리 명성이 아마 우리를 살리리라!"
그리 말하고 무심한 그림에 생각을 곱씹으며
한숨지었다. 한없이 흐른 눈물이 볼을 적셨다.

세상의 눈물, 사람일은 사람 마음을 적시는 법.
Sunt lacrimae rērum et mentem mortālia tangunt.

Vergilius, 기원후 3세기,
Bardo Museum

GRAMMATICA LATINA

I. 관계대명사

quī, quae, quod

quī	quī	quae	quae	quod	quae
cuius	quōrum	cuius	quārum	cuius	quōrum
cui	quibus	cui	quibus	cui	quibus
quem	quōs	quam	quās	quod	quae
quō	quibus	quā	quibus	quō	quibus

1. 관계대명사는 선행사에 성과 수를 일치시키지만, 격은 종속절에서 결정한다.

    Quī ūnam virtūtem habet, omnēs habet.

    Xerxēs praemium eī prōposuit, quī invēnit novam voluptātem.

    Quae egō volō, ea tū nōn vīs.

    In rē pūblicā volunt ea, quae honesta sunt.

    Quem dī dīligēbant, adulēscēns moriēbātur.

    Hostēs ad id flūmen contendērunt, quod esse post castra nostra dēmōnstrātum est.

2. 관계대명사는 지시대명사처럼 주절을 이끌 수 있다.

    Magna vīs est cōnscientiae. Quam quī īgnōrant, sē ipsī accūsābunt.

    Hī librī sunt ūtilēs. Quōs legite quaesō studiōsē!

    Exspectant bona futūra. Quae nōn certa esse possunt, metuunt.

II. 의문대명사와 의문형용사

1. 의문대명사 quis? quid? 격변화는 부록을 참조하라.
2. 의문형용사 quī, quae, quod는 관계대명사의 격변화를 따른다.
3. quis?는 의문형용사로도 쓰인다.

III. 종속절 : 관계문(relātīva)

1. 관계문은 형용사절이다. 관계절의 부정은 언제나 nōn이다.
2. 관계문에 내적 종속의 접속법이 사용될 수 있다(20과 참조).
3. 접속법의 관계문은 보편, 결과, 이유, 양보, 역접 등의 부가적 의미를 가진다.

    Sunt, quī cēnseant ūnā animum cum corpore occidere.

    Caesar cohortēs relīquit, quae praesidiō nāvibus essent.

    Mē caecum, quī haec ante nōn vīderim!

    Duae rēs sunt, quae admīrābilem ēloquentiam faciant.

    Pompeius ūnus inventus est, quem sociī vēnisse gaudeant.

IV. 동사 직설법 수동태 현재, 과거, 미래

1. 수동 현재는 능동 현재 어간 + 수동 인칭 어미로 만든다.

    amor, amāris, amātur, amāmur, amāminī, amantur

2. 수동 과거는 능동 과거 어간 + 수동 인칭 어미로 만든다.

    amābar, amābāris, amābātur, amābāmur, amābāminī, amābantur

3. 수동 미래는 능동 미래 어간 + 수동 인칭 어미로 만든다.

    amābor, amāberis, amābitur, amābimur, amābiminī, amābuntur

    dūcar, dūcēris, dūcētur, dūcēmur, dūcēminī, dūcentur

V. 선택 의문문 : utrum...an

1. Utrum ea vestra an nostra culpa est?
2. Utrum tū vir an fēmina es?
3. Utrum prō mē an prō mē et prō tē?

VOCABVLA

artus, ūs, *m.* 관절
bāca, ae, *f.* 진주
blanditia, ae, *f.* 아첨, 아양
coniux, iugis, *m./f.* 배우자
convīva, ae, *m.* 잔치 손님
culpa, ae, *f.* 죄, 잘못
ebur, oris, *n.* 상아
ēloquentia, ae, *f.* 연설술
faciēs, ēī, *f.* 외관, 얼굴
glōria, ae, *f.* 명예
hortus, ī, *m.* 정원
mūnus, eris, *n.* 선물
officium, ī, *n.* 의무
orbis, is, *m.* 궤도
palma, ae, *f.* 종려나무
praemium, ī, *n.* 상급
praesidium, ī, *n.* 보호
religiō, ōnis, *f.* 종교, 신앙
torus, ī, *m.* 혼인침대
victor, ōris, *m.* 승리자
volucris, is, *f.* 새
voluptās, ātis, *f.* 쾌락
vōtum, ī, *n.* 소망

cōnstō, āre, stitī, – 서있다
commūtō, āre 바꾸다

concipiō, ere, cēpī, ceptum 붙잡다, 임신하다
ēvehō, ere, vēxī, vectum 들어 올리다
expūgnō, āre 정복하다
fungor, fungī, fūnctus sum 수행하다
hauriō, īre, hausī, haustum 긷다
incumbō, ere, uī, itum 눕다(*alci.*)
lateō, ēre, latuī, – 숨다
mereō, ēre, ruī, ritum 공헌하다
morior, morī, mortuus sum 죽다
nāscor, nāscī, nātus sum 태어나다, 생겨나다
offendō, ere, fendī, fēnsum 상처 내다
polliceor, ērī, pollicitus sum 약속하다
tepeō, ēre, uī, — 따뜻하다
retractō, āre 다시 잡다, 다시 살피다
sculpō, ere, psī, ptum 조각하다, 다듬다

admīrābilis, e 놀라운
adulescēns, entis 젊은
avārus, a, um 탐욕스러운
celeber, bris, bre 운집한
commodus, a, um 유익한
dēspērātus, a, um 절망적인
fēstus, a, um 축제의
lēvis, e 반들반들한, 빛나는
mīrus, a, um 기묘한
mollis, e 부드러운, 유연한
niveus, a, um 눈의, 눈 덮인
socius, a, um 동맹의
tōtus, a, um 전체의
ūtilis, e 유용한

adeō 그토록
eō 그 때문에
rūrsus 다시, 뒤로
timidē (부) 소심하게
utrum 냐?

an 인가?
quia 왜냐하면

Caput XV

LECTIO : PYGMALION

Pygmaliōn, quia fēminās crīmina agentēs vīderat, offēnsus iīs vitiīs sine coniuge vīvēbat. Intereā mīrā arte fēlīciter sculpsit niveum ebur et fōrmam dedit, quā fēmina nūlla nāscī potest. Operis suī amōrem concēpit. Virginis fuit vēra faciēs, quam vīvere et movēre crēdās.

 Pygmaliōn hausit ē pectore ignēs. Ōscula dedit. Modo blanditiās adhibuit, modo tulit mūnera puellīs grāta et flōrēs mīlle colōrum. Ōrnāvit quoque vestibus artūs. In auribus lēvēs bācae, redimīcula in pectore pependērunt.

 Fēsta diēs Veneris celeberrima vēnerat, cum mūnere fūnctus ad ārās cōnstitit et timidē dīxit: "Sī, dī, dare cūncta potestis, sit coniux mea, optō, eburnae puellae similis." Nōn ausus est dīcere: "Eburnea virgō sit mea." Cum domum rediit, simulācrum suae puellae petīvit et eī dedit ōscula. Ebur vīsum est tepēre. Ille iterum ebur manibus temptāvit. Temptātum ebur molle fuit. Dubiē amāns gaudēbat. Rūrsus et rūrsus manibus retractābat. Corpus fuit. Data ōscula virgō sēnsit et ērubuit.

『변신이야기』 10, 243~297행

crēdās 믿었을거다
redimīcula 띠들이
mūnere fūnctus 선물을 바치는
sit ...이기를

Achillēs et Brisēis, Pompeii

PENSUM

I. 변화표를 완성하시오. (수동 현재, 과거, 미래)

1. inveniō
2. teneō
3. scrībō
4. dīcō
5. mittō
6. solvō
7. videō
8. laudō
9. tangō

II. 우리말로 옮기시오.

1. Artēs sunt, quae hominēs in summā dīgnitāte pōnunt, maximae.
2. Hostēs, quī fugiunt, nōn sunt ā nōbīs timendī.
3. Scīpiō eōs, quī rem pūblicam salvam esse voluērunt, sē sequī iussit.
4. Quintō diē fīnem dīcendī faciēmus, quō diē multa dicta sunt.
5. Illam legem tulit, quā lēge multī damnātī sunt.

III. 우리말로 옮기시오.

1. Haec est condiciō vīvendī. Respōnsūra fāma nōn pār est labōrī tuō.
2. Dī tibi commoda dent! Vir bonus es convīvaque cōmis.
3. Ager est nōn ita magnus, ubī hortus et fōns et paulum silvae est.
4. Dē officiīs nostrīs cōgitābāmus et glōriam bellī semper laudābāmus.
5. Multī sunt avārī. Nec vitia nostra nec remedia tolerāre possumus.

IV. 라티움어로 옮기시오.

1. 로마는 작은 마을에서 시작하였다.
2. 로마인들에 의해 로마가 건설되었다.
3. 많은 공동주택과 거대한 저택들이 지어졌다.
4. 로마인들에 의해 로마가 강력한 성벽으로 강화되었다.
5. 신들을 위해서도 신전이 지어졌고 공공건물이 세워졌다.

cōnfirmō, āre 강화하다
mūrus, ī, *m*. 성벽

Caput XV

V. 우리말로 옮기시오.

1. Omne punctum tulit, quī miscuit ūtile dulcī.   punctum 점수
2. Graecia capta ferum victōrem cēpit.
3. Palma nōbilis dominōs terrārum ēvehit ad deōs.
4. Quī studet optātam mētam contingere, multa tulit.
5. Commūtātur officium et nōn semper idem.

VI. 분사에 주의하여 우리말로 옮기시오.

1. Religiōne sublātā fidēs quoque tollitur.   aberrō, āre 길을 잃다
2. Caesar oppidum paucīs dēfendentibus expūgnāre nōn potuit.   peragrō, āre 돌아다니다
3. Nātūram ducem sequentēs numquam aberrābimus.
4. Auxilium tuum nōbīs pollicitus nōn iūvistī.
5. Cerēs, Prōserpinam fīliam quaerēns, tōtum orbem terrārum peragrāvit.

VII. 관계대명사를 사용하여 라티움어로 옮기시오.

1. 우리는 카피톨리움에서 로마인들로 매우 붐비던 로마 광장을 바라본다.
2. 우리는 많은 신전과 기념물들이 서 있던 신성대로를 걸어간다.
3. 아우구스투스가 예전에 살던 팔라티움에는 옛 건물들의 많은 잔해가 있다.
4. 우리는 축제가 개최되던 콜로세움을 본다.
5. 우리는 로마인들이 들어가던 신전을 로마 광장에서 본다.

Capitōlium
forum Rōmānum
celebrō
Viā Sacrā
Pālātium
ruīnae
Cōlosseum
lūdī

VIII. 우리말로 옮기시오.

1. Inter Rōmulum et Remum pūgnae dē novā urbe appellandā factae sunt.
2. Quanta voluptās ex litterīs discendīs percipitur!
3. Artēs omnēs inventae sunt nātūrā docente.
4. Haec rēs duplicem viam habet docendī.
5. Rōmānī Hannibale vīvō numquam sē sine īnsidiīs futūrōs esse putant.
6. Cupidī sumus omnēs bene vīvendī.
7. Mēns alitur dīcendō et cōgitandō.
8. Multī ad spectandōs lūdōs in amphitheātrum convēnērunt.
9. Hannibal advēnit castra Rōmāna oppūgnātūrus.
10. Hannibal in patriam revocātus invitus castra Rōmāna relīquit.
11. Omnia parāta sunt ad patriam līberandam.
12. Cōnstat Gallōs omnes ā Caesare victōs esse.
13. Incertum est, quam longa vīta nostra futūra sit.
14. Amicitiā sublātā vīta sēcūra esse nōn potest.

FACITIS VOBIS SUAVITER EGO CANTO EST ITA VALEAS
© Napoli, Museo Archeologico Nazionale

RES ROMANA : Domus

domus ⓒ Hermann Bender(1844~1897)

1. Ōstium
2. Vestibulum
3. Ātrium
4. Impluvium
5. Tablīnum
6. Cubiculum
7. Peristȳlium
8. Piscīna

Ātrium, Pompeii ⓒ Carole Raddato

Caput XVI

ADAGIA

키케로, 〈플랑키우스 변론 *Prō Plancio*〉 29

저는 세상에 알려지지 않은 것들은 언급하지 않겠습니다. 다만 드러난 것은 결단코 칭찬하겠습니다. 그는 친지들과 어떻게 지냈습니까? 먼저 부친과는 어떠했습니까? 제 생각에 충직은 모든 훌륭함의 근본이기 때문입니다. 그는 부친을 마치 신처럼 공경하였습니다. 부모는 자식들에게 그와 다르지 않은 존재입니다. 또 부친을 동료처럼, 형제처럼, 친구처럼 사랑했습니다. 삼촌과의 관계는 말해 무엇 하겠습니까? 친척들과는, 인척들과는 어떠했습니까? 여기 계신 존귀한 그나이우스 사투르니우스와는 어떠했습니까? 이 사람이 피고의 명예에 얼마나 큰 관심을 가지고 있는지를 여러분은 이 사람이 피고의 불행에 동참한다는 것에서 알 수 있습니다. 또 피고의 재판에 마치 당사자인 양 나선 저는 말해 무엇 하겠습니까? 여러분이 보시다시피 슬픔의 복장을 입고 이 자리에 참석한 저 많은 사내들은 또 어떠합니까? 이것들은, 심판인 여러분, 확고하고 분명한 증거이고 결백함의 확증입니다.

충직은 모든 훌륭함의 근본이다.
Pietās fundāmentum est omnium virtūtum.

Aenēās, 기원후 1세기,
Museo Archeologico Nazionale di Napoli

Caput XVI

GRAMMATICA LATINA

I. 형용사 비교급, 최상급

dulcior, dulcius

dulcior	dulciōrēs	dulcius	dulciōra
dulciōris	dulciōrum	dulciōris	dulciōrum
dulciōri	dulciōribus	dulciōri	dulciōribus
dulciōrem	dulciōrēs	dulcius	dulciōra
dulciōre	dulciōribus	dulciōre	dulciōribus

1. magis, maximē + 원급은 비교급과 최상급을 대신한다.
   magis idōneus, maximē idōneus
2. 비교급 형용사처럼 변하는 제3변화 형용사 : vetus, veteris; pauper, pauperis
3. 최상급 형용사는 issimus, a, um; limus, a, um; rimus, a, um의 어미를 갖는다.
   longissimus, fortissimus, facillimus, pulcherrimus
4. 불규칙 비교 변화하는 형용사들이 있다.
   melior, peior, maior, minor, superior, prior, plūs
   optimus, pessimus, maximus, minimus, summus, prīmus, plūrimus
   Cicerō dīxit nihil sibi cārius esse patriā.
   Vītam quam beātissimam agere volumus.
   Nihil magis petis quam dīvitiās.
   Terram minōrem esse sōle putāvimus.
5. 비교급 형용사와 최상급 형용사는 부사로 강조한다.
   multō dulcior, etiam melior
   longē optimus, vel maximus, facile maximus
6. 최상급 형용사는 강조의 의미로 해석할 수 있다.

II. 종속절(비교)

1. 대등 비교 ut sīc, tam quam, tantus quantus, tālis quālis, totiēns quotiēns, quasi

    Ut nihil bonī est in morte, sīc certē nihil malī.

    Ille tam apud nōs servit, quam egō nunc hīc apud tē serviō.

    Platōnem philosophōrum quasi deum quendam esse putant.

2. 비교급 형용사는 탈격과 함께 쓴다. (비교의 탈격 혹은 차이의 탈격)

    Quid est in homine ratiōne dīvīnius?

    Nihil est bellō cīvīlī miserius.

    Sōl multīs partibus māior est quam terra ūniversa.

    Rēs quantō est māior, tantō est invidiōsior.

    Tantō brevius omne, quantō fēlicius tempus.

3. 비교급 형용사 + quam; magis quam

    Pāx est melior quam victōria (est).

    Cūr mihi magis suscēnsētis quam istīs?

    Tē nōn minus contemnō quam ōdī.

4. aequē, similis, idem, nōn secus 등을 atque(ac)와 함께.

    Virtūs eadem in homine est ac in deō.

    Neque vērō illum similiter, atque ipse eram, commōtum esse vīdī.

Ad cucumās, Herculaneum © Carole Raddato

VOCABVLA

āla, ae, f. 날개
adventus, ūs, m. 도착
avāritia, ae, f. 탐욕
beneficium, ī, n. 호의
benevolentia, ae, f. 호의, 친절
cāsus, ūs, m. 추락, 우연, 경우
cōnsuētūdō, inis, f. 관습
dulcēdō, dinis, f. 달콤함
iūstitia, ae, f. 정의
iuvenca, ae, f. 암소
praeceptum, ī, n. 계명, 가르침
praeses, sidis, m. 보호자
rēctor, ōris, m. 통치자
scēptrum, ī, n. 왕홀
sermō, ōnis, m. 대화
statiō, ōnis, f. 임무, 체류지
virga, ae, f. 지팡이, 막대기

caleō, ēre, uī, — 뜨겁다
coniungō, ere, iūnxī, iūnctum 결합하다, 맺다
cōnsīdō, ere, sēdī, sessum 함께 앉다
contemnō, ere, tempsī, temptum 깔보다

dēspērō, āre 절망하다
egeō, ēre, uī, — 부족하다
ēveniō, īre, vēnī, ventum 일어나다
expetō, ere, īvī, ītum 열망하다, 바라다
ēvincō, ere, vīcī, victum 물리치다, 이기다
interpōnō, ere, posuī, positum 삽입하다
loquor, loquī, locūtus sum 말하다
mūniō, īre 보강하다, 세우다
probō, āre 인정하다, 받아들이다
sūmō, ere, sūmpsī, sūmptum 취하다, 뽑다
suscēnseō, ēre, suī, —, 화내다 (dat.)
suscipiō, ere, cēpī, ceptum 받치다, 책임지다
succumbō, ere, cubuī, — 엎드리다, 굴복하다
tribuō, ere, uī, ūtum 분배하다, 양보하다

vindicō, āre 복수하다
vulnerō, āre 상처 입히다

aptus, a, um 알맞은 (ad alqd; dat.)
bīnī, ae, a 둘씩, 한쌍의
candidus, a, um 순백의
cōnstāns, antis 한결같은, 꾸준한
dexter, t(e)ra, t(e)rum 오른손의
fēcundus, a, um 비옥한
idōneus, a, um 적합한
invītus, a, um 원하지 않는
levis, e 가벼운, 경쾌한
pauper, eris 가난한, 빈한한
perpetuus, a, um 영원한
prīnceps, ipis 첫 번째의
vetus, eris 늙은, 오래된

magis 더 많이, 차라리
secus 달리
quam 대단히
quasi 처럼

LECTIO : IO

Vīdit Iuppiter Īonem ā flūmine redeuntem et dīxit: "Ō virgō, pete umbrās nemorum, dum sōl calet et in mediō orbe est altissimus. Quod sī sōla timēs ferārum latebrās intrāre, praeside deō tūta sēcrēta subībis. Deus sum, quī scēptrum manū teneō. Nōlī fugere!"

Iuppiter coniugis adventum sēnsit Īonemque in candidam iuvencam mūtāvit. Sāturnia iuvencae speciem probāvit, quamquam invīta. Quasi vērī nescia petīvit hanc. Dīva Argō Īonem tradidit. Quī habēbat centum oculōs, unde bīnī capiēbant quiētem, cēterī servābant atque in statiōne manēbant.

Deōrum rēctor nōn potuit ferre mala Īonis. Vocāvit fīlium et eī imperāvit, ut Argum ad mortem daret. Parvā cum morā ālās pedibus, virgam somniferam manū Mercurius sūmpsit. Ut pāstor deus ēgit capellās per dēvia rūra, dum cantat. Voce novā captus custōs Iūnōnius dīxit: "At tū, quisquis es, hōc saxō potes mēcum cōnsīdere. Nūllō locō enim herbam fēcundiōrem et pāstōribus aptam umbram vidēs." Tum nūntius deōrum sēdit et temptāvit oculōs custōdis vincere loquendō cantandōque.

Argus mollēs somnōs ēvincere pūgnāvit. Tandem arte novā vōcisque dulcēdine captōs omnēs oculōs Mercūrius vīdit succubuisse. Nūllā interpositā morā vulnerāvit custōdis nūtāns caput.

sēcrēta 은신처를
Sāturnia 사투르누스의 딸 Iūnō
Argus, ī, *m.* 아르고스
somniferam 잠재우는
per dēvia rūra 궁벽한 시골을 지나
loquendō cantandōque
  말과 노래로써
nūtāns caput 졸고 있는 머리를

『변신이야기』 1. 568~746행

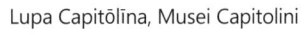

Lupa Capitōlīna, Musei Capitolini

PENSUM

I. 변화형을 쓰시오.

1. versus malus의 *pl. gen.*
2. manus dextra의 *pl. abl.*
3. cornū dextrum의 *sg. dat.*
4. domus Sōcratica의 *pl. acc.*
5. spīritus ultimus의 *sg. acc.*
6. vultus trīstis의 *sg. abl.*

II. 분사와 동명사에 주의하여 우리말로 옮기시오.

1. Malus est vocandus, quī suā causā est bonus.   prōmptus 준비된
2. Ratiōne, nōn vī, vincenda est adulēscentia.
3. Homō ad cōgitandum nātus est.
4. Ars grammatica est scientia ēmendātī sermōnis in loquendō et scrībendō.
5. Aliēnum est omne, quicquid optandō ēvenit.
6. Ad bella suscipienda prōmptus est animus.
7. In cōnservandā patriā fuit crūdēlis.
8. Locus erat ad castra mūnienda opportūnus et idōneus.

III. 우리말로 옮기시오.

1. Iūstitia est cōnstāns et perpetua voluntās iūs suum cuique tribuendī. Iūris praecepta sunt haec: honestē vīvere, alterum nōn laedere, suum cuique tribuere.
2. Et secundās rēs laetiōrēs facit amīcitia et adversās leviōrēs.
3. Amor, ex quō amīcitia nōmināta est, prīnceps est ad benevolentiam coniungendam.
4. Amor cōnfirmātur et beneficiō acceptō et studiō clārō et cōnsuētūdine coniūnctā.
5. Quid dulcius quam eum habēre, quīcum omnia audeās sīc loquī ut tēcum?

IV. 우리말로 옮기시오.

1. Quam est timendus, quī morī tūtum putat!   aspicere 쳐다보다
2. Utrumque cāsum aspicere dēbet, quī imperat.
3. Tantum ūnum sciō, quod nihil sciō.
4. Quis plūrimum habet? Is, quī minimum cupit.
5. Quis est pauper? Quī semper eget.

V. 비교구문에 주의하여 우리말로 옮기시오.

1. Nihil est tam populāre, quam bonitās.   bonitas 선행
2. Nōlī dēspērāre tē inventūrum esse tālem ōrātōrem, quālem quaeris.   opinatio 추측
3. Quō quaeque rēs est turpior, tantō magis vindicanda est.
4. Nōn dīxī secus ac sentiēbam.
5. Est avāritia opīnātiō vehemēns dē pecūniā, quasi valdē expetenda sit.

VI. 비교구문에 주의하여 라티움어로 옮기시오.

1. 욕망은 이성보다 강하고 오래간다.
2. 아시아는 로마 병사들을 용감하게보다 풍요롭게 만들었다.
3. 겨울에는 날이 여름보다 짧다.
4. 나는 이것들을 학습보다 오히려 경험을 통해 배웠다.
5. 드문 것일수록 그만큼 더 크게 평가된다.

VII. 변화형을 완성하시오. (수동 현재완료, 과거완료)

1. capiō
2. dēfendō
3. faciō
4. gerō
5. legō
6. regō

RES ROMANA : Septem rēgēs

- 로마건국 기원전 753년 : 기원전 1세기 Varrō의 계산에 따라.
- 왕정 기원전 753년~기원전 509년
- 공화정 기원전 509년~기원전 27년
- 제정(원수정과 전제정) 기원전 27년~기원후 1453년(기원후 395년 동서분할)

1. ROMVLVS REX, 기원전 753~716년. 로마의 첫 번째 왕. 레무스의 살해. 원로원 의원 100명.
2. NVMA POMPILIVS REX, 기원전 716~672년. 사비눔 출신. 동민회에서 선출. 야누스 신전 건립. 종교 제의. 입법자. 농업과 산업 장려. 달력 정비. 신성방패 ancīle를 12벌 복제하여 모심.
3. TVLLVS HOSTILIVS REX, 기원전 672~642년. 로물루스의 증손자. 동민회에서 선출. 군대 창설. 알바롱가와 전쟁. 원로원 청사 신축.
4. ANCVS MARCIVS REX, 기원전 642~616년. Numa Pompilius의 손자. 동민회에서 선출. 오스티아 항구 건설. 티베리스 강에 목교.
5. LVCIVS TARQVINIVS PRISCVS REX, 기원전 616~578년. 에트루리아 출신으로 원래 이름은 Lucumō. 부인 Tanaquil과 로마로 이주함. 동민회에서 선출. 주민 지역을 점령함. 원로원 의원을 200명으로 확장. 대하수로를 건설하고 로마광장을 만들 터를 마련함. 카피톨리움 언덕에 유피테르 신전을 건설함.
6. SERVIVS TVLLIVS REX, 기원전 578~534년. Lūcius Tarquinius Priscus의 사위. 사비눔 출신. Ancus의 아들들이 왕위를 노리고 Tarquinius Priscus를 암살함. Tanaquil은 Ancus의 아들들을 의심하여 사위에게 왕위를 물려줌. 도시 성벽의 건설. 인구조사를 통해 로마시민을 재산등급에 따라 5등급으로 나누고 군역을 분배함. 로마인구 약 8만 명.
7. LVCIVS TARQVINIVS SVPERBVS REX, 기원전 534~509년. Lūcius Tarquinius Priscus의 손자 내지 아들. Servius Tullius의 사위로 아내와 모의하여 장인을 암살하고 왕위를 탈취함(부친살해의 선례). 독재자. 아들 Sextus Tarquinius가 Lucrētia를 겁탈하는 사건을 계기로 추방됨.

Caput XVII DEVCALION

ADAGIA

키케로, 〈의무론 *Dē officiīs*〉 I 33

또한 흔히 불의는 일종의 속임수인바 아주 정교하지만 악의적인 법 해석에 의해 발생한다. 여기서 '법의 극단은 불의의 극치다'라는 말이 생겨났고 이제는 자주 언급되는 속담이 되었다. 국가도 이런 종류의 많은 잘못을 저지른다. 예를 들어 30일 휴전을 적과 약속하고 나서 밤에 적의 영토를 유린한 희랍 장군은 야간의 휴전이 아니라 주간의 휴전이었다고 주장하였다. 우리네 사람도 결코 옳았다고 할 수 없다. 퀸투스 파비우스 라베오인지 혹은 다른 인물인지 — 전해 듣기만 했기 때문이다 — 놀라와 네아폴리스의 경계문제로 원로원이 재정인(裁定人)으로 파견한 자가 현장에 도착하여 양측에게 각각 욕심대로 하지 말라, 욕심 부리지 말라, 전진보다 후퇴를 선택하라고 말하였다. 양측이 그렇게 했을 때 중간에 약간의 토지가 남게 되었다. 그리하여 양측의 동의를 받아 양측의 경계를 그렇게 정했고, 중간에 남은 토지는 로마인민의 것이라고 결정하였다. 이것은 실로 판결이 아니라 기만이다. 따라서 만사에 이런 유의 정교함은 행하지 말아야 한다.

법의 극단은 불의의 극치다.
Summum iūs, summa iniūria.

Anatēs, Pompeii

Caput XVII

GRAMMATICA LATINA

I. 불규칙 형용사

sōlus, a, um 혼자의   alius, alia, aliud 다른

sōlus	sōla	sōlum	alius	alia	aliud
sōlīus	sōlīus	sōlīus	alterīus	alterīus	alterīus
sōlī	sōlī	sōlī	alterī, aliī	alterī, aliī	alterī, aliī
sōlum	sōlam	sōlum	alium	aliam	aliud
sōlō	sōlā	sōlō	aliō	aliā	aliō
sōlī	sōlae	sōla	aliī	aliae	alia
sōlōrum	sōlārum	sōlōrum	aliōrum	aliārum	aliōrum
sōlīs	sōlīs	sōlīs	aliīs	aliīs	aliīs
sōlōs	sōlās	sōla	aliōs	aliās	alia
sōlīs	sōlīs	sōlīs	aliīs	aliīs	aliīs

ūnus, a, um; alter, altera, alterum; tōtus, a, um; ūllus, a, um; nūllus, a, um
uter, utra, utrum; neuter, neutra, neutrum

Villa dei Misteri, Pompeii

II. 격 용법 : 속격

1. 소유 possessīvus(귀속 pertinentiae)

   domus patris; *cf.* domus mea, tua, nostra, vestra

   sententiae septem sapientium

2. 정의 dēfīnītiōnis(동격 appositiōnis)

   virtus honestātis; perīculum mortis; vōx voluptātis; nōmen dictātōris

3. 주어의 속격과 목적어의 속격

   misericordia tuī; memoria meī; odium iniuriārum

   amor parentum; dēsīderium amīcī; dominātiō populōrum; brevitās vītae

4. 전체 partitīvus

   pars hominum; quis hominum?; ubī terrārum?; prīnceps Graecōrum

5. 속격을 필요로 하는 동사 또는 형용사

   cupidus glōriae; studiōsus litterārum; plēnus superbiae

   Taedet tē vītae.   Ad discendum magnī interest.

6. 재료 materiae

   satis praesidiī; nihil novī; magna cōpia frumentī

7. 규정 qualitātis

   classis septuāgintā nāvium; iter quattuor diērum; rēs magnī mōmentī

   vir magnī ingeniī; puer novem annōrum

8. 죄목 crīminis

   Fannius Gāium Verrem accūsat avāritiae.

III. 동사 직설법 수동태 완료

1. 직설법 수동태 현재 완료는 수동 과거 분사 + sum 등으로 만든다.
2. 직설법 수동태 과거 완료는 수동 과거 분사 + eram 등으로 만든다.
3. 직설법 수동태 미래 완료는 수동 과거 분사 + erō 등으로 만든다.

   amātus sum, amātus es, amātus est, amātī sumus, amātī estis, amātī sunt

   amātus eram, amātus erās, amātus erat, amātī erāmus, amātī erātis, amātī erant

   amātus erō, amātus eris, amātus erit, amātī erimus, amātī eritis, amātī erunt

VOCABVLA

brevitās, ātis, *f.* 짧음
cōpia, ae, *f.* 다수
damnum, ī, *n.* 손해, 쇠퇴
dēsīderium, ī, *n.* 그리움, 염원
dictātor, ōris, *m.* 독재자
dominātiō, ōnis, *f.* 지배
exemplum, ī, *n.* 예, 귀감
fīdūcia, ae, *f.* 신뢰, 믿음
frūctus, ūs, *m.* 열매
gradus, ūs, *m.* 계단
ingenium, ī, *n.* 재능, 성품
memoria, ae, *f.* 기억
misericordia, ae, *f.* 연민, 자비
odium, ī, *n.* 증오, 미움
opera, ae, *f.* 일, 노력
os, ossis, *n.* 뼈
parēns, entis *m./f.* 부모
prīnceps, ipis, *m.* 일인자
sors, tis, *f.* 운명, 제비, 신탁
spatium, ī, *n.* 간격
spēs, speī, *f.* 희망

accūsō, āre 고발하다
addō, ere, didī, ditum 보태다
affor, ārī 말을 걸다
iactō, āre 내던지다, 괴롭히다
interest 중요하다(*gen.*)
mentior, tīrī, mentītus sum
  거짓말하다
noceō, ēre, cuī, citum 해롭다,
  해를 끼치다
perdō, ere, didī, ditum
  망치다
piget 싫증나다
reddo, ere, didī, ditum
  돌려주다
rogō, āre 묻다, 청하다
resolvō, ere, solvī, solūtum
  풀다, 열다, 녹이다
taedet 싫증나다
vehō, ere, vēxī, vectum
  나르다, 운반하다
vēlō, āre 가리다, 덮다

alius, a, ud 다른
brevis, e 짧은
certus, a, um 결정된, 확인된
dēsōlātus, a, um 황폐한
inānis, e 공허한
iūstus, a, um 정당한
molestus, a, um 성가신, 괴로운
neuter, tra, trum 둘 중 아무도
  아닌, 중립의
obscūrus, a, um 어두운
prōnus, a, um 기울어진
quīdam, quaedam, quoddam
  어떤
studiōsus, a, um 열심인
superstes, stitis 남아 있는,
  살아 있는

tot 그렇게 많은
nimium 과도하게

LECTIO : DEVCALION

Terra in illō tempore facta est aquārum campus. Ubī mōns arduus astra petīvit, ibī Deucaliōn cum coniuge vectus advēnit. Nōn illō melior nec amantior deōrum vir fuit. Iuppiter vīdit ūnum virum dē tot mīlibus superesse et ūnam fēminam dē tot mīlibus.

　Redditus orbis terrārum erat. Fuit inānis et dēsōlāta terra. Deucaliōn ita Pyrrham affātus est: "Ō coniux, ō fēmina sōla superstes! Nōs duo est turba terrārum. Adhūc fīdūcia vītae nostrae est nōn certa satis." Cum uterque templī gradūs tetigit, prōcubuit prōnus humī gelidōque saxō ōscula pavēns dedit. Sīc dīxērunt: "Sī precibus iūstīs flectitur īra deōrum, dīc, Themis, quā arte generis nostrī damnum reparābile sit." Mōta dea sortem dedit: "Discēdite ā templō et vēlāte caput cinctāsque vestēs resolvite ossaque magnae parentis post tergum iactāte!"

　Spēs adeō in dubiō erat. Sed quid temptāre nocēbit? Discessērunt caputque vēlāvērunt tunicāsque recinxērunt et iussa saxa post vestīgia mīsērunt. In brevī spatiō saxa virī manibus missa faciēs virōrum trāxērunt et dē fēminae manibus reparātae sunt fēminae.

『변신이야기』 1. 313~415행

astra 별들
orbis terrārum 지구
pontus 바다가
humī 땅에
precibus 소망에 의해
Themis 테미스 여신
reparābile 회복가능한
cinctās 묶인

Casa del bracciale d'oro,
Pompeii © Stefano Bolognini

PENSUM

I. 우리말로 옮기시오.

1. Prīncipium est dīmidium tōtius.
2. Multa nōvit vulpēs, vērum echīnus ūnum magnum.
3. Mēns sāna in corpore sānō.
4. Bellum dulce inexpertīs.
5. Bis dat, quī citō dat.

dīmidium 절반
nōvit 안다
vulpēs 여우
echīnus 고슴도치
inexpertīs 겪어보지 못한 자들에게
bis 두 번
citō 빨리

II. 우리말로 옮기시오.

1. Ille mihi pār esse deō vidētur.
2. Ille, sī fās est, superāre dīvōs vidētur.
3. Ōtium, Catulle, tibi molestum est.
4. Ōtiō exsultās nimiumque gestīs.
5. Ōtium et rēgēs prius et beātās perdidit urbēs.

fās 정당함
exsultō, āre 높이 뛰다
gestiō, īre 기뻐하다
prius 먼저

III. 비교에 주의하여 우리말로 옮기시오.

1. Voluptās est māior et longior, quam omnis animī vīs.
2. Nōnne tibi in hōc librō quaedam obscūriōra videntur?
3. Urbs Syrācūsae pulcherrima omnium Graecārum urbium est.
4. Caesar quam maximīs itineribus ad hostem contendit.
5. Improbitās Catilīnae tam magna fuit, ut nihil posset accēdere.

improbitās 불량함

IV. 변화형을 완성하시오. (능동 미래완료, 수동 미래완료)

1. petō
2. pellō
3. rapiō
4. vincō
5. habeō
6. frangō

V. 부정사에 주의하여 우리말로 옮기시오.

1. Praeterita mūtāre nōn possumus.
2. Festīnā ad nōs venīre!
3. Omnēs beātī esse volumus.
4. Necesse est maximōrum minima esse initia.
5. Agrōs vāstāre, oppida expūgnāre nōn debet.
6. Eōs suum adventum exspectāre iubet Caesar.
7. Numquam putāvī tē mentīrī.
8. Quis īgnōrat tē mentīrī?
9. Pauca mihi videntur esse dīcenda.
10. Caesar ā Gergoviā discessisse audiēbātur.

praeterita 지나간 것들
vāstāre 파괴하다

VI. 우리말로 옮기시오.

1. Est animōrum ingeniōrumque nātūrāle quoddam quasi pābulum contemplātiō nātūrae.
2. Quī potest esse vīta 'vītālis', ut ait Ennius, quae nōn in amīcī mūtuā benevolentiā conquiēscit?
3. Quī est tantus frūctus in secundīs rēbus, nisī habet eum, quī illīs aequē ac tū ipse gaudēt?
4. Sī ūtilitās amīcitiās conglūtinat, eadem commūtāta dissolvit.
5. Haec igitur prīma lēx amīcitiae sanciātur, ut ab amīcīs honesta petāmus, amīcōrum causā honesta faciāmus.

pābulum, ī, *n.* 양식, 건초
nātūrāle 자연의
comtemplātiō 관조
quī? 어떻게?
vītālis 활력 있는
mūtuā 서로의
conquiēscit 쉬다
conglūtinat 접합하다
dissolvit 분해하다
sanciō, āre 제정하다

Caput XVII

VII. 다음의 속격을 정의하시오.

1. Haec dūcuntur ab optimīs nātūrae et vēritātis exemplīs.
2. Quid opus est cōnsiliō pontificum?
3. Remedium īrae est mora.
4. Messālla vir magnī labōris et magnae operae fuit.
5. Platō condīmentum quoddam ōratiōnis dulcis addidit.
6. Nōn beneficiōrum tuōrum oblīvīscēmur.
7. Helvētiī bellandī sunt cupidī.
8. Mē piget stultitiae meae.
9. Nēmō nostrum nōn peccat.
10. Nihil novī sub sōle est.

opus est …를 필요로 하다
pontifex, icis, *m.* 대제관
condīmentum, ī, *n.* 양념
bellō, āre 싸우다
cupidī 갈망하는
peccō, āre 죄짓다

VIII. 격 용법에 주의하여 라티움어로 옮기시오.

1. 우정이라는 변명이 악행의 변명일 수 없다.
2. 카피톨리움을 제외한 모든 것이 적의 수중에 있었다.
3. 불행한 사람들을 위로하는 것은 인간적인 일이다.
4. 모든 연설가 중에서 가장 훌륭한 연설가는 데모스테네스였다.
5. 항덕을 가진 사람들은 재능을 가진 사람들보다 드물게 나타난다.

Hermaphrodītus © Tyler Bell

RES ROMANA : Duodecim tabulae

십이표법 十二表法

전승에 의하면 기원전 451~449년의 기간에 로마에서는 법전제정십인관(法典制定十人官, decemvirī lēgibus scrībundīs)에 의한 포괄적인 입법이 있었다. 이것이 12개의 표(章에 해당)에 기록되어 공시되었기 때문에 12표법(lēx duodecim tabulārum)이라고 불린 법률이다.

12표법 입법의 외적 경과에 관해서는 다양한 전승이 보고하고 있는데, 완전히 신빙할 만한 것은 비상정무관(非常政務官)인 법전제정십인관에 의해 입법되었다는 사실, 그리스, 아마도 남부 이탈리아의 도시법으로부터 개별적인 규정들을 직접 수용하였다는 사실, 그리고 사회적 신분투쟁에 입법의 일반적 계기가 있었다는 사실 등의 그 골격뿐이다.

12표법의 내용 중에서는 전체의 약 1/3 정도로 평가되고 있는 상당한 분량의 단편들만이 우리에게 전승되었다. 이것은 어쨌든 12표법을 제정한 십인관(十人官)의 강령과 의도를 개략적으로나마 판단할 수 있게끔 하는 분량이다. 현재까지 전해지고 있는 12표법의 단편들은 후대에 손질이 되기는 했지만 단연 로마 고시(古時)의 법률관계를 반영하고 있다.

현존하는 단편들로부터 판단하자면, 12표법은 주로 사법규범(私法規範)을 포함하였다. 12표법은 사적(私的) 권리분쟁과 집행에 관한 상세한 규정으로 시작한다. 실체사법(實體私法)에 관한 규정들은 가족법과 상속법 외에 무엇보다도 불법행위(상해, 절도, 재물손괴)와 부동산관계(상린관계법, 경계획정의 소권)가 전면에 나서고 있다. 이미 이러한 중점적 법소재의 배분에서 12표법은 본질적으로 농민적 성격을 띤 공동체의 법이었음을 알 수 있다. 농민법이란 항상 보수적이게 마련이다. 이미 이런 이유에서 12표법은 그 주된 내용에 있어서 고래의 관습법을 고정한 것이라고 인정할 수 있다. 그러나 세부적인 면에 있어서는, 많은 것들이 12표법의 입법자에 의해 현대화되었을 것이다. 그리하여 집행법은 원시적 가혹성에도 불구하고 정확한 규율을 통하여 채권자의 자의(恣意)를 제한하려는 노력을 보여준다. 불법행위법에서는 피해자의 사적 복수가 부분적으로는 이미 정액의 배상금청구로 대체되고 있다.

그리스 법유산의 수용은 다소간에 일정한 특정대상과 그리스 법기술의 성과에 한정되었던 것 같다. 12표법 전체의 고유 로마적 성격은 이로써 손상되지 않았다.

제8표 21항과 22항
두호인(斗護人)이 그의 피호민에게 사해(詐害)를 한 경우에는 그는 저주받는다.
증인으로 응하였거나 저울잡이였던 자가 증언을 하지 않는 경우에는 파렴치하고 증언(을 하거나 얻을) 능력을 결한다.

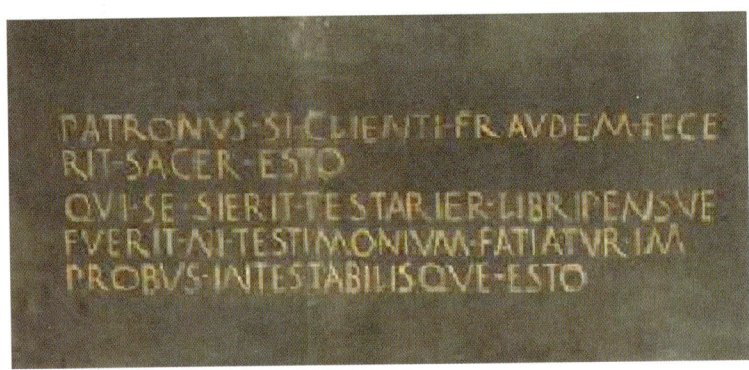

12표법

(최병조 저, 『로마법연구』, 1995, 3~5쪽, 25쪽 발췌)

Caput XVIII BYBLIS

ADAGIA

키케로, 〈의무론 *Dē officiīs*〉 I 51~52

그가 이것 하나로 충분히 전하는 가르침은, 만약 손해 없이 편의를 제공할 수 있는 것이라면 무엇이든 이방인일지라도 베풀라는 것이다. 이것에서 다음의 격언들이 생겨났다. 흘러넘치는 물을 금하지 마라, 불을 붙여가려는 자가 있거든 그것을 허락하라, 고민에 빠진 이에게 진실한 조언을 주어라. 이것들은 받아가는 자에게 이익이고 주는 자에게 손해가 아니다. 그러므로 이런 격언들은 적용되어야 하며 늘 공공의 이익을 위해 무언가를 기여해야 한다. 그러나 개인의 능력은 유한한 반면, 이를 필요로 하는 사람들의 수는 무한하기 때문에, 보편적 관대함은 엔니우스가 세운 "그래도 불빛은 줄지 않았다"라는 한계에 따라야 한다. 다시 말해 우리가 우리 주변에 관대할 수 있는 한에서 그렇게 해야 한다.

그래도 불빛은 줄지 않았다.
Nihilō minus ipsī lucet.
엔니우스 Ennius(기원전 239~169년)
출처 불명.

글 쓰는 여인

GRAMMATICA LATINA

I. 격 용법 : 여격

1. (간접) 목적어

    Ti. Gracchus studēbat laudī et dīgnitātī.

2. 이익 commodī aut incommodī

    Nōn scholae, sed vītae discimus.   Vītae tuae timēmus.

3. 소유 possessīvus(보통 sum과 함께)

    Mihi nōmen est Mārcus.

    Nūlla iūsta causa contrā patriam arma capiendī est cuiquam.

4. 목적 fīnālis. 보통 이익의 여격과 같이 쓴다.

    Mihi magnae cūrae est salūs tua.   Exemplō aliīs esse dēbētis.

    Est mihi id laudī, honōrī, salūtī, praesidiō, ūsuī, ūtilitātī

    Ea ōlim vōbīs honōrī et amicis ūtilitātī erunt.

    Amīcitia tua multīs in rēbus magnō ūsuī mihi fuit.

5. 화자의 관심 ēthicus : 1인칭 혹은 2인칭에서.

    Tū mihi istius audāciam dēfendis?   At tibi repente vēnit ad mē Tullius.

6. 행위자 auctōris

    Hoc mihi faciendum est.

7. 판단의 여격 iūdicantis

    Oppidum est prīmum Thessaliae ab Ēpīrō venientibus.

8. 형용사와 함께(proprius, commūnis, pār, similis 등)

    Amīcīs omnia commūnia sunt.

    Aqua omnibus hominibus commūnis est.

    Hīc puella est mātrī similis.

    Animus hūmānus similis est dīvīnō animō.

    Haec cīvitās tulit Caesarī pārēs paucōs virōs.

II. 격 용법 : 대격

1. 직접 목적어 혹은 목적 보어

    Phoebus puellam amat.

    Mīlitēs sē fortēs praestitērunt.

2. 감탄 exclāmātiōnis

    Mē miserum!

3. 관점 respectūs (희랍 Graecus) 형용사나 분사와 함께

    flāva capillōs   fēmina nūda bracchia

4. 부사적 용법 : 시간 연장과 방향

    Mārcus quīndecim annōs nātus est.   Multōs diēs in agrīs manent.

    Athēnās nāvigant.   Rōmam (domum; rūs) venit.

    ducentōs pedēs altus (longus, lātus)

5. 전치사의 목적어

    · ad, adversus, ante, apud, contrā, ergā, īnfrā, inter, ob, per, post, praeter, propter, secundum, suprā, trāns

    · in, sub

    Apud Homērum Nestor dē virtūtibus suīs dīxit.

    Caesar apud oppidum cōnstitit et protper mūrōs castra posuit.

    Contrā Italiam Carthāgō sita est.

    Anteā semper ergā nōs bonus erat.

    Nunc adversus nōs male dīcit.

    Ad mare īnfrā oppidum exspectābant.

Caput XVIII

VOCABVLA

coma, ae, *f.* 머리카락
dīgnitās, ātis, *f.* 품위
honor, ōris, *m.* 명예
hūmānitās, ātis, *f.* 문명, 인간성
lac, lactis, *n.* 우유
nefās, *n.* 불경, 죄악
occāsus, ūs, *m.* 일몰, 죽음
ortus, ūs, *m.* 출현
schola, ae, *f.* 학업, 강연
somnus, ī, *m.* 잠
soror, ōris, *f.* 누이, 여동생
tabella, ae, *f.* 판, 쪽지, 투표용지
taberna, ae, *f.* 오두막, 상점
ūsus, ūs, *m.* 쓸모

caveō, ēre, cāvī, cautus 조심하다
cōnsūmō, ere, sūmpsī, sūmptum 소모하다
culpō, āre 꾸짖다
dēclīnō, āre 기울다, 벗어나다, 빗나가다
dēficiō, ere, fēcī, fectum 떨어져나가다

dēleō, ēre, ēvī, ētum 지우다
differō, ferre, distulī, dīlātum 다르다
ēdō, ere, didi, ditum 내보내다, 방출하다
ēnītor, ēnītī, nīxus (nīsus) sum 낳다, 힘쓰다
faveō, ēre, fāvī, fautum 호의를 보이다
incipiō, ere, incēpī, inceptum 시작하다
meditor, meditārī 깊이 생각하다
misereor, ērī, eritus sum 불쌍히 여기다
nōscō, nōscere, nōvī, nōtum 알다, 검토하다
notō, āre 기록하다
oppūgnō, āre 공격하다
pudet 부끄럽다
pulsō, āre 치다
renāscor, nāscī, nātus sum 다시 태어나다
sequor, sequī, secūtus sum 추적하다
serō, ere, —, sertum 엮다

trādūcō, ere, dūxī, ductum 건네 보내다
tremō, ere, uī, — 떨다, 무서워하다
vigilō, āre 깨어 있다

dēmēns, entis 정신 나간
flāvus, a, um 황금색의
lātus, a, um 넓은
locuplēs, ētis 풍요로운, 축복받은
maestus, a, um 슬픈
pallidus, a, um 창백한
situs, a, um 건설된, 매장된
tenuis, e 섬세한

palam 공개적으로
paulātim 천천히
quam 얼마나?

adversus 반하여
ob 때문에
contrā 반대하여
ergā 맞은편에, 대하여
īnfrā 아래에
praeter 옆에, 제외하고

LECTIO : BYBLIS

Byblis est omnibus exemplō, quōmodo puellae ament. Prīmō quidem nūllōs ignēs intellēxit nec peccāre putāvit. Paulātim dēclīnāvit amor. Vīsūra frātrem nimium cupīvit fōrmōsa vidērī. Byblida sē appellārī māluit, quam ille sē vocāvit sorōrem. Spēs obscēnās animō suō dēmittere nōn est ausa vigilāns. Resolūta in somnō saepe vīdit quod amāvit. "Quam bene egō tuō parentī poteram nurus esse! Quam bene tū meō parentī gener esse poterās! Dī suās sorōrēs habuērunt. Sīc rēctor Olympī Iūnōnem iūnctam sibi sanguine dūxit. Fateāmur amōrēs."

Meditāta verba puella manū trementī incēpit scrībere. Scrībit damnatque tabellās. Et notat et dēlet. Mūtat culpatque probatque. 'Soror' scrīptum erat. Vīsum est dēlēre sorōrem. "Quae, nisī tū dederis, nōn est habitūra salūtem, puella amāns tibi mittit salūtem. Pudet, pudet ēdere nōmen! Omnia fēcī īnfēlīx, ut tandem sānior essem. Tū sōlus potes servāre aut perdere amantem. Miserēre amōrem!" Frāter fūgit patriam et nefās. Tum vērō ferunt maestam Byblida tōtā mente dēfēcisse. Illa fuit dēmēns et palam fassa est spem veneris. Secūta est vestīgia frātris. Tandem sequendō fessa et lacrimīs suīs cōnsūmpta versa est in fontem.

『변신이야기』 9. 450~665행

obscēnās 음란한, 불길한
nurus 며느리
gener 사위
fateāmur 고백합시다, 고백하자
vīsum est 옳아 보였다
veneris 사랑의

Fēmina cum lyrā,
Pompeii © Carole Raddato

Caput XVIII

PENSUM

I. 변화형을 완성하시오. (미래완료)

1. sum
2. possum
3. volō
4. eō
5. fīō
6. ferō

II. 우리말로 옮기시오. 수동태로 바꾸시오.

1. Caesar per flūmen Rhēnum pontēs magnōs facit.
2. Caesar cum Germānīs saepe bellum gerit.
3. Caesar oppida Germānica oppūgnat.
4. Dux Rōmānus semper discordiam amat.
5. Caesar exercitum flūmen Axonam trādūxit.

III. 다음의 여격을 정의하시오.

1. Uticēnsēs virī Caesaris partibus favēbant.
2. Lēgēs omnibus cīvibus ūsuī sunt.
3. Cōnstantia tua tibi laudī datur.
4. Tibi cōnsulātus quaerēbātur.
5. Victīs nūlla erat spēs salūtis.

Uticēnsēs 우티카의
cōnsulātus 집정관직이

IV. 다음의 대격을 정의하시오.

1. Fortēs fortūna iuvat.
2. Agēsilāus Hellēspontum cōpiās trādūxit.
3. Maximam partem lacte vīvunt.
4. Missī lēgātī Athēnās sunt.
5. Gorgiās centum et novem vīxit annōs.

V. 우리말로 옮기시오.

1. Quid vetat mē rīdentem vērum dīcere?
2. Pallida mors pulsat aequō pede pauperum tabernās rēgumque turrēs.
3. Grāta hōra adveniet, quae nōn spērābitur.
4. In verbīs serendīs cautus et tenuis bene dīcere potes.
5. Multa verba renāscentur, quae iam cecidērunt, cadentque, quae nunc sunt in honōre.

VI. 우리말로 옮기시오. 현재 완료 시제로 바꾸시오.

1. C. Iūlius Caesar scrībit commentāriōs dē bellō Gallicō.
2. Galliae ūnam partem incolunt Belgae.
3. Aliam partem incolunt Aquītānī.
4. Tertiam partem incolunt Celtae.
5. Hī omnēs inter sē differunt.
6. Gallōs ab Aquītānīs Garumna flūmen dīvidit.
7. Gallōs ā Belgīs Mātrona et Sēquana dīvidunt.
8. Belgae ā hūmānitāte prōvinciae longissimē absunt.
9. Belgae cum Germānīs continenter bellum gerunt.

commentāriōs 비방록들을
continenter 계속해서

VII. 격 용법에 주의하여 라티움어로 옮기시오.

1. 우리는 길에서 친구들을 만났다.
2. 사령관은 여러 해 동안 갈리아에 머물렀다.
3. 우리는 우리 자신뿐만이 아니라 자식들을 위해 부자가 되길 바란다.
4. 법률은 모든 시민에게 커다란 이익이 된다.
5. 당신의 우정은 나에게 많은 일에서 큰 도움과 쓸모가 되었다.

RES ROMANA : Quaestiō

형사소송절차

로마 형사사법은 공화정 이래 기원전 366년까지 집정관(cōnsul)이, 그 이후 법무관(praetor)이 관할했다. 법무관은 시민담당 법무관(praetor urbānus)과 외인담당 법무관(praetor peregrīnus)으로 나뉜다. 법무관은 심판인 명부(album iūdicum)에서 필요한 수의 심판인을 선발하여 선서를 시키고 재판 절차를 주관하게 했다.

기원전 149년 백인대 민회(comitia centuriāta)에서 상설 사문회(quaestiō perpetua)의 설치를 결의했다. 상설 사문회에서 다룬 죄목은 반역(perduelliō), 고권침해(māiestās laesa), 신전절도(sacrilegium), 공금횡령(pecūlātus), 부정선거(ambitus, 뇌물), 폭력(vis), 근친상간(incestum), 속주민수탈(repetundae, 부당수탈재산반환) 등이다. 술라는 위죄(falsum, 화폐, 문서의 위변조와 위증을 포함함), 자살(刺殺) 및 독살, (존속)살해(parricīdium) 등을 추가했다.

형사 절차는 대체로 피해자의 고발로 개시되었다. 고발은 다른 모든 시민도 할 수 있었다. 로마에 검찰 제도가 없었기에 형사소추는 사인의 몫이었다. 고발인을 대신하여 전문 변호인(advocātus, patrōnus)이 법정에 나섰다. 고발인이 여럿인 경우, 관할 법원의 고발인 선정 선발 절차(dīvīnātiō)가 있었다.

고발인(accūsātor, actor)은 근거를 대고 사실관계를 법무관에게 진술한다. 법무관은 사실관계 심사 이후 피고인도 소환하여, 고발인에게 소추 내용을 반복할 것(nōminis dēlātiō)을 요구한다. 이렇게 절차는 상호대립의 쟁송 형태를 갖추게 되고 소송 목록(nōminis receptiō)에 등재된다. 통상 본 절차는 법무관의 피고인 신문(interrogātiō)으로 개시된다. 신문으로 피고인이 무죄라는 점이 명확하지 않거나 정당한 사유가 발견되지 않는 경우, 공판 기일이 잡힌다(diem dīcere). 기일에 심판인 앞에서 심리(cognitiō)가 이루어진다. 만일 피고인이 정당한 사유 없이 기일에 출두하지 않는 경우(contumācia), 불출두 자체가 혐의를 인정하는 효과를 발생시켜 피고인은 결석한 채로 유죄 판결을 받았다.

양측 당사자들이 출두하면, 절차는 고발인(그 대리인)의 모두(冒頭) 연설로 시작한다. 이에 피고인(그 변호인 patrōnus)의 반대 연설이 이어진다. 이어 쌍방은 사실과 관련하여 상호질의(altercātiō)를 할 수 있었다. 이어 증거절차(probātiō)가 열렸다. 오늘날처럼 인증과 물증이 모두 인정되었다. 인증은 선서 하의 증인의 진술 및 피고인의 자백, 물증은 문서와 증거물이었다. 증인에게 증언이 강제될(testimōniī dēnūntiātiō) 수도 있었다.

증거절차 종료 후 심판인들은 평의 없이 피고인의 유무죄를 결정했다. 이때 작은 패를 사용하여 투표했는데, 각 패에 C자와 A자가 나란히 쓰여 있었다. C는 'Condemnō'(나는 유죄판결한다)의 준말이고, A는 'Absolvō'(나는 무죄방면한다)의 준말이다. 각 심판인은 자신의 패에서 원치 않는 결과인 C나 A를 지워 의사를 표시했다. 만일 두 글자 모두를 지우면 기권 내지 무효가 되었다. 재판 지휘자는 결과를 발표(prōnūntiātiō)했다. 집행은 즉시 이루어졌고 더 높은 심급에 대한 상소(prōvocātiō) 개념은 로마에 없었다. 사형선고를 받은 시민도 민회에 상소할 수 없었다. 단, 전시가 아닌 평시에, 고권을 갖는 정무관이 지휘하는 적법 절차에 의하지 않은 사형 내지 사형에 준하는 중형의 경우에는 상소할 수 있었다.

(성중모, 『설득의 정치』, 2015, 361~365쪽 발췌)

Iūstīniānus Magnus, Imperātor Rōmānus Orientālis

Caput XIX ALKYONE

ADAGIA

키케로, 〈의무론 *Dē officiīs*〉 I 144

조리 있는 연설이 그러하듯 삶의 모든 것이 서로 조화되고 정돈되도록 올바른 처신을 해야 한다. 심각한 상황에서 잔치에 어울리는 말 혹은 어떤 향락적인 소리를 한다면 이는 추하고 매우 잘못된 일이다. 페리클레스가 시인 소포클레스와 동료가 되어 정무관직을 수행할 적에 이들이 공적 업무를 놓고 회의를 하였는데 그때 마침 아름다운 소년이 지나가자 소포클레스가 말하였다. "페리클레스여! 아름다운 소년을 보시오!" "소포클레스여! 모름지기 정무관은 손놀림이 신중해야 하며 나아가 자제하는 눈을 가져야 합니다." 물론 같은 말을 소포클레스가 운동선수들의 심사에서 했더라면 그런 정당한 비난을 받지 않았을 것이다. 때와 장소의 중요성은 그토록 큰 것이다.

때와 장소의 중요성은 그토록 큰 것이다.
Tanta vīs est et locī et temporis.

avis © Jebulon

GRAMMATICA LATINA

I. 격 용법 : 탈격

1. 이탈, 출신 sēparātiōnis(orīginis)

   Ab īnsulā nāvigāmus.   Duo dē puerīs absunt.
   Cīvēs timōre līberat.   Nātus parentibus humilibus est.

2. 행위자 auctōris

   Hoc factum est ā Caesare.

3. 비교 comparātiōnis

   Advēnerat fāma, quā nihil est celerius.
   Bonī cōnsulis est suam salūtem posteriōrem salūte commūnī dūcere.

4. 이유 causae

   Domitius morbō periit.   Servus metū poenae fūgit.

5. 양태 modī

   Magnā voluptāte ōrātōrem audīvī.
   Summā cum dīligentiā id opus perfēcī.

6. 규정 qualitātis

   Fuit singulārī prūdentiā et industriā.
   Erat inter eōs difficilī trānsitū flūmen.

7. 동반 comitātīvus

   Caesar (cum) omnibus cōpiīs in Sēquanōs proficīscitur.
   Magister cum discipulīs castra Rōmānōrum vīsitāvit.

8. 도구 īnstrumentī

   Bonī ōrātōris est multa auribus accēpisse, oculīs multa vīdisse.
   Tribūnōrum auxiliō cōnsulēs dīlēctum habent.

9. 관점 respectūs

   Populus Rōmānus animī magnitūdine excellit.

   Nōn tōtā rē, sed temporibus errāstī.

   mente captus

   ōrātiōne locuplēs

10. 차이 mēnsūrae, differentiae

    aliquantō melior

    nihilō minus

    decem annīs ante (post)

    Quō quis sapientior est, eō modestior esse solet.

11. 장소와 시간 locī et temporis (전치사 없이)

    Carthāgine; Athēnīs; Delphīs (cf. Rōmae; Corinthī; domī; rūrī)

    terrā marīque

    Tertiā hōrā discēdit.

    nocte; noctū; vespere; vesperī; prīmā luce; summā senectūte

    aestāte; hieme; ortū sōlis; occasū sōlis

12. 동사나 형용사(ūtor, fruor, fungor)

    Multī deōrum beneficiō perversē ūtuntur.

    Amplissimīs honōribus abundābis.

    Sē dīgnum māiōribus suīs praebuit.

13. 전치사의 목적어

    • ab, cum, dē, ex, prō, sine

    • in, sub

Flōrēs et avēs © Carole Raddato

VOCABVLA

aestās, ātis, f. 여름
aliquantum 상당량
celeritās, ātis, f. 빠름, 신속
dīlēctus, ūs, m. 모병, 선발
foedus, eris, n. 동맹, 약속
flūctus, ūs, m. 파도, 조류, 동요
frīgus, oris, n. 추위, 전율
industria, ae, f. 근면
hiems, hiemis, f. 겨울
lūna, ae, f. 달
magnitūdō, inis, f. 크기, 다량
morbus, ī, m. 질병
nīdus, ī, m. 둥지
perturbātiō, ōnis, f. 혼란, 소동
prūdentia, ae, f. 현명, 지혜
sepulcrum, ī, n. 무덤
trānsitus, ūs, m. 넘어감, 이전
tribūnus, ī, m. 구대장
tumulus, ī, m. 무덤
vesper, erī, m. 저녁, 황혼

abundō, āre 풍요하다
amplector, plctī, plexus sum 안다

admoveō, ēre, mōvī, mōtum 일으키다, 이동시키다
careō, ēre, ruī, — 없다, 멀리하다(abl.)
doleō, ēre, luī, — 슬프다
domō, āre, muī, mitum 정복하다
ēdūcō, ere, dūxī, ductum 끌어내다, 교육하다
ēgredior, gredī, gressum sum 걸어 나오다, 초월하다
excellō, —, — 탁월하다, 뛰어나다
indāgō, āre 탐색하다
impleō, ēre, ēvī, ētum 채우다
incubō, āre, buī, bitum (알을) 품다
līberō, āre 해방하다, 구하다
perficiō, ere, fēcī, fectum 완성하다
proficīscor, scī, fectus sum 출발하다
profundō, ere, fūsī, fūssum 쏟다, 붓다

ūtor, ūtī. ūsus sum 사용하다

fīdus, a, um 믿을 수 있는, 확실한
hībernus, a, um 겨울의
intimus, a, um → interior의 최상급
placidus, a, um 온화한, 차분한, 평화로운
amplus, a, um 넓은, 훌륭한
dīgnus, a, um 어울리는
lībertīnus, a, um 해방된
posterior, ius 나중의, 다음의
vacuus, a, um 텅빈, 공허한

ante 전에, 앞에
bis 두 번, 두 배로
nūper 요새, 최근
pariter 똑같이, 나란히
perversē 비뚤게, 나쁘게
simul 함께, 동시에

Caput XIX

LECTIO : ALKYONE

Intereā Cēyx ad deum nāvigāre parāvit. Ante cōnsiliī suī certam uxōrem fīdissimam fēcit. "Sī per terrās iter futūrum sit, tantum dolēbō. Cūrae carēbunt timōre. Sed mē terret pontī trīstis imāgō. Et nūper tabulās in lītore vīdī et saepe in tumulīs sine corpore nōmina lēgī. Cāre coniux, mē quoque tolle simul. Certē iactābimur ūnā pariterque ferēmus, quidquid erit." "Sī mē modo fāta remittunt, ante reversūrus sum, quam lūna bis impleat orbem." Ubī hīs prōmissīs est admōta spēs, prōtinus iussit nāvem in mare ēdūcī et aptārī suīs armāmentīs.

Alcyonē dīnumerābat noctēs et iam festīnābat vestēs facere, et Iūnōnis templa colēbat veniēbatque ad ārās prō virō. Optābat, ut coniux suus redīret. Cum ēgressa est ad lītus et repetīvit illum locum, quō spectāverat abeuntem virum, in liquidā undā nesciō quid quasi corpus vīdit. Quamvīs abesset, corpus tamen esse sēnsit. "Heu! miser es, quisquis es, et misera est, sī quā est coniux tibi." Flūctibus āctum veniēbat propius corpus. Tandem vīdit coniugem coniux. "Sīc, ō carissime coniux, sīc ad mē redīs?"

Īnsiluit in undās. Āles facta volābat. Tetigit corpus sine sanguine et dedit ōscula amplexa virum. At vir quoque āles factus est. Nōn coniugāle foedus est solūtum. Per diēs placidōs septem hībernō tempore Alcyonē incubuit pendentibus aequore nīdīs.

「변신이야기」 11. 410~748행

quidquid erit 무슨 일이든지
reversūrus → revertor
aptārī 준비되다
armāmentīs 선구(船具)들을 가지고
dīnumerābat 헤아리고 있었다.
illum locum, quō (관부) 이었던 장소를
īnsiluit 뛰어내렸다
āles, itis, *m./f.* 새
coniugāle 부부의

아이네아스와 앙키세스

PENSUM

I. 우리말로 옮기시오.

1. Ūsus magister optimus est.   unde (관부) 거기로부터
2. Uterque eōrum ex castrīs exercitum ēducunt.
3. Nōn omnis error stultitia dīcenda est.
4. Melior est certa pāx quam spērāta victōria.
5. Miserum est tacēre cōgī, quod cupiās loquī.
6. Etiam celeritās in dēsīderiō mora est.
7. Homō saepe in aliud fertur, aliud cōgitat.
8. Fidēs, sīcut anima, unde abiit, numquam redit.
9. Fortūna hominibus plūs quam cōnsilium valet.

II. 다음의 탈격을 정의하시오.

1. Rōma est longē procul āb Athēnīs.   dominātū 독재로부터
2. Horātius lībertīnō patre nātus est.   Genava, ae, f. 게나바
3. Brūtus rem pūblicam dominātū rēgis līberat.
4. Nūlla vītae pars vacāre officiō potest.
5. Animus perturbātiōnibus vacuus hominēs beātōs efficit.
6. Caesar omnibus cum cōpiīs in Genavam pervenit.
7. Athēnīs per multōs annōs permānsit.
8. Prīmā lūce Rōmā discēdit.
9. Sorte meā contentus sum.

III. 변화형을 완성하시오. (능동 미래완료)

1. moveō
2. solvō
3. texō
4. fundō
5. emō
6. iungō

IV. 우리말로 옮기시오.

1. Egō quaestor īgnōrātum ā Syrācūsānīs indāgāvī sepulcrum Archimēdis.
       quaestor 재무관
       ad Clūsium 클루시움으로
2. Hippiās in pūgnā ceciderat arma contrā patriam ferēns.
3. Caesar quōmodo omnem Galliam domuerit, narrābō.
4. Amāre nihil est aliud nisī eum ipsum dīligere, quem amēs nūllā ūtilitāte quaesitā.
5. Gallī ad Clūsium vēnērunt castra Rōmānōrum oppūgnātūrī.

V. 괄호에 주의하여 라티움어로 옮기시오.

1. 많은 사람들이 (시골에서) (집으로) 돌아갔다.
2. 희랍 사람들은 (이탈리아로부터) (아테네로) 항해하고 있었다.
3. 강이 (산에서) (바다로) 흘러갔다.
4. 농부들은 (삼 일 동안) 밭에서 일하였다.
5. 너희들은 (도시에서) (시골로) 갔다.

VI. 탈격에 주의하여 라티움어로 옮기시오.

1. 대부분의 사람들이 게르마니아 출신이었다. (ortus est)
2. 모든 동물은 살기 위해 공기가 필요하다. (opus est)
3. 누구도 연설에 있어 당신과 겨룰 수 없다. (pār est)
4. 태양은 대지보다 훨씬 크다. (māior est)
5. 청년들의 몸은 노동으로 단련된다. (firmāre)

VII. 변화형을 완성하시오. (수동 과거완료)

1. texō
2. tingō
3. quaerō
4. pōnō
5. caedō
6. cōgō

RES ROMANA : Rēs pūblica

로마공화정

로마 역사는 왕정, 공화정, 제정 시대로 구분된다. 기원전 509년에 에트루리아 출신 마지막 왕 타르퀴니우스를 축출한 뒤에 로마인들은 민회에서 해마다 2인의 집정관을 선출하였고, 1년 임기의 집정관(cōnsul)은 정치 군사 사법 등 모든 공적 영역에서 통치권(imperium)을 행사하였다. 공화정 시대는 2인의 집정관을 위시한 정무관들, 300여명의 원로원 의원들, 여러 단위로 조직된 민회들이 각각의 역할과 기능에 따라 국가적 중요 현안을 처리하였다.

집정관은 국고를 관장하는 재무관(quaestor)을 임명할 수 있었는데, 처음엔 2명, 이어 4명, 공화정 후기엔 40명까지 늘었다. 기원전 367년에 재판을 관장하는 법무관(praetor)직이 신설되었다. 처음에는 2명이었으나 로마가 지중해 세계로 팽창해 가고 속주들이 추가되면서 16명까지 늘었다. 기원전 443년에 인구조사를 전담하는 2인의 호구감찰관(cēnsor)이 신설되었다. 호구감찰관은 1년 6개월 임기로 5년마다 인구와 시민 재산 상태를 조사했고, 특히 원로원 의원의 품행과 재산을 심사하였다. 공화정 초기에 정무관직이 귀족 출신자들의 독무대였다면, 기원전 494년에 평민들의 투쟁으로 2인의 호민관(tribūnus plēbis)이 1년 임기로 선출되어 평민의 대표자이자 보호자로 활동했으며, 시간이 흐르며 호민관의 숫자는 10명까지 늘었다. 또한 정무관직도 '신분 투쟁'을 거쳐 점차 평민에게 개방되었는데, 기원전 367년 이래 집정관직의 한 자리는 평민에게 할당되면서 평민들의 권리가 신장되었다.

원로원(senātus)은 집정관이나 법무관 등 고위직을 역임한 귀족들의 모임으로 정무관들의 자문기구였다. 원로원 의원들은 원로원 의결(senātūs cōnsultum)을 통해 국정 방향을 제시하곤 했는데, 원로원 의결은 정무관들의 공무 집행에 지침이 되었다. 그만큼 원로원의 권위(auctōritās)는 막강했다.

로마인들은 자문기구인 원로원의 의견을 수렴하되 최종 결정은 반드시 로마 인민의 모임인 민회(comitia)를 통해 하도록 제도화하였고, 특히 입법, 선거, 재판, 전쟁과 평화 등에 관한 중요한 결정은 민회에서 처리했다. 또 평민들만이 모이는 평민회(concilium plēbis)가 있어 평민의 대표자이며 보호자인 호민관들을 선출하였다. 평민회는 평민들의 의사를 모은 '평민회 의결'을 발표해서 공화정의 민주화에 기여했고, 기원전 3세기 전반부터는 사실상 입법권을 행사했다.

Caput XIX

로마공화정은 '원로원과 로마인민'(Senātus Populusque Rōmānus, S.P.Q.R)이라는 구호아래 정무관, 원로원, 민회가 서로 조화를 이루며 로마의 대내외적 현안들을 풀어간 체제다. 기원전 2세기의 역사가 폴리비우스는 로마공화정을 왕정, 귀족정, 민주정의 장점을 모은 혼합정치라 평가했고, 공화정은 서양 근대의 공화주의에 큰 영향을 끼쳤다.

1. comitia centuriāta : 고위 정무관(cōnsul, praetor, cēnsor)의 선출
2. comitia tribūta : 하위 정무관(quaestor, aedīlēs curūlēs)의 선출
3. concilium plēbis : tribūnus plēbis와 aedīlēs plēbēiī의 선출

김덕수(서울대학교 사범대학 역사교육과)

Mārcus Iūnius Brūtus, 기원후 3세기, Musei Capitolini

Caput XX MEDEA

ADAGIA

호라티우스, 〈시학 *Ars poētica*〉 309행 이하

지혜는 바른 글쓰기의 시작이며 원천입니다.
소크라테스의 책은 사태를 보여줄 수 있고
사태를 파악하면 말은 자연스레 따르는 법.
조국을 위해 무얼 해야 할지, 친구들을 위해,
부모를 어떤 효도로, 형제와 손님을 어떤 우애로,
원로원과 심판인의 의무를, 어떤 역할을
전쟁에 나간 장군이 하는지를 배운 시인은 분명
각 인물에 적합한 성격을 살려낼 수 있습니다.
명하노니, 본보기가 되는 삶들을 지켜보며
현명한 모방자로 게서 생생한 목소리를 찾으시라.

지혜가 바른 글쓰기의 시작이며 원천입니다.
Scrībendī rēctē sapere est et prīncipium et fōns.

Medēa, Herculaneum

GRAMMATICA LATINA

I. 접속법

1. 생각과 소망 등 아직 실현되지 않은 사건을 표현한다.
2. 접속법은 현재, 과거, 현재 완료, 과거 완료 시제를 갖는다.
3. 접속법 현재는 동사 어간 + 접속법 어간 ā + 인칭어미로 만든다. 단, 제1변화 동사는 접속법 어간 ē + 인칭어미.

    amem, amēs, amet, amēmus, amētis, ament

    dūcam, dūcās, dūcat, dūcāmus, dūcātis, dūcant

    amer, amēris, amētur, amēmur, amēminī, amentur

    dūcar, dūcāris, dūcātur, dūcāmur, dūcāminī, dūcantur

4. 접속법 과거는 동사의 현재 부정사 + 인칭어미로 만든다.

    amārem, amārēs, amāret, amārēmus, amārētis, amārent

    amārer, amārēris, amārētur, amārēmur, amārēminī, amārentur

5. 접속법 현재 완료는 능동 완료 어간 + eri + 인칭어미, 혹은 수동 과거 분사 + sim 등으로 만든다.

    amāverim, amāverīs, amāverit, amāverīmus, amāverītis, amāverint

    amātus sim, sīs, sit, sīmus, sītis, sint

6. 접속법 과거 완료는 능동 완료 부정사 + 인칭어미, 혹은 수동 과거 분사 + essem 등으로 만든다.

    amāvissem, amāvissēs, amāvisset, amāvissēmus, amāvissētis, amāvissent

    amātus essem, essēs, esset, essēmus, essētis, essent

II. 접속법의 시제일치

1. 접속법의 종속절은 내적 종속일 때, 엄격한 시제일치(cōnsecūtiō temporum)를 지킨다.

2. 종속절이 주절 주어의 발언을 반영할 때 이를 내적 종속이라 한다.

   Nōn vēnit, quod īnfirmus fuit.

   Nōn vēnit, quod īnfirmus esset.

3. 종속절은 간접의문문, 목적문, 결과문, 조건문, 비교문, 이유문, 시간문, 양보문, 역접문, 관계문으로 나뉜다. 간접의문문과 목적문 그리고 간접화법은 필연적으로 내적 종속절이다.

4. 시제 일치

   1) 주절이 현재(현재, 미래)일 때, 종속절의

      동시 사건은 접속법 현재

      이전 사건은 접속법 현재완료

      이후 사건은 미래능동분사 + sim

   2) 주절이 과거(과거, 완료 등)일 때, 종속절의

      동시 사건은 접속법 과거

      이전 사건은 접속법 과거완료

      이후 사건은 미래능동분사 + essem

   Nesciō, quandō agam, ēgerim, āctūrus sim.

   Ex mē quaesīvit, quandō agerem, ēgissem, āctūrus essem.

   Scrībēmus, ubī sīmus.

   Obscūrum est, ubī fuerīs.

   Nōn erat mihi dubium, quīn tē vīsūrus essem.

   Meditor, quid fēcerit aut quid faciat aut quid factūrus sit.

   Meditābar, quid fēcisset aut quid faceret aut quid factūrus esset.

VOCABVLA

affectus, ūs, *m.* 감정, 걱정
aliquis, (qua), quid (부명) 어떤 사람, 어떤 것
arātrum, ī, *n.* 쟁기
ārdor, ōris, *m.* 불꽃
cōnscientia, ae, *f.* 양심
cupīdō, inis, *f.* 욕망
furor, ōris, *m.* 광기
hērōs, ōis, *m.* 영웅
iūdex, icis, *m.* 심판인
iussum, ī, *n.* 명령
mūnus, eris, *n.* 선물
Phāsis, idis, *m.* 파시스 강
pietās, ātis, *f.* 효심, 사랑, 경건
lāna, ae, *f.* 양털
medicāmen, inis, *n.* 약, 독
nāris, nāris, *f.* 코
rūmor, ōris, *m.* 소문, 평판
teg(i)mentum, ī, *n.* 덮개
ūsus, ūs, *m.* 쓸모

accipiō, ere, cēpī, ceptum 받다
arō, āre (밭을) 갈다
āmittō, ere, mīsī, missum 잃다
cōgō, ere, coēgī, coāctum 강요하다
cōnfīdō, ere, fīsus sum 신뢰하다(*dat.*)
convertō, ere, vertī, versum 돌리다
ēdiscō, ere, ēdidicī, — 배우다
efflō, āre 내뿜다
effugiō, ere, fūgī, — 피하다
experior, perīrī, pertus sum 경험하다, 시험하다
exstinguō, ere, stīnxī, stīnctum 끄다
gignō, ere, genuī, genitum 낳다
īrāscor, īrāscī, —, — 분노하다
patior, patī, passus sum 당하다, 견디다
praesum, esse, fuī, — 이끌다 (*dat.*)
resideō, ēre, sēdī, sessum 앉아 있다, 가라앉다
repūgnō, āre 대항하다, 상충하다(*dat.*)
rogō, āre 청하다
sequor, sequī, secūtus sum 따르다
serō, ere, sēvī, sātum (씨를) 뿌리다
suādeō, suādēre, suāsī, suāsum 설득하다
spargō, ere, sparsī, sparsum 뿌리다
torqueō, ēre, torsī, torsum 던지다

aureus, a, um 황금의
cōpisōsus, a, um 풍성한
īnfirmus, a, um 약한, 병든
ōrnātus, a, um 우아한
praesēns, entis 현재의, 생생한
mūtuus, a, um 빌린, 서로의
obvius, a, um 마주하는(*alci*)
tacitus, a, um 침묵의, 무언의
validus, a, um 강력한

cōpiōsē 풍성하게
ōrnātē 우아하게

trāns 를 건너서(*acc.*)

quīn (접) 하지 않음을

LECTIO : MEDEA

Multa perpessus Iāsōn tandem contigit Phāsidis undās. Dum ā rēge lānam auream poscit et datur lēx magnōrum labōrum, concēpit intereā Mēdēa ignēs validōs. Cum ratiōne furōrem vincere nōn potuit, dīxit: "Frūstrā, Mēdēa, repūgnās. Aliquid certē simile huic est id, quod amor vocātur. Cūr iussa patris nimium mihi dūra videntur? Cūr timeō, nē pereat? Quae est tantī timōris causa? Trahit invītam mē nova vīs. Aliud cupīdō, aliud mēns suādet. Videō meliōra, sed dēteriōra sequor. Mēdēa misera, dum licet, effuge crīmen." Ante oculōs rēctum pietāsque cōnstitērunt.

Ārdor amōris nōndum resēderat, cum vīdit Iāsōnem. Exstīncta flamma amōris iterum ārsit. Mēdēa dēmēns nec sē ōra mortālia vidēre putāvit nec sē dēclīnāvit ab illō. Iāsōn summissā vōce auxilium rogāvit prōmīsitque torum. "Quid faciam, videō. Servāberis mūnere nostrō." Accēpit Iāsōn herbās et ēdidicit ūsum.

Taurī nāribus flammās efflāvērunt. Iāsōn obvius illīs iit. Ignēs anhēlātōs hērōs nōn sēnsit, quod medicāmen tantum poterat. Coēgit eōs suppositōs grave arātrum dūcere et campum arāre. Sparsit dentēs in arātōs agrōs. Satī dentēs factī sunt corpora nova. Mēdēa ipsa timuit, cum vīdit corpora armāta hastās in iuvenem torquēre. Ille saxum in mediōs armātōs iaculātus convertit illōs ā sē in ipsōs. Frātrēs per mūtua vulnera periērunt. Affectū tacitō laeta erat Mēdēa.

『변신이야기』7. 1~158행

perpessus 겪은 → patior
cum······ nōn potuit 할 수 없었을 때
pereat → pereō
meliōra → bonus의 비교급
dēteriōra 더 나쁜 것들
exstīncta → exstinguō
summissā → summittō
quid faciam (간접의문문) 내가 무엇을 할지
anhēlātōs → anhēlō, āre 숨 쉬다
suppositōs 굴복된
satī → serō
armāta 무장된
iaculātus → iaculor, ārī 던지다

Aenēās, Casa di Sirico, Pompeii

PENSUM

I. 동사의 접속법을 완성하시오. (현재, 과거)

1. sum
2. possum
3. volō
4. eō
5. fīō
6. ferō

II. 동사를 분석하시오.

1. fuissēs
2. voluerim
3. eāmus
4. fierent
5. tulerit
6. possīmus

III. 우리말로 옮기시오.

1. Cum illī dīcō, tibi dīcō.
2. Cum tacēs, concēdis.
3. Cum sēsē vincit sapiēns, minimē vincitur.
4. Homō totiēns moritur, quotiēns āmittit suōs.
5. Male facere quī vult, numquam nōn causam invenit.

IV. 시제 일치에 주의하여 우리말로 옮기시오.

1. Ūnum illud timēbam, nē quid turpiter facerem vel iam effēcissem.
2. Hanc perfectam philosophiam iūdicāvī, quae dē maximīs rēbus posset cōpiōsē et ōrnātē dīcere.
3. Nūper ipse quoque expertus sum, quam cadūca fēlīcitās esset.
4. Satis multa verba videor fēcisse, quārē esset hoc bellum necessārium.
5. Helvētiī lēgātōs ad Caesarem mittunt, quī dīcerent sē parātōs esse imperāta facere.

turpiter 추하게
perfectam 완벽한
cadūca 무상한

V. 동사의 접속법을 완성하시오. (수동 현재, 수동 과거)

1. dīcō
2. laudō
3. capiō
4. sentiō
5. habeō
6. gerō

VI. 못 갖춘 동사에 주의하여 우리말로 번역하시오.

1. Causa fuit pater, quī ausus est puerum Rōmam portāre ad docendās artēs.
2. Egō cum eōs genuī, tum moritūrōs scīvī.
3. Sed tamen recordātiōne nostrae amīcitiae sīc fruor, ut beātē vīxisse videar.
4. Egō vōs hortārī tantum possum, ut amīcitiam omnibus rēbus hūmānīs antepōnātis.
5. Brūte, tē hortante, mē revocāvī ad id studium, quod philosophia dīcitur.
6. Commoda, quibus ūtimur, lūcemque, quā fruimur, ab eō nōbīs darī vidēmus.
7. Senex Zēnō praesentibus voluptātibus fruitur cōnfīditque sē fruitūrum.
8. Singulātim pauca locūtus narrāvī mē nōn clārō patre nātum esse.

dēsipiēbam 어리석다
inexpertum 겪어보지 못한
recordātiōne 기억
revocāvī 소환했다
singulātim 하나씩

VII. 우리말로 옮기시오.

1. Cum omnia, rūmōrem, fābulam falsam timēmus, ōra omnium atque oculōs intuēmur.
2. Tam fragile est ergā nōs voluntās cīvium, quī improbitātī īrāscuntur.
3. Sī vōs mē eō tempore fēcisse dīcitis, egō autem eō ipsō tempore trāns mare fuī.
4. Septem fuisse dīcuntur ūnō tempore, quī sapientēs et habērentur et vocārentur.
5. Hī omnēs praeter Mīlēsium Thalem cīvitātibus suīs praefuērunt.

VIII. 시제에 주의하여 라티움어로 옮기시오.

1. 그는 많은 사람들이 집으로 돌아간다고 말하였다.
2. 희랍 사람들이 이탈리아로부터 항해하였다고 전해진다.
3. 그들은 강이 산으로 흘러갔다고 주장한다.
4. 나는 농부들이 밭에서 일하는 것을 본다.
5. 너희는 언제 친구들이 너희와 함께 시골로 갔는지 묻는다.

Medea, Villa Arianna © Mentnafunangann

RES ROMANA : Scrīptōrēs

1. Līvius Andronīcus(기원전 207년 사망) : 기원전 240년 최초로 〈오두시아 *Odusia*〉 번안극 공연
2. Q. Ennius(기원전 239~169년) : 로마 서사시 〈연대기 *Annālēs*〉
3. P. Terentius Āfer(기원전 158년경 사망) : 극작가
4. M. Tullius Cicerō(기원전 106~43년)
5. C. Iūlius Caesar(기원전 100~44년) : 〈갈리아 전기 *Dē bellō Gallicō*〉
6. T. Lucrētius(기원전 98~55년) : 〈사물의 본성에 관하여 *Dē rērum nātūrā*〉
7. C. Valerius Catullus(기원전 85~55년) : 신세대 시인들 poētae novī
8. P. Vergilius Marō(기원전 70~19년) : 〈아이네이스 *Aenēis*〉
9. Q. Horātius Flaccus(기원전 65~8년) : 〈대화 *Sermōnēs*〉, 〈시학 *Ars poētica*〉
10. Titus Līvius(기원전 64~기원후 17년) : 〈로마사 *Ab urbe conditā*〉
11. P. Ovidius Nāsō(기원전 43~기원후 17년) : 〈변신이야기 *Metamorphōsēs*〉, 〈여인들의 편지 *Hērōides*〉
12. L. Annaeus Seneca(기원전 4~기원후 65년) : 비극 〈메데아 *Mēdēa*〉 등
13. M. Annaeus Lūcānus(기원후 39~65년) : 서사시 〈파르살리아 *Pharsālia*〉, 〈피소 찬가 *laus Pīsōnis*〉
14. M. Valerius Mārtiālis(기원후 40~103년) : 〈격언시 *Epigramma*〉
15. P. Cornēlius Tacitus (기원후 58~120년경) : 〈역사 *Historiae*〉, 〈연대기 *Annālēs*〉
16. L. Āpulēius(기원후 123~170년경) : 소설 〈변신이야기 *Metamorphōsēs*〉
17. Aurēlius Augustīnus(기원후 354~430년) : 〈고백록 *Cōnfessiōnēs*〉, 〈신국론 *Dē cīvitāte Deī*〉
18. Anicius Manlius Torquātus Severinus Boethius(기원후 480~524년) : 〈철학의 위안 *Cōnsōlātiō philosophiae*〉

Caput XXI MELEAGROS

ADAGIA

키케로, 〈마르켈루스에게 보낸 편지 *Epistula ad Mārcellum*〉(기원전 46년 9월)

거듭하고 거듭하여 나는 권고하는바, 지난 번 여러 차례 편지로 권고하였던 바이지만, 나라의 형편이 어찌되었던 간에 이 나라로 가능한 빨리 자네가 돌아왔으면 하네. 돌아오면 아마도 못마땅한 일을 많이 보게 되겠지만, 지금 매일 듣는 것보다는 줄어들 것이네. 게다가 자네는 눈으로 목격해도 조금도 흔들릴 사람이 아니지 않은가. 들은 것은 흔히 과장되게 마련인데도 똑같은 일을 귀로 들으면서도 전혀 흔들리지 않았으니 말일세. 하지만 자네는 그렇게 생각하지 않으면서 그렇다고 말해야 할 것이고, 옳다고 생각하지 않으면서 행해야 할 것이네. 우선 말하거니와, 시대에 순응하는 것, 다시 말해 필연에 복종하는 것은 늘 현자의 의무라고 여겨지고 있네.

시대에 순응하는 것은 늘 현자의 의무라고 여겨지고 있네.
Temporī cēdere semper sapientis est habitum.

Herculaneum © Napoli, Museo Archeologico Nazionale

GRAMMATICA LATINA

I. 주절의 접속법

1. 주절의 접속법은 크게 소원, 가정, 권고 등 세 가지로 나뉜다.
2. 소원(optātīvus)

    1) 가능한 소원(*pr.* 혹은 *pf.*)과 불가능한 소원(*impf.* 혹은 *plpf.*)

    (Utinam) valeās!　　　　　　Velim(Nōlim; Mālim) scrībās!

    Vellem(Nōllem; Māllem) manērēs!　　Vellem mānsissēs!

    2) 양보(concessīvus) : 소원의 변형(*pr.* 혹은 *pf.*)

    Neget.　　　　Ōderint, dum metuant.

3. 가정 : 가능(*pr.* 혹은 *pf.* 혹은 *impf.*)과 비현실(*impf.* 혹은 *plpf.*)

    Crēdās.　　　Sine dūce errārēs.

4. 권고

    1) 청유(hortātīvus) 1인칭 복수(*pr.*)

    Eāmus!　　　Amēmus patriam!

    2) 명령(iussīvus) 3인칭 단·복수(*pr.*)

    Suum quisque nōscat ingenium!

    3) 금지(prohibitīvus) 2인칭 단수(*pf.*)

    Nē dubitāverīs!

    4) 숙고(dēlīberātīvus) : 청유, 명령, 금지의 변형(*pr.* 혹은 *impf.*)

    Quid faciam?　　Quid nōn facerem?

II. 전치사의 용례

In urbe et extrā eam

Rēs bonae aut in animīs aut in corporibus aut extrā sunt.

Intrā extrāque mūrōs

Virtūs eadem in homine ac deō est.

Aliā in causā Catō fuit, aliā cēterī.

In eādem saevitiā, quā illae bēstiae, sunt.

Caput XXI

VOCABVLA

aper, aprī, *m.* 멧돼지
arcus, ūs, *m.* 활
avunculus, ī, *m.* 외삼촌
certāmen, minis, *n.* 경쟁
hērōs, ōis, *m.* 영웅
īnfāns, antis, *m./f.* 갓난아기
meritum, ī, *n.* 상벌, 공로
speculātor, ōris, *m.* 관찰자, 척후병
spīritus, ūs, *m.* 호흡
stīpes, itis, *m.* 통나무
titulus, ī, *m.* 자격, 권리, 명칭
ultor, ōris, m. 복수자

coepiō, ere, coepī, coeptum 시작하다
compōnō, ere, posuī, positum 만들다

cōnsōlor, ārī, solātus sum 위로하다
cōnsuēscō, ere, suēvī, suētum 익숙해지다
impetrō, āre 획득하다
adimō, ere, ēmī, ēmptum 빼앗다 (*alci alqd*)
crēscō, ere, crēvī, crētum 커지다, 성장하다
frangō, frangere, frēgī, frāctum 깨다
īcō, ere, īcī, ictum 때리다
intercipiō, ere, cēpī, ceptum 가로채다
offerō, ferre, obtulī, oblātum 제시하다
perfīgō, ere, —, fīxum 뚫다

perīclitor, ārī 위험에 처하다
referō, ferre, rettulī, relātum 다시 가져오다
sternō, ere, strāvī, strātum 쓰러뜨리다
urgeō, ēre, ursī, — 재촉하다

cupidus, a, um 욕망하는, 갈망하는(gen.)
prior, prius 먼저의
quantus, a, um 그런 크기의
splendidus, a, um 빛나는, 훌륭한
violentus, a, um 난폭한, 격분한

ūnā 함께

Piscātōrēs © Roma, Museo Nazionale Romano

LECTIO : MELEAGROS

Diāna mīsit tantum aprum ultōrem, quantō maiōrēs taurōs nēmō videt. Aper violentus cucurrit. Meleagros et iuvenēs ūnā convēnērunt cupidī laudis. Eōs opus magnī certāminis ursit. Et Atalanta adfuit, quam dīcere possīs virgineam faciem in puerō, puerīlem in virgine esse. Hanc vīdit Meleagros.

Cum aper ā iuvenibus sine vulnere ictus esset, sagitta celeris, quam Atalanta arcū expulit, perfīxa est sub aure aprī et rubefēcit saetās. Nōn ipsa laetior successū quam Meleagros fuit. Et Meleagros mīsit duās hastās. Hasta prior in terrā, altera stetit in mediō tergō. Dum aper saevit, vulneris auctor splendida tēla condidit in aprum. "Ō Atalanta, mea glōria veniat tēcum." Puellae laetitiam dedērunt mūnus et mūneris auctor. Sed clāmātum est. "Pōne age nec titulum nostrum intercipe, fēmina!" Meleagrī avunculī huic adēmērunt mūnus, illī iūs mūneris. Meleagros tumidā cum īrā nōn tulit.

Althaea vīdit mortuōs frātrēs referrī. Maestīs clāmōribus urbem implēvit et aurātās vestēs in ātrās mūtāvit. Pietās ergā frātrēs et mātris nōmen frēgērunt Althaeae animum. Tandem dīxit: "Utinam prīmīs ignibus īnfāns ārsissēs! Vīxistī mūnere nostrō. Nunc meritō tuō moriēris." Stīpes ārsit. Īnsciēns atque absēns Meleagros quoque ab illā flammā ārsit. Simulatque est exstīncta, hērōis spīritus in aurās levēs abiit.

「변신이야기」 8. 260~546행

violentus 난폭한
virgineam 처녀의
puerīlem 소년의
perfīxa est 꽂히다
rubefēcit → rubefaciō, ere, fēcī, factum 붉게 만들다
saetās → saeta, ae, f. 굵은 털
successū 성공에 대하여
saevit → saeviō, īre 미쳐 날뛰다
tumidā cum īrā 부어오른 분노를 가지고
aurātās 금장식의

PENSUM

I. 동사를 분석하시오.

1. amēmus
2. amēminī
3. amāverim
4. amātus sis
5. amātī essent
6. amārentur

II. 우리말로 옮기시오.

1. Discordiā fit cārior concordia.   plūs 더 많이
2. Dolor animī multō gravior est quam corporis.
3. In amōre fōrma plūs valet quam auctōritās.
4. Iter est, quācumque dat prior vestīgium.
5. Caesar tē sine cūrā esse iubet.

III. 주절의 접속법에 주의하여 번역하시오.

1. Utinam Caesar valēret!
2. Utinam scrīpserim!
3. Pāce tuā dīxerim.
4. Nē difficilia optēmus!
5. Alter alterī nē invideat!

IV. 우리말로 옮기시오.

1. Quis est, quī omnibus virtūtibus caret?
2. Quae cīvitās fuit, quae suīs sociīs nōn succurrit?
3. Quod bellum umquam atrōcius fuit?
4. Quid amīcitia est?
5. Quae amīcitia est?

V. 우리말로 옮기시오.

1. Tandem Agamemnōn convocāvit Graecōs ad compōnendās eōrum animās.
2. Nestor persuāsit eīs, ut mitterent lēgātōs ad Achillem, ut eum placērent.
3. Diomēdēs revertentēs sine effectū suā vōce cōnsōlātus est.
4. Nestor impetrāvit ab Ulixe, ut īret cum Diomēde Trōiānōrum speculātor.
5. Quibus oblātus Dolōn dēceptus occīditur ab eīs.
6. Perīclitantem ab Hectore Nestorem vix Diomēdēs rapuit.
7. Diomēdem multōs Trōiānōrum occīdentem Agamemnōn laudāvit.
8. Iuppiter tunc Iūnōnem et Minervam ab exercitū Graecōrum discēdere iussit.
9. Vīdit Agamemnōn in pūgnā Hectorem superiōrem esse.
10. Diomēdēs, ut vīdit hoc fierī, imperāvit eīs, ut fugientēs interficerent.

VI. 우리말로 옮기시오.

1. Fīat prōtinus ex castrīs Gallōrum fuga.
2. Sī mihi potestās fit, ūtar.
3. Factum est id, quod Pȳthagorās vult in amīcitiā, ut ūnus fīat ex plūribus.
4. Nōn fit sine perīculō facinus magnum.
5. Quaerit, quid factum sit, quid fīat, quid futūrum sit.
6. Fuga ex aciē, duce āmissō, coepta est.

VII. 접속법에 주의하여 라티움어로 옮기시오.

1. 원로원이 이것을 결코 양해하지 않기를!
2. 조국과 조상들을 사랑합시다.
3. 부디 욕망이 무엇인지를 네가 정의하기를!
4. 신들이 모든 좋은 일을 당신에게 주시길!
5. 부디 그날을 내가 보지 않기를!

Caput XXI

RES ROMANA : Calendārium

1. 기원전 153년 이전까지 로마달력은 Mārtius에 시작하였다.

3월 Mārtius mēnsis	7월 Quīntīlis(기원전 44년 Iūlius)	11월 November
4월 Aprīlis	8월 Sextīlis(기원전 8년 Augustus)	12월 December
5월 Māius	9월 September	1월 Iānuārius
6월 Iūnius	10월 Octōber	2월 Februārius

2. 태음력에 따라 Mārtius, Māius, Quīntīlis, Octōber는 31일, Februārius는 28일, 나머지 달은 29일로 하여 1년 12달 355일로 구성되었다. 태양력과 맞추기 위해 윤달을 삽입하였다.

3. 기원전 46년 카이사르는 Aprīlis, Iūnius, September, November는 30일, Februārius는 28일, 나머지 달은 31일로 하여 1년 12달 365일로 조정한다. 4년마다 윤일(diēs intercalāris)을 삽입하여 윤년(annus bissextīlis)을 두었다. 2월 24일(a. d. VI. Kal. Mārti.) 앞에 윤일로 제6일(diēs sextus)을 반복하였기 때문에 이런 이름이 붙었다.

4. 매달의 특정일은 특별한 이름을 가진다.

   Kalendae, ārum(Kal.) 매달 초하루

   Nōnae, ārum(Non.) 매달 5일(3, 5, 7, 10월은 7일)

   Īdūs, uum(Id.) 매달 13일(3, 5, 7, 10월은 15일)

5. 날짜는 다음과 같이 표시한다.

   3월 1일 Kalendīs Mārtiīs

   3월 2일 ante diem VI (sextum) Nōnās Mārtiās

   3월 7일 Nōnīs Mārtiīs

   3월 8일 ante diem VIII (octāvum) Īdūs Mārtiās

   3월 14일 prīdiē Īdūs Mārtiās

   3월 15일 Īdibus Mārtiīs

   3월 16일 ante diem XVII (septimum decimum) Kalendās Aprīlēs

   3월 31일 prīdiē Kalendās Aprīlēs

Caput XXII ORPHEVS

ADAGIA

세네카, 〈섭리에 관하여 *Dē prōvidentiā*〉 5

고귀한 청년 파에톤이 이 말을 듣고 나서 말합니다. "이 길은 마음에 듭니다. 저는 오를 것입니다. 제가 떨어질지라도, 이 길은 지나갈 가치가 있습니다." 아버지 태양신은 아들의 대담한 마음을 두려움으로 계속 겁을 줍니다. "네가 실수 없이 길을 갈지라도, 너는 덤벼드는 황소의 뿔들과 하이모니아의 활과 사나운 사자의 아가리 사이를 지나갈 것이다." 이에 아들이 말합니다. "마차를 주고 멍에를 메십시오. 저에게 겁을 주려고 하시지만, 그것들이 저를 자극합니다. 저는 태양신도 벌벌 떠는 곳에 서 있고 싶습니다." 안전한 길을 추구하는 것은 하찮고 게으른 자가 하는 일입니다. 덕은 높은 곳으로 나아갑니다.

덕은 높은 곳으로 나아갑니다.
Per alta virtūs it.
오비디우스 Ovidius(기원전 43년~기원후 18년)
『변신이야기(*Metamorphōseōn librī*)』 2권 63행 이하.

Plūtō et Prōserpina, Vergina, Macedonia, 기원전 340년

GRAMMATICA LATINA

I. 종속절 : 간접의문문

1. 간접의문문은 내적 종속문이며, 시제일치에 따른다. 항상 nōn으로 부정한다.
   Nōn intellegō, quid velīs.   Nōn intellēxī, quid vellēs.

2. 의문사 없는 의문문은 num, -ne, utrum…an 등이 이끈다.
   Utrum sint necne sint (utrum sit an nōn sit) quaeritur.
   Utrum fundī factī sint an nōn, quaerendum esse vidētur.

3. haud sciō an, nesciō an, dubitō an + 접속법은 '아마도'를 나타낸다.
   Haud sciō an rēctē ea virtūs sapientia appellārī possit.
   Dubitō an fidem praestātūrus nōn sim.
   Honōrēs tibi tantī habitī sunt, quantī haud sciō an nēminī (sint).

II. 종속절 : 목적문(fīnālis)

1. ut, nē, ut nē가 목적문을 이끈다.
2. 명사적 목적문과 부사적 목적문으로 나뉘며, 내적 종속에 해당되어 시제일치를 지킨다.
3. 명사적 목적문은 verba postulandī et cūrandī et suādendī의 목적어로 쓰인다.
4. 명사적 목적문은 verba timendī et impediendī의 목적어로도 쓰인다.

   Caesar tertiae aciēī imperāvit, nē iniussū suō concurreret.
   Hoc tē rogō, nē animō dēficiās.
   Lēgem brevem esse oportet, quō facilius etiam ab imperītīs teneātur.
   Nōn oportet vīvere, ut edās, sed edere oportet, ut vīvās.
   Pompēius, nē duōbus circumclūderētur exercitibus, ex eō locō discēdit.
   Impedior, nē plūra dīcam.
   Aetās nōn impedit, quōminus litterārum studia teneāmus.
   Operam dat Clōdius, ut iūdicia nē fīant.

VOCABVLA

aurum, ī, *n.* 황금, 돈
aciēs, aciēī, *f.* 전선(戰線)
arbitrium, ī, *n.* 판단, 중재
biennium, ī, *n.* 2년
contentiō, ōnis, *f.* 싸움, 토론
fundus, ī, *m.* 농토, 토대
maleficium, ī, *n.* 악행
margō, inis, *m./f.* 가장자리
nūmen, inis, *n.* 신의 뜻
nupta, ae, *f.* 결혼한 여인
passus, ūs, *m.* 발걸음
prōvidentia, ae, *f.* 섭리
rapīna, ae, *f.* 납치
rēgia, ae, *f.* 왕국
rēgnum, ī, *n.* 왕국
serpēns, entis, *f.* 뱀
silentium, ī, *n.* 침묵, 고요
tellūs, ūris, *f.* 땅
vallēs(is), is, *f.* 계곡
vātēs, is, *m.* 예언자, 시인

addūcō, ere, dūxī, ductum
 이끌다
arripiō, ere, ripuī, arreptum
 잡아당기다, 잡다
circumclūdō, ere, sī, sum
 포위하다
coepiō, ere, coepī, coeptum
 시작하다
comparō, āre 마련하다
cōnficiō, ere, fēcī, fectum
 이루다
cōnsequor, sequī, secūtus
 sum 얻다
cōnsultō, āre 의논하다, 묻다
corrigō, ere, rēxī, rectum
 고치다, 수정하다
dēfleō, ēre, ēvī, ētum 탄원하다
dubitō, āre 의심하다, 망설이다
edō, ere, ēdī, ēsum 먹다
ēripiō, ere, ripuī, reptum 빼앗다
fleō, ēre, ēvī, ētum 울다
intendō, ere, tendī, tentum
 뻗다, 힘쓰다
madeō, ēre, duī, — 젖다
moror, ārī 머물다
offerō, ferre, obtulī, oblātum
 제시하다
oportet 마땅하다(*inf.*)
pertineō, ēre, nuī, — 귀속하다,
 관계하다(+ad)
potior, īrī, potītus sum 지배하다
prōsum, prōdesse, fuī,
 — 이롭다(+ad)
retexō, ere, texuī, textum
 도로 풀다
sīgnificō, āre 표시하다
stupeō, ēre, uī, — 마비되다
sustineō, ere, tinuī, tentum
 견디다, 버티다
tendō, tendere, tetendī,
 tēntum 향해가다
temperō, āre 배합하다,
 제압하다
vagor, ārī 돌아다니다, 헤매다

avidus, a, um 열망하는(*alcis*)
comitātus, a, um 동반하여
fīnitimus, a, um 이웃한, 인접한
mātūrus, a, um 원숙한, 연로한
rēgius, a, um 왕의
tālis, e 그런 성질의, 그와 같은
ultimus, a, um →
 ulter의 최상급
vāstus, a, um 황폐한

hūc 이리로
nīmīrum 당연히, 확실히
paulum 잠깐 동안

nē 하지 않도록
quōminus 하지 못하도록
ut 하도록

Caput XXII

LECTIO : ORPHEVS

Dum nupta nova per herbās Nymphīs comitāta vagātur, occidit serpentis dente in tālum receptō. Postquam satis ad superōs Orpheus dēflēvit, ad Styga est ausus dēscendere, ut temptāret et umbrās. Tandem Persephonēn adiit et umbrārum dominum. "Ō nūmina sub terrā mundī, sī vēra loquī sinitis, hūc dēscendī causā coniugis. Posse patī voluī nec mē temptāvīsse negō. Vīcit Amor. Dubitō an sit Amor et hīc nōtus. Sed sī fāma rapīnae nōn est falsa, vōs quoque iūnxit Amor. Per haec loca plēna timōris, per Chaos hoc ingēns vāstīque silentia rēgnī, Eurydicēs, ōrō, properātum fātum retexite. Paulum morātī sērius aut ōcius tendimus hūc omnēs. Nam haec est domus ultima hūmānī generis. Vōs hominum longissimum rēgnum tenētis. Et Eurydicē erit vōbīs, sī iūstōs annōs mātūra perēgerit."

Vāte tālia dīcente flēbant animae exsanguēs. Tum prīmum lacrimīs Eumenidum maduisse genās fāma est. Nec rēgia coniux sustinuit nec rēx umbrārum negāvit. Eurydicēn vocāvērunt. Illa incessit passū tardō dē vulnere. Vātēs accēpit hanc simul et lēgem, nē flecteret retrō sua lūmina, dōnec ab Avernā valle exīssent. Sed ubī nōn procul āfuērunt ā margine tellūris, ibī metuēns, nē uxor dēficeret, avidusque videndī flēxit oculōs. Prōtinus illa relāpsa est. Bracchia intendēns, nihil nisī aurās īnfēlīx Orpheus arripuit. Iterum moriēns illa suprēmum dīxit: "Valē."

『변신이야기』 10, 1~155행

tālum → tālus, ī, m. 복사뼈
ad Styga 스튁스 강으로
sērius aut ōcius 조만간
sī + 미래완료, 주절 미래
exsanguēs → exsanguis, e
 힘없는, 피 없는
Eumenidum 복수의 여신들의
relāpsa est 도로 미끄러지다
 → lābor

Praedia di Iulia Felix, Pompeii

PENSUM

I. 우리말로 옮기시오.

1. Miserrimum est arbitriō alterīus vīvere.　　　　tēcta 숨겨진
2. Nihil magis amat cupiditās quam quod nōn licet.
3. Nihil est miserius quam ubī pudet quod fēcerīs.
4. Peiōra sunt tēcta odia quam aperta.
5. Numquam perīculum sine perīculō vincitur.
6. Occāsiō aegrē offertur, facile āmittitur.
7. Post calamitātem memoria alia est calamitās.

II. 목적의 종속절에 주의하여 번역하시오.

1. Ōrandum est, ut sit mēns sāna in corpore sānō.　　　pervertimus 뒤엎다
2. Germānī omnem aciem cūrribus circumdedērunt, nē quā spēs in fugā relinquerētur.
3. Verrēs Siciliae cīvitātēs hortātur et rogat, ut arent.
4. Vereor, nē augeam, dum minuere velim labōrem.
5. Nihil tē impedit, quōminus hanc iniūriam dēfendās.
6. Ut aliquid aurī extrahāmus, terrās pervertimus.
7. Vērum nōn dīcimus, nē audiāmus.

III. 목적절에 주의하여 라티움어로 옮기시오.

1. 우리는 살기 위해 먹지, 먹기 위해 사는 것이 아니다.
2. 키케로는 늘 시민들의 눈에서 멀리 떨어지지 않으려고 하였다.
3. 카이사르는 그들을 식량 등으로 돕지 말라고 편지를 썼다.
4. 카이사르는 병사들에게 다리를 놓으라고 명령하였다.
5. 레굴루스는 원로원에서 의견을 말하기를 거절하였다.

Caput XXII

IV. 간접의문문에 주의하여 라티움어로 옮기시오.

1. 삶이 얼마나 짧은지를 생각하라!
2. 그가 어디 있었는지를 우리에게 말하라!
3. 당신이 어디에서 그것을 발견하였는지를 말하라고 나는 당신에게 요구한다.
4. 언제 어디서 누가 이 편지를 썼는지는 불분명하다.
5. 부디 누가 누구를 죽였는지가 언급되었기를!

V. 간접의문문에 주의하여 우리말로 옮기시오.

1. Videāmus, deōrumne prōvidentiā mundus regātur.
2. Croesus ex Solōne quaesīvit, nōnne sē beātissimum putāret.
3. Inter eōs magna fuit contentiō, utrum moenibus sē dēfenderent an aciē dēcernerent.
4. Cōnsultābat, utrum Rōmam proficīscerētur an Capuam tenēret.
5. Exceptō Platōne haud sciō an Aristotelem rēctē dīxerim prīncipem philosophōrum.
6. Eō diē ingēns rēs ac nesciō an maxima illō bellō gesta sit.
7. In epistulā ad Caesarem datā nesciō quid scrīptum vidētur fuisse.
8. Vultus tuus nesciō quod ingēns malum sīgnificat.
9. Paucōrum est intellegere, quid dōnet diēs.

dēcernerent 결판내다
exceptō 제외된
proficīscerētur 출발하다
quō pactō 어떻게?
nīmīrum 확실히

Portus © Napoli, Museo Archeologico Nazionale

VI. 우리말로 옮기시오.

1. Apud Helvētiōs longē nōbilissimus fuit et dītissimus Orgetorix.
2. Is rēgnī cupiditāte inductus cīvitātī persuāsit, ut dē fīnibus suīs cum omnibus cōpiīs exīrent.
3. Is dīxit facile esse, cum virtūte omnibus praestārent, tōtīus Galliae imperiō potīrī.
4. Ad eās rēs cōnficiendās biennium sibi satis esse dūxērunt.
5. Id sī fieret, Caesar intellegēbat futūrum esse, ut hominēs bellicōsōs fīnitimōs habēret.
6. Hōc proeliō factō, ut reliquās cōpiās Helvētiōrum cōnsequī posset, pontem in Ararī faciendum cūrat atque ita exercitum trādūcit.
7. Caesar equitātum omnem, quem ex omnī prōvinciā coāctum habēbat, praemittit, quī videant, quās in partēs hostēs iter faciant.
8. Ubī ea diēs, quam cōnstituerat cum lēgātīs, vēnit, lēgātī ad eum revertērunt.
9. Negat sē mōre et exemplō populī Rōmānī posse iter ūllī per prōvinciam dare.
10. Dīviciācus multīs cum lacrimīs Caesarem complexus obsecrāre coepit, nē quid gravius in frātrem statueret.
11. Caesar cōnsōlātus rogat, ut fīnem ōrandī faciat.

dītissimus → dives의 최상급
inductus 이끌린
persuāsit *alci* ut 하도록 설득하였다
adductī 이끌린
futūrum esse ut 장차 일이 있을 것이라고
bellicōsōs 호전적인
cōnsequī → cōnsequor

quī videant 기병대가 살피도록(의미에 따른 일치)
complexus 안고
obsecrāre 간청하다

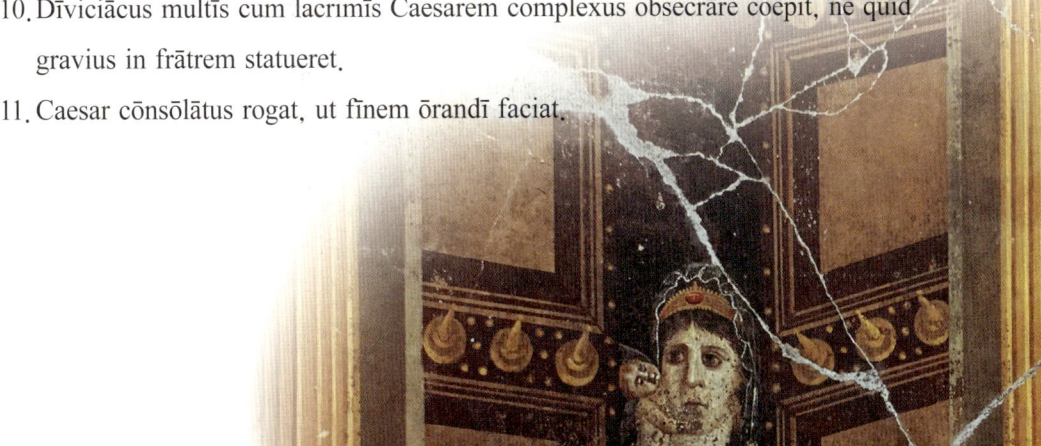

Venus et Cupido, Pompeii

Caput XXII

RES ROMANA : Diī et deae I

1. Iuppiter : 제우스 Zeus, 하늘의 신, 날씨의 신, Iuppiter Optimus Maximus.
2. Iūnō : 헤라 Hera, 구원의 신 Sospita, 다산의 신 Caprōtīna, 출산의 신 Lūcīna, 결혼의 신 Iuga, 제우스의 부인 Rēgīna, 경고의 신 Monēta.
3. Minerva : 아테나 Athēna, 수공업의 신, 예술가와 교사의 신.
4. Mārs : 아레스 Ares, 전쟁의 신, trias prīsca.
5. Quirīnus : 사비눔 족의 신, 전쟁의 신, 로물루스와 동격, trias prīsca.
6. Cerēs : 데메테르 Demeter, trias Aventīna.
7. Līber : 디오뉘소스 Dionȳsus, 포도주의 신, trias Aventīna, Bacchus.
8. Lībera : 포도주의 여신, trias Aventīna.
9. Apollō : 아폴론 Apollon, 예언과 의술, 문학과 태양의 신.
10. Mercurius : 헤르메스 Hermes, 신들의 전령.
11. Neptunus : 포세이돈 Poseidon, 바다의 신.
12. Diāna : 아르테미스 Artemis, 사냥의 여신, 숲의 여신.
13. Venus : 아프로디테 Aphrodite, 사랑의 신.

Bacchus, Casa del Centenario, Pompeii © WolfgangRieger

Caput XXIII   MORS ACHILLIS

ADAGIA

호라티우스, 〈시학 *Ars poētica*〉 333행 이하

시인들은 이롭게 하거나 즐겁게 하거나
유쾌하며 인생 도움이 되는 걸 노래하려 합니다.
모든 가르침은 간단할지라. 그래야 말을
영혼이 얼른 알아듣고 단단히 잊지 않습니다.
가슴을 채운 나머진 넘쳐 없어집니다.
이야기는 즐거움을 위해 만들되 진실에 가깝게
모든 걸 믿으라 요구하지 않기를,
포식한 라미아가 아이를 산 채로 토하지 않기를.

시인들은 이롭게 하거나 즐겁게 하길 원합니다.
Aut prōdesse volunt aut dēlectāre poētae.

Reditus, Lūcānia,
기원전 375~370년 © Carole Raddato

GRAMMATICA LATINA

I. 종속절 : 결과문(cōnsecūtīva)

1. ut, ut nōn이 이끈다. 내적 종속문은 아니지만, 시제일치를 대체로 따른다.
2. 주절에 ita, sīc, adeō, usque eō, tālis, tam, tantus 등의 상관사가 보인다.

   Atticus sīc loquēbātur, ut Athēnīs nātus vidērētur.
   Adeō ille pertimuerat, ut morī māllet quam dē hīs rēbus Sullam docērī.
   Quis tam dēmēns est, ut suā voluntāte doleat?
   Tālēs nōs esse putāmus, ut iūre laudēmur.
   Hoc vidētur esse altius, quam ut id nōs suspicere possīmus.
   Est, ut plērīque philosophī nūlla trādant praecepta.
   Sī haec ēnūntiātiō nōn vēra est, sequitur, ut falsa sit.

II. 종속절 : 이유문(causālis)

1. quod, quia, quoniam, cum 등이 이유문을 이끈다.
2. 내직 종속 여부에 따라 동사의 법을 정한다.
3. cum + 접속법은 (사실적 이유가 아니라) 논리적 근거를 나타낸다.

III. 종속절 : 양보문(concessīva)

1. quamquam(+ 직설법), quamvīs (+ 접속법) 등이 양보문을 이끈다.
2. etsī, tametsī 등은 조건문 sī에 상응하여 법이 결정된다.

IV. 종속절 : 비교문(comparātīva)

1. ita~ut, sīc~ut, tam~quam, tantus~quantus, quam, quasi(+ 접속법) 등이 비교문을 이끈다.

VOCABVLA

arx, arcis, *f.* 성채
cuspis, idis, *f.* 창
decus, oris, *n.* 자랑, 기품, 장식
impetus, ūs, *m.* 공격
mēnsūra, ae, *f.* 척도, 크기
onus, eris, *n.* 짐, 부담
Pergama, ōrum, *n. pl.* 트로이아의 성벽
plēbs, bis, *f.* 평민
raptor, ōris, *m.* 약탈자
Tartara, ōrum, *n. pl.* 저승세계
urna, ae, *f.* 항아리

annuō, ere, uī, — (고개를) 끄덕이다
armō, āre 무장시키다
aspiciō, ere, spexī, spectum 쳐다보다
commemorō, āre 기억하다, 언급하다

compleō, ēre, ēvī, ētum 채우다
concurrō, ere, currī, cursum 마주하다
coniciō, ere, iēcī, iectum 던지다
cōnsulō, ere, luī, ltum 염려하다
cremō, āre 불태우다
dīrigō, ere, rēxī, rēctum 지휘하다
indulgeō, ēre, dulsī, dultum 관대하다, 전념하다(*dat.*)
persequor, sequī, secūtus sum 추적하다, 추구하다
removeō, ēre, mōvī, mōtum 치우다
restituō, ere, uī, ūtum 복구하다
restō, āre, stitī, — 남다

temperō, āre 배합하다, 제압하다

occultus, a, um 숨겨진
perītus, a, um 능숙한, 정통한 (*gen.*)
rārus, a, um 드문
triplex, icis 삼중의

ferē 거의, 대략
iamiam 이제 곧
nēquīquam 헛되이
perpetuō 영원히
polītē 세련되게
suprā 위에

circum 주변에(*acc.*)

Pāvō

LECTIO : MORS ACHILLIS

At deus maris, quī triplicī cuspide temperat saevās undās, compellāvit intōnsum Apollinem tālibus dictīs: "Ō mihi dē frātris nātīs longē grātissime, quantum dolēs, ubī hanc iamiam cāsūram arcem aspicis? Quid Hectoris circum Pergama tractī umbra subiit? Achillēs tamen ille ferox et cruentus vīvit adhūc? Achillēs sentiat, quid possim īrātus triplicī cuspide. At quoniam concurrere hostī nōn mihi datur, tu perītissime sagittārum, occultā sagittā hostem perde!"

Annuit Apllō et pervēnit ad urbem Trōiam. Mediā in caede virōrum crēvit per īgnōtōs mīlitēs pulchrum Parin timidē tēla spargentem. "Quid sagittās perdis? Quid petis sanguinem plēbis? Sī quā est tibi cūra tuōrum, tē vertere in Achillem!" Paris arcum obvertit in illum et sagittam coniēcit, et Apollō lētiferam dīrēxit sagittam in illum. Ille igitur tantōrum hērōum victor vinctus est ā timidō raptōre.

Īdem deus, quī eum armāverat, cremāverat. Dē tam magnō Achille restitit nesciō quid, quod nōn bene complēret urnam parvam. Sed tamen semper vīvit glōria Achillis, quae tōtum orbem terrārum complēret. Haec mēnsūra glōriae respondet illī virō.

『변신이야기』 12, 580~628행

compellāvit → compellō, āre
불러서 말을 걸다
intōnsum (깎지 않아) 장발의
obvertit (향해) 돌리다
lētiferam 죽음을 가져오는

Gallus et ūvae,
Pompeii © Carole Raddato

PENSUM

I. 결과의 종속절에 주의하여 우리말로 옮기시오.

1. Nēmō adeō ferus est, ut nōn mītēscere possit.
2. Tanta vīs probitātis est, ut eam in hoste etiam dīligāmus.
3. Fierī potest, ut id, quod rēctē sentit, polītē ēloquī nōn possit.
4. Ita vōs īrae indulgēre oportet, ut īrā potiōrem salūtem habeātis.
5. Egō tibi onus impōnam, ita tamen, ut tibi nōlim molestus esse.
6. Faciendum mihi putāvī, ut ad epistulam tuam respondērem.
7. Graecōs ita nōn amās, ut nē ad vīllam quidem tuam Graecā viā īre soleās.

mītēscō, ere 양순해지다
probitās, ātis, *f.* 훌륭함

II. 우리말로 옮기시오.

1. Caesar, prīmum suō, deinde omnium equīs remōtīs, ut aequātō omnium perīculō spem fugae tolleret, hortātus suōs proelium commīsit.
2. Tandem Boiī et Tulingī, quī novissimīs praesidiō erant, ex itinere nostrōs ab latere apertō aggressī circumvenīre coepērunt.
3. Id cōnspicātī Helvētiī, quī in montem sēsē recēperant, rūrsus proelium redintegrāre coepērunt.
4. Diū atque ācriter pūgnātum est. Diūtius cum sustinēre nostrōrum impetūs nōn possent, ut coeperant, in montem sē recēpērunt.
5. Caesar mīsit eōs, quī cognōscerent, quālis esset nātūra montis et quālis in circuitū ascēnsus.

aequātō 공평한
ex itinere 도중에
aggressī 공격하며
circumvenīre 포위하다
cōnspicātī 관찰하다가
redintegrāre 다시 시작하다
in circuitū 주변에
ascēnsus 오르막길

III. 비교의 종속절에 주의하여 우리말로 옮기시오.

1. Ut quaeque rēs est turpissima, sīc maximē vindicanda est.
2. Quō quaeque rēs est turpior, est tantō magis vindicanda est.
3. Nōn dīxī secus ac sentiēbam.
4. Pompēius est tam potēns quam Caesar.
5. Caesar, ut suprā dīximus, in prōvinciam redierat.
6. Ut nihil bonī est in morte, sīc certē nihil malī.
7. Tantō brevius omne est, quantō fēlīcius tempus.

IV. 이유의 종속절에 주의하여 우리말로 옮기시오.

1. Vēra dīcō, sed nēquīquam, quoniam nōn vīs crēdere.
2. Dē suīs rēbus ā Caesare petere coepērunt, quoniam cīvitātī cōnsulere nōn possent.
3. Sapiēns lēgibus nōn propter metum pāret, sed quia id salūtāre maximē esse iūdicat.
4. Cum sint in nōbīs cōnsilium et ratiō, necesse est deōs haec ipsa māiōra habēre.

salūtāre 건강한, 안녕한

V. 양보의 종속절에 주의하여 우리말로 옮기시오.

1. Quamquam omnis virtūs nōn ad sē allicit, tamen iūstitia et lībertās id maximē efficit.
2. Cōnstantiam egō, quamvīs probem, ut probō, nōn commemorō.
3. Sunt, quī id, quod sentiunt, etsī optimum sit, tamen invidiae metū nōn audent dīcere.
4. Fuit perpetuō pauper, cum dīvitissimus esse posset.

allicit 유인하다

VI. 우리말로 옮기시오.

1. Melius accūrantur ea, quae cōnsiliō reguntur, quam ea, quae sine cōnsiliō administrantur. Domus ea, quae ratiōne regitur, omnibus rēbus est īnstrūctior, quam ea, quae temere et nūllō cōnsiliō administrātur. Exercitus is, cui praepositus est sapiēns et callidus imperātor, omnibus partibus commodius regitur, quam is, quī stultitiā et temeritāte alicuius administrātur.

   accūrantur 정확하게 관리되다
   temere (부) 아무렇게나, 함부로
   callidus 현명한
   imperātor 사령관이
   stultitiā 어리석음에 의해
   temeritās, ātis, f. 경솔함, 성급함
   alicuius 어떤 사람의

2. Nihil autem omnium rērum melius quam omnis mundus administrātur. Nam et sīgnōrum ortus et obitus dēfīnītum quendam ōrdinem servant, et annuae commūtātiōnēs nōn modo quādam ex necessitūdine semper eōdem modō fīunt, vērum etiam ad ūtilitātēs quoque rērum omnium sunt accomodātae, et diurnae nocturnaeque vicissitūdinēs nūllā in rē umquam mūtātae quicquam nocuērunt.

   ortus 떠오름
   obitus 사라짐
   dēfīnītum 정해진
   annuae 일 년의
   commūtātiōnēs 변화
   accomodātae 맞추어진
   diurnae 낮의
   nocturnae 밤의
   vicissitūdinēs 교대
   nūllā in rē 어떤 경우에도 아니

Tellūs, āra Pācis

RES ROMANA : Fēriae

Vōta pūblica : 1월 1일, 기원전 153년 이래 집정관 취임식.

Parentālia : 2월 13~22일, 조상들과 사망한 가족을 기억하는 축제.

Fēriae Mārti : 3월 1일, 마르스를 위한 휴일. 기원전 153년 이전에 집정관 취임식.

Mātrōnālia : 3월 1일, Iūnō Lūcīna를 모시는 여인 축제.

Līberālia : 3월 17일, 성인식을 거행하며 청년들은 toga virīlis를 입는다.

Venerālia : 4월 1일, 베누스를 기리는 축제.

Vestālia : 6월 7~15일, 베스타 여신을 기리는 축제.

Lūdī Apollinārēs : 7월 6~13일, 아폴로를 기리는 축제.

Vulcanālia : 8월 23일, 불카누스를 기리는 축제.

Lūdī Rōmānī(Lūdī Magnī) : 9월 5~19일.

Bona Dea : 12월 3일, 여인들만의 축제.

Saturnālia : 12월 17~23일, 사투르누스를 기리는 축제.

Diēs Nātālis Sōlis Invictī : 12월 25일, 불굴의 태양 탄생일.

Casa del Chirurgo, Pompeii

Caput XXIV ARMA ACHILLIS

ADAGIA

키케로, 〈필립포스 연설 *Philippicae*〉 I 33~34

제가 염려하는 바는 당신이 영예의 참된 길을 망각한 채, 당신 혼자가 우리 모두보다 강한 것을 영예로 생각하지 않을까 하는 것이며, 동료 시민들에게 사랑받는 것보다 그들을 두렵게 하는 것을 선호하지 않을까 하는 것입니다. 만약 이렇게 생각한다면, 당신은 영예의 길을 잘못 알고 있는 것입니다. 소중한 시민이 되는 것, 국가에 공헌하는 것, 칭송받는 것, 존경받는 것, 사랑받는 것이야말로 영예의 길입니다. 실로 두려움과 증오의 대상이 되는 것은 반감과 혐오의 미약하고 덧없는 길입니다. "두려워하기만 한다면 나를 증오해도 상관없다." 극 중에서도 이렇게 말했던 사람은 파멸의 길을 걸었음을 우리는 알고 있습니다.

두려워하기만 한다면 나를 증오해도 상관없다.
Oderint, dum metuant.
아키우스 Accius(기원전 2세기)
〈아트레우스 *Atreus*〉 단편 203.

Duellum, Lūcānia, 기원전 3세기 © Carole Raddato

GRAMMATICA LATINA

I. 종속절 : 조건문(condiciōnālis)

1. 조건절의 현실성에 대한 화자의 생각에 따라 미확정, 가능, 비현실로 구분할 수 있다.

2. 미확정 indēfīnītus(sī + 직설법)

   Sī hoc dīcis, errās. Cēnseō, sī hoc dīcās, tē errāre.
   Sī hoc dīxistī, errāvistī. Cēnseō, sī hoc dīxerīs, tē errāvisse.
   Sī hoc dīxeris, errābis. Cēnseō, sī hoc dīxerīs, tē errātūrum esse.

3. 가능 potentiālis(sī + 접속법 현재 혹은 현재 완료)

   Sī hoc dīcās, errēs. Cēnseō, sī hoc dīcās, tē errāre.

4. 비현실 irreālis(sī + 접속법 과거 혹은 과거완료)

   Sī hoc dīcerēs, errārēs. Cēnseō, sī hoc dīcerēs, tē errātūrum fuisse.
   Sī hoc dīxissēs, errāvissēs. Cēnseō, sī hoc dīxissēs, tē errātūrum fuisse.
   　　　　　　　　　　　　　　Cēnsēbam, sī hoc dīxissēs, tē errātūrum fuisse.

5. 간접화법에서 비현실조건문은 시제일치가 적용되지 않는다.

   Appāret tē mentītūrum fuisse, sī id dīcerēs.

Ēos, 기원전 430~420년

VOCABVLA

classis, is, *f.* 함대
cruor, cruōris, *m.* 피
cultūra, ae, *f.* 경작, 문화
ēnsis, is, *m.* 검
excūsātiō, ōnis, *f.* 변명, 사과
exercitātiō, ōnis, *f.* 훈련, 연마
gēns, gentis, *f.* 종족
proelium, ī, *n.* 전투
sonus, ī, *m.* 소리
testis, is, *m./f.* 증인

alō, ere, aluī, altum 키우다
cōnferō, ferre, tulī, collātum
cōnservō, āre 보존하다
합치다, 대항하다
īnfluō, ere, flūxī, flūxum 흘러 들어가다

intermittō, ere, mīsī, missum 중단하다
intueor, ērī, — 응시하다
memorō, āre 기억하다, 상기시키다
opus est 필요하다(*abl.*)
prohibeō, ēre, uī, itum 금하다
reor, rērī, ratus sum 생각하다
remaneō, ēre, mānsī, mānsum 머물다, 남아있다
surgo, ere, surrēxī, surrēctum 일어나다

cōnscius, a, um 같이 알고 있는, 자각하는(*gen.*)
integer, gra, grum 온전한, 무사한

iste, ista, istud (대명) 저 사람, 저것
praeditus, a, um 타고난, 갖춘 (*abl.*)
prōmptus, a, um 보이는, 갖추어진, 탁월한
timidus, a, um 소심한, 겁내는

dēnique 마지막으로, 요컨대
paene 거의
prīdem 오래 전에
prō (감탄) 슬프도다(*voc.*)

Ulixēs

LECTIO : ARMA ACHILLIS

Surrēxit Āiāx, īrae impatiēns, ut semper erat. Respēxit lītora et classem. Intendēns manūs, "agimus, prō Iuppiter," inquit, "causam, et mēcum cōnfertur Ulixēs. Ulixēs nōn dubitāvit Hectoris flammīs cēdere, quās egō sustinuī. Egō in aciē valeō, dum valet iste loquendō. Nōn memoranda vōbīs mea facta esse reor. Vīdistis enim. Dēnique quid verbīs multīs opus est? Sua facta narrāre potest Ulixēs, quae tamen sine teste gesta sunt, quōrum cōnscia nox sōla fuit. Mē praemium magnum petere fateor. Quod sī licet mihi vēra dīcere, quaerunt arma quoque māiōrem honōrem. Āiāx armīs petitur. Ulixēs timidissimus fugā sōlā cunctōs vincit. Iste clipeus tam rārō proelia passus integer est. Nostrō clipeō, quī tēlōrum multōrum plāgās tulit, novus successor est habendus. Arma virī fortis mittantur in mediōs hostēs cum virō fortī! Inde iubēte, dūcēs, fortem virum arma virī fortis tenēre!"

　Lāertius hērōs surrēxit. Valdē commōtī dūcēs sunt. Tandem fortis virī arma tulit disertus vir. Quī sōlus ferrum et ignēs totiēns sustinuerat, is nōn ūnam īram sustinuit. Invictum virum vīcit īra. "Quī cruōre
　hostium saepe maduit, nunc ēnsis dominī caede madēbit, nē quisquam Āiācem possit superāre nisī Āiāx."

「변신이야기」 13, 1~398행

impatiēns, entis 참지 못하는(gen.)
causam agere 소송을 제기하다
nōn dubitāvit 망설이지 않았다
clipeus 방패는
passus → patior
plāgās → plāga, ae, f. 타격
successor 후임자, 계승자
Lāertius hērōs 라에르테스 집안의 영웅은
fācundīs → fācundus, a, um 말 잘하는, 능변의
disertus 말 잘하는
invictum 불굴의

Hortus, Pompeii

PENSUM

I. 우리말로 옮기시오.

1. Eā, quae secūta est, hieme, annō, quī fuit Cn. Pompēiō, M. Crassō cōnsulibus, Germānī magnā cum multitūdine hominum flūmen Rhēnum trānsiērunt, nōn longē ā marī, quō Rhēnus īnfluit. Causa trānseundī fuit, quod complūrēs annōs exagitātī bellō premēbantur et agrī cultūrā prohibēbantur.

2. Suēbī, gēns longē maxima et bellicōsissima Germānōrum omnium, centum pāgōs habēre dīcuntur, ex quibus quotannīs singula mīlia armātōrum bellandī causā ēdūcunt.

3. Reliquī, quī domī mānsērunt, sē atque illōs alunt. Hī rūrsus in vicem annō post in armīs sunt, illī domī remanent. Sīc neque agrī cultūra nec ratiō atque ūsus bellī intermittitur.

eā hieme 그 겨울에
trānsiērunt → trānseō 건너다
exagitātī 시달린
pāgōs → pāgus, ī, m. 마을 구역
quotannīs (부) 매년
singula 각각
assuēfactī 길들여진
nōn omnīnō 전적으로 아니
iūmentīs 역축

II. 우리말로 옮기시오.

1. Paene oblītus sum, quod maximē fuit memorandum.
2. Ad mortem tē, Catilīna, dūcī iam prīdem oportēbat.
3. Melius fuit generī hūmānō nōn omnīnō ratiōnem darī.
4. Sī parvās copiās mīsissent, cīvitātem cōnservāre poterat.
5. Aequum fuit Sōcratem capitis nōn accūsāre.

III. 조건의 종속절에 주의하여 우리말로 옮기시오.

1. Turpis excūsātiō est, sī quis contrā rem pūblicam sē amīcī causā fēcisse fateātur.
2. Amīcitiam tuērī nōn possumus, nisī aequē amīcōs et nōsmet ipsōs dīligāmus.
3. Sī diutius hīc manēre vellem, in hāc quidem domō nōn manērem.
4. Ipsam tibi epistulam mīsissem, nisī tam subitō frātris puer profectus esset.
5. Sī meus scrība adfuisset, commodius dē omnibus rēbus ad tē scrībere potuī.

IV. 우리말로 옮기시오.

1. Cōgitantī mihi saepe et memoriā vetera repetentī vidērī solent illī beātī fuisse, quī in optimā rē pūblicā ita vītae cursum tenēre potuērunt, ut vel in negōtiō sine perīculō vel in ōtiō cum dīgnitāte esse possent.

   vetera 옛 일들을
   cursum 여정을
   excellentēs 탁월한 사람들이
   exstitissent → exsistō

2. Ac mihi quidem saepe in summōs hominēs ac summīs ingeniīs praeditōs intuentī vīsum est quaerendum esse, quid esset, cūr paucī excellentēs in genere maximārum artium exstitissent.

V. 조건의 종속절에 주의하여 라티움어로 옮기시오.

1. 당신이 그렇게 말하였다면, 당신은 틀렸다. (미확정)
2. 당신이 그렇게 말하였다면, 당신은 틀렸을 것이다. (비현실)
3. 당신이 그렇게 말한다면, 당신은 틀릴 것이다. (가능)
4. 편지가 왔다면, 나는 무슨 일이 있었는지를 알았을 것이다. (비현실)
5. 덕을 가지고 살지 않는다면, 행복하게 살 수 없다. (미확정)

RES ROMANA : Bacchānālia

"그때 히스팔라는 박코스 숭배의 기원을 설명하였다. 애초에 박코스 축제는 여자들의 축제였고 남자들은 일체 참가가 허용되지 않았다. 일 년에 3일을 지정하여 거행하였고 이때는 주간에 박코스 여신도들의 입교가 있었다. 귀부인들이 돌아가며 사제의 역할을 맡았다. 캄파니아 여자 파쿨라 안니아가 사제를 맡았을 때, 그녀는 신의 뜻이라며 모든 것을 바꾸어 버렸는데, 최초로 남자의 입교를 허락하였는바, 그녀의 아들 미니우스와 헤레니우스 케리니우스가 바로 그들이다. 그녀는 주간 희생제를 야간 희생제로, 매년 3일을 매달 5일로 변경하였다. 이때 이래로 남녀 혼성으로 희생제의가 행해졌고, 여성과 남성의 뒤섞임과 야간의 어둠이 방종을 허락하자, 온갖 악행과 온갖 비행이 저질러졌다. 여성들끼리보다 남성들끼리의 음란행위가 더욱 만연하였다. 만약 누군가가 이런 비행을 거부하고 악행에 염증을 느낄 경우, 이 자는 희생물로 바쳐졌다. 무슨 짓이든 일체 불경으로 간주하지 않는 것 *nihil nefās dūcere*, 이것이 이들에게는 최고의 종교적 경지였다."(리비우스, 『로마사』 39.13.8 이하)

Pentheus

Caput XXIV

Senātūs cōnsultum dē Bacchānālibus(기원전 186년)

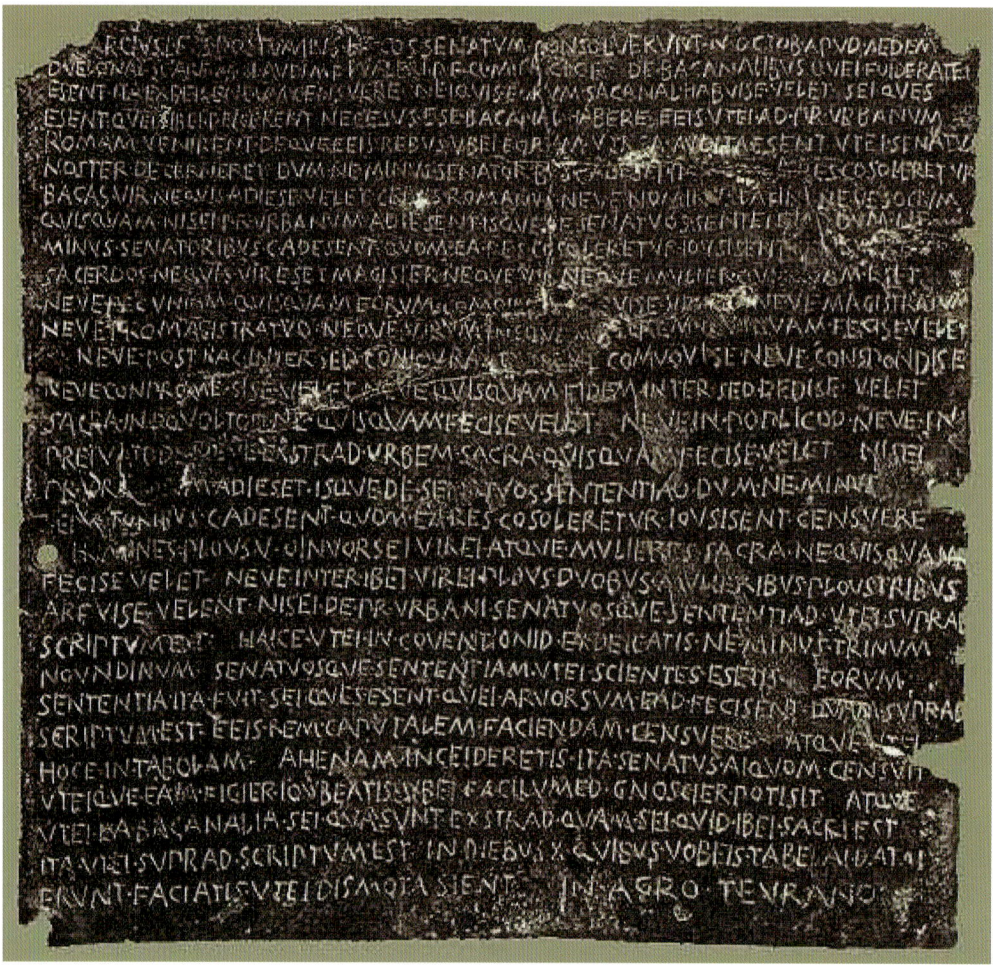

7행   BACAS VIR NEQVIS ADIESE VELET CEIVIS ROMANVS NEVE NOMINVS LATINI NEVE SOCIVM

7행   Bacchās vir nēquis adiisse vellet cīvis Rōmānus nēve nōminis Latīnī nēve sociōrum

Caput XXV POLYXENA

ADAGIA

호라티우스, 〈시학 *Ars poētica*〉 60행 이하

숲이 한 해 한 해 나뭇잎을 따라 변신하듯
옛것은 떨어집니다. 낡은 말들도 사라져가고
새로운 말은 청춘처럼 싱그럽게 꽃을 피웁니다.
우리처럼 우리가 한 일도 세상을 떠납니다.
흙으로 바다를 막아 험한 서풍에서 배를 지킨들,
제왕의 치적, 쪽배나 다닐 한참 쓸모없던 늪지가
인근 도시를 먹이며 무거운 쟁기질을 견뎌 낸들,
추수를 질투하던 강이 나은 길을 배워
물길을 바꾼들, 사람의 일은 소멸하기 마련이고,
생동하던 말의 영광도 우아함도 영원하진 못합니다.

사람의 일이란 소멸하기 마련입니다.
Mortālia facta perībunt.

Fēminae, 기원전 5~4세기, Āpulia

GRAMMATICA LATINA

I. 종속절 : 시간문(temporālis)

1. 접속사 : cum, postquam, antequam, ubī, dum, ut, simul, simulatque, dōnec, quoad 등.

2. cum explicātīvum(cum + 직설법)

   Tē quidem, cum istō animō es, satis laudāre nōn possum.
   In hīs rēbus peccant, cum īgnōrant, ē quibus haec efficiantur.

3. cum temporāle(cum + 직설법)

   Nōn dubitābō operam dāre, ut tē videam, cum id satis commodē facere poterō.
   Nōndum profectus erat praetor, cum haec in Hispāniā gerēbantur.

4. cum inversivum(주절의 과거시제, cum의 완료시제)

   Epistulam tuam legēbam, cum subitō ad mē Postumus vēnit.
   Vixdum satis patēbat iter, cum mīlitēs certātim ruērunt per portam.

5. cum historicum(cum + 접속법; 사건의 내적 연관성)

   Haec cum Crassus dīxisset, silentium est cōnsecūtum.
   Caesarī cum id nūntiātum esset, festīnat ab urbe proficīscī.

6. cum causāle, adversātīvum, concessivum(cum + 접속법)

   Cum vīta sine amīcīs īnsidiārum plēna sit, ratiō ipsa monet amīcitiās comparāre.
   Cum multa sint in philosophiā ūtilia, lātissimē patent, quae dē officiīs tradita sunt.

7. dum + 직설법 현재(절대시제) : 동안에

   Haec dum aguntur, intereā Cleomenēs iam ad lītus pervēnerat.

8. dum + 기타 시제 : 하는 한에서

   Fuit Lacedaemoniōrum gēns fortis, dum Lycūrgī lēgēs vigēbant.

9. dum + 접속법 : (기다림을 표현하는 동사와 함께 기다리는 목적) 할 때까지

   Exspectās fortasse, dum dīcat.
   Nunc Scaevola paulum requiēscet, dum sē calor frangat.

II. 간접화법(ōrātiō oblīqua)

1. 간접화법은 주로 verba dīcendī와 연결된다.

2. 간접화법은 내적 종속이기 때문에 엄격한 시제일치를 지킨다.

3. 주절은 AcI의 형식으로 바꾼다.

4. 주절이 의문문, 명령문이면 접속법을 쓴다.

5. 수사적 의문문은 AcI의 형식을 취한다.

6. 모든 종속절은 접속법으로 바꾼다.

7. 주절의 주어를 지시하는 재귀대명사의 사용에 주의한다.

Dīviciācus locūtus est Galliae tōtius factiōnēs esse duās.

Caesar pollicitus est sibi eam rem cūrae futūram esse.

Docēbat quid esse turpius.

Dīxit mīles sē omnia fēcisse, quae sibi imperāta essent.

Caesar mīlitēs hortātus est, nē ea, quae accidissent, graviter ferrent.

Respōnsum redditur, castrīs sē tenērent sēque ex labōre reficerent.

Respondit dūx mīlitem poenam dedisse, quoniam imperiō nōn pāruisset.

Caesarī ēnūntiātum est Helvētiōs ibī futūrōs esse, ubī ipsōs cōnstituisset.

Praedia di Iulia Felix, Pompeii

Caput XXV

VOCABVLA

Boreās, ae, *m*. 북풍
mulier, eris, *f*. 여인
mūrus, ī, *m*. 성벽
viātor, ōris, *m*. 여행자

assuēfaciō, ere, fēcī, factum 익숙하게 만들다
committō, ere, mīsī, missum 맡기다
cōnsistō, ere, stitī, ― 멈추다
ēlabōrō, āre 정성들여 가공하다
ērumpō, ere, rūpī, ruptum 분출하다, 분출시키다
flōreō, ēre, uī, ― 번영하다
gemō, ere, uī, ― 한탄하다, 울다
pācō, āre 평정하다, 진정시키다
peccō, āre 죄짓다
perferō, ferre, tulī, lātum 견디다, 가져가다
plācō, āre 달래다
redimō, ere, ēmī, ēmptum 되사다
requiēscō, ere, quiēvī, quiētum 쉬다
ruō, ere, ruī, rūtum 달려들다, 쓰러지다
suspicor, ārī 의심하다
vigeō, ēre, uī, ― 번성하다, 건강하다

captīvus, a, um 포로의, 감금된
ēloquēns, entis 말 잘하는
immemor, oris 잊은, 기억하지 않는 (*gen*.)
mōbilis, e 움직이는
muliebris, e 여인의
ūllus, a, um (부정문에서) 전혀 아닌

certātim 경쟁적으로
circiter 주변에, 대략
fortasse 아마도
passim 사방에, 무질서하게
proptereā 때문에
repente 갑자기

scīlicet 당연히, 분명
vixdum 겨우, 간신히

quoad 하는 동안 내내

prope 근처에 (*acc*.)

Herculaneum © Napoli, Museo Archeologico Nazionale

LECTIO : POLYXENA

Trōia ruit et Priamus simul cecidit. Mātrēs iam tractātae palmās ad aethera tendēbant. Sīgna deōrum amplexās succēnsaque templa tenentēs eās victōrēs trahēbant. Iamque viam Boreās suāsit. Clāmāvērunt fēminae et dedērunt ōscula terrae. "Trōia, valē! Rapimur." Agamemnōn classem solvit. Hīc subitō, Achillēs ab Orcō exiit. Ferus ferrō petīvit Agamemnona. "Immemorēs meī discēditis. Nē meum sepulcrum sit sine honōre! Plācet mē mactāta Polyxena!"

Polyxena, fortis et īnfēlīx plūs quam fēmina est, ducta est. Mīlitem stantem ferrumque tenentem vīdit puella aequō animō. "Scīlicet haud ūllī servīre Polyxena poterō. Nōn mea quidem mors, sed vīta gemenda est. Vōs modo īte procul! Lībera egō adībō ad Orcum. Iūsta petō. Vōs manūs removēte! Quisquis is est, quem caede meā plācāre parātis, illī acceptior sanguis līber erit. Sī quōs tamen movent ultima verba mea, Priamī rēgis fīlia, nōn captīva, vōs rogat. Corpus inēmptum mātrī reddite! Māter iūs sepulcrī nōn aurō redimat, sed lacrimīs!" At populus lacrimās, quās illa tenēbat, nōn tenuit. Illa pertulit intrepidum vultum. Tum eī cūra fuit sē vēlāre, cum caderet, et decus pudōris servāre.

『변신이야기』 13. 399~575행

succēnsa 불타버린
ab Orcō 저승세계로부터
immemorēs 기억하지 않는(*gen.*)
mactāta 제물로 바쳐진,
  희생물로 죽인
ad Orcum 저승세계로
inēmptum 몸값을 치르지 못한
intrepidum 겁 없는, 용감한

Puella, Pompeii

Caput XXV

PENSUM

I. 우리말로 옮기시오.

1. Pūblicē maximam putant esse laudem, quam lātissimē ā suīs fīnibus vacāre agrōs.
2. Itaque ūnā ex parte ā Suēbīs circiter mīlia passuum sescenta agrī vacāre dīcuntur.
3. Iī, quōrum cīvitās ampla atque flōrēns est, sunt paulō cēterīs hūmāniōrēs, proptereā quod ipsī Gallicīs mōribus sunt assuēfactī.
4. Hīs dē rēbus Caesar certior factus et īnfirmitātem Gallōrum veritus, quod Gallī sunt in cōnsiliīs capiendīs mōbilēs et plērumque novīs rēbus student, nihil hīs committendum esse exīstimāvit.
5. Est hōc Gallicae cōnsuētūdinis, ut viātōrēs etiam invītōs cōnsistere cōgant, et quid quisque eōrum dē quāque rē audierit aut cognōverit, quaerant.

vacāre 비어 있다
quam lātissimē 가능한 한 넓게
mīlia passuum sescenta agrī 밭의 600리(哩)가
flōrēns → flōreō 번영하다
īnfirmitātem 나약함
veritus → vereor 두려워하다
mōbilēs 변덕스러운
quisque eōrum 여행자들 가운데 각자가(=모두가)

II. 시간절에 주의하여 우리말로 옮기시오.

1. Fuit quoddam tempus, cum in agrīs hominēs passim bēstiārum mōre vagābantur.
2. Hannibal iam subībat mūrōs, cum repente in eum patefactā portā ērumpunt Rōmānī.
3. Sermōnem in multam noctem prōdūximus, cum senex nihil nisī dē Āfricānō loquerētur.
4. Ūnus ex decem, quī paulō post, quam erat ēgressus ē castrīs, redierat, Rōmae remānsit.
5. Membrīs ūtimur, prius quam didicīmus, cuius ūtilitātis causā ea habeāmus.

in multam noctem 밤이 깊을 때까지
cuius 의문형용사

III. 우리말로 옮기시오.

1. Dēmōnstrat Sōcratēs cum Xenophōntis uxōre: "Dīc mihi, quaesō, Xenophōntis uxor, sī vīcīna tua melius habeat aurum, quam tū habeās, utrum illudne an tuum mālīs?" "Illud", inquit. "Quid? Sī vestem et cēterum ornātum muliebrem pretiī māiōris habeat, quam tū habeās, tuumne an illīus mālīs?" Respondit: "Illīus vērō." "Age sīs", inquit, "quid? Sī virum illa meliōrem habeat, quam tū habēs, utrumne tuum virum mālīs an illīus?" Hīc mulier ērubuit.

   sīs = sī vīs 원한다면
   ērubuit → ērubēscō 얼굴을 붉히다

2. Locūtus est prō hīs Dīviciācus: Galliae tōtīus factiōnēs esse duās. Hārum alterius prīncipātum tenēre Haeduōs, alterius Arvernōs. Germānōrum prīmō circiter mīlia XV Rhēnum trānsīsse. Posteāquam agrōs et cultum et cōpiās Gallōrum hominēs ferī adamāvissent, trāductōs plūrēs esse.

   factiō, ōnis, f. 당파
   prīncipātum 패권을
   adamāvissent 몹시 사랑하다

Pompeii © Stefano Bolognini

IV. 시간절에 주의하여 우리말로 옮기시오.

1. Septem diēs sunt, cum hās aedēs nēmō intrāvit.
2. Cicerō, dum cōnsul fuit, lībertātis dēfēnsōrem sē praestitit.
3. Milō in senātū fuit eō diē, quod senātus dīmissus est.
4. Mīlitēs in statiōne manēre dēbent, dum iussa dantur.
5. Priusquam dē praeceptiīs dīcāmus, dīcendum est dē genere ōrātiōnis.
6. Ignis domum tōtam corripuerat, priusquam aqua portārī posset.
7. Tum rēs pūblica nostra nōn erat, cum lēgēs nihil valēbant.
8. Dum cīvitās erit, iūdicia fient.
9. Nōn faciam fīnem rogandī, quoad renūntiātum erit tē id fēcisse.
10. Hoc carmen disce, quoad expeditē possīs prōnūntiāre.

V. 우리말로 옮기시오.

1. Minimum ēripit fortūna, cui minimum dedit.
2. Malē vīvunt, quī sē semper victūrōs putant.
3. Multīs minātur, quī ūnī facit iniūriam.
4. Malum est cōnsilium, quod mūtārī nōn potest.
5. Necessitās ab homine, quae vult, impetrat.

VI. 종속절에 주의하여 라티움어로 옮기시오.

1. 친구들이 없는 삶은 위험으로 가득하기 때문에, 이성은 우정을 갖추라! (comparō)
2. 밤이 되었으므로, 이제 너희는 너희의 집으로 떠나라! (quod)
3. 그 남자에게서 단 하나, 그가 신경질적이라는 것을 비난한다. (nōn quō)
4. 법이 평화의 방법이므로 법을 지켜야 한다고 나는 생각한다. (sed quia; ratiō pācis)
5. 많은 사람의 잘못은 너무 사치스럽게 사는 것이다. (quod)

RES ROMANA : Nōmen

praenōmen, nōmen, cognōmen, cognōmen adoptīvum, agnōmen

I. praenōmen

Aulus (A.), Appius (Ap.), Decimus (D.), Gāius (C.), Gnaeus (Cn.)
Lūcius (L.), Mānius (M'.), Mārcus (M.), Pūblius (P.), Quīntus (Q.)
Servius (Ser.), Sextus (Sex.), Spurius (S.), Tiberius (Ti.), Titus (T.)

II. nōmen(cognōmen)

Aemilius(Barbula, Lepidus, Māmercus, Paullus, Rēgillus, Scaurus)

Caecilius(Cornūtus, Metellus, Rūfus)

Claudius(Mārcellus, Nerō, Pulcher)

Cornēlius(Balbus, Cethēgus, Cinna, Dolābella, Lentulus, Nepōs, Scīpiō, Sulla)

Fabius(Maximus, Pictor)

Iūnius(Brūtus, Scaeva, Sīlānus, Torquātus)

Licinius(Calvus, Crassus, Lūcullus, Mūrēna)

Mūcius(Scaevola)

Semprōnius(Gracchus)

Servīlius(Ahāla, Caepiō)

Sulcipius(Galba, Rūfus)

Terentius(Āfer, Varrō)

Valerius(Flaccus, Messāla, Poplicola)

Caput XXV

III. cognōmen

Brūtus(멍청한) : Mārcus Iūnius Brūtus
Caesar(배 가른) : Gaius Iūlius Caesar
Catō(영리한) : Mārcus Porcius Catō
Cicerō(이집트 콩) : Mārcus Tullius Cicerō
Gracchus(갈까마귀) : Tiberius Semprōnius Gracchus
Scīpiō(지휘봉) : Pūblius Cornēlius Scīpiō Aemiliānus Āfricānus Numantīnus
Mūrēna(곰치) : Lūcius Licinius Mūrēna

가족 잔치, Pompeii

TABVLAE

1. 동사 변화

ind. act.

amō	teneō	dūcō	capiō	audiō
amās	tenēs	dūcis	capis	audīs
amat	tenet	dūcit	capit	audit
amāmus	tenēmus	dūcimus	capimus	audīmus
amātis	tenētis	dūcitis	capitis	audītis
amant	tenent	dūcunt	capiunt	audiunt

amābam	tenēbam	dūcēbam	capiēbam	audiēbam
amābās	tenēbās	dūcēbās	capiēbās	audiēbās
amābat	tenēbat	dūcēbat	capiēbat	audiēbat
amābāmus	tenēbāmus	dūcēbāmus	capiēbāmus	audiēbāmus
amābātis	tenēbātis	dūcēbātis	capiēbātis	audiēbātis
amābant	tenēbant	dūcēbant	capiēbant	audiēbant

amābō	tenēbō	dūcam	capiam	audiam
amābis	tenēbis	dūcēs	capiēs	audiēs
amābit	tenēbit	dūcet	capiet	audiet
amābimus	tenēbimus	dūcēmus	capiēmus	audiēmus
amābitis	tenēbitis	dūcētis	capiētis	audiētis
amābunt	tenēbunt	dūcent	capient	audient

amāvī	tenuī	dūxī	cēpī	audīvī
amāvistī	tenuistī	dūxistī	cēpistī	audīvistī
amāvit	tenuit	dūxit	cēpit	audīvit
amāvimus	tenuimus	dūximus	cēpimus	audīvimus
amāvistis	tenuistis	dūxistis	cēpistis	audīvistis
amāvērunt	tenuērunt	dūxērunt	cēpērunt	audīvērunt

amāveram	tenueram	dūxeram	cēperam	audīveram
amāverās	tenuerās	dūxerās	cēperās	audīverās
amāverat	tenuerat	dūxerat	cēperat	audīverat
amāverāmus	tenuerāmus	dūxerāmus	cēperāmus	audīverāmus
amāverātis	tenuerātis	dūxerātis	cēperātis	audīverātis
amāverant	tenuerant	dūxerant	cēperant	audīverant

amāverō	tenuerō	dūxerō	cēperō	audīverō
amāveris	tenueris	dūxeris	cēperis	audīveris
amāverit	tenuerit	dūxerit	cēperit	audīverit
amāverimus	tenuerimus	dūxerimus	cēperimus	audīverimus
amāveritis	tenueritis	dūxeritis	cēperitis	audīveritis
amāverint	tenuerint	dūxerint	cēperint	audīverint

coni. act.

amem	teneam	dūcam	capiam	audiam
amēs	teneās	dūcās	capiās	audiās
amet	teneat	dūcat	capiat	audiat
amēmus	teneāmus	dūcāmus	capiāmus	audiāmus
amētis	teneātis	dūcātis	capiātis	audiātis
ament	teneant	dūcant	capiant	audiant

amārem	tenērem	dūcerem	caperem	audīrem
amārēs	tenērēs	dūcerēs	caperēs	audīrēs
amāret	tenēret	dūceret	caperet	audīret
amārēmus	tenērēmus	dūcerēmus	caperēmus	audīrēmus
amārētis	tenērētis	dūcerētis	caperētis	audīrētis
amārent	tenērent	dūcerent	caperent	audīrent

amāverim	tenuerim	dūxerim	cēperim	audīverim
amāverīs	tenuerīs	dūxerīs	cēperīs	audīverīs
amāverit	tenuerit	dūxerit	cēperit	audīverit
amāverīmus	tenuerīmus	dūxerīmus	cēperīmus	audīverīmus
amāverītis	tenuerītis	dūxerītis	cēperītis	audīverītis
amāverint	tenuerint	dūxerint	cēperint	audīverint

amāvissem	tenuissem	dūxissem	cēpissem	audīvissem
amāvissēs	tenuissēs	dūxissēs	cēpissēs	audīvissēs
amāvisset	tenuisset	dūxisset	cēpisset	audīvisset
amāvissēmus	tenuissēmus	dūxissēmus	cēpissēmus	audīvissēmus
amāvissētis	tenuissētis	dūxissētis	cēpissētis	audīvissētis
amāvissent	tenuissent	dūxissent	cēpissent	audīvissent

imperatīvum. act. praes.

amā	tenē	dūc(age)	cape	audī
amāte	tenēte	dūcite	capite	audīte

imperatīvum. act. fut.

amātō	tenētō	dūcitō	capitō	audītō
amātō	tenētō	dūcitō	capitō	audītō
amātōte	tenētōte	dūcitōte	capitōte	audītōte
amāntō	tenēntō	dūcuntō	capiuntō	audiuntō

ind. pass.

amor	teneor	dūcor	capior	audior
amāris (-re)	tenēris (-re)	dūceris (-re)	caperis (-re)	audīris (-re)
amātur	tenētur	dūcitur	capitur	audītur
amāmur	tenēmur	dūcimur	capimur	audīmur
amāminī	tenēminī	dūciminī	capiminī	audīminī
amantur	tenentur	dūcuntur	capiuntur	audiuntur
amābar	tenēbar	dūcēbar	capiēbar	audiēbar
amābāris (re)	tenēbāris (re)	dūcēbāris (re)	capiēbāris (re)	audiēbāris (re)
amābātur	tenēbātur	dūcēbātur	capiēbātur	audiēbātur
amābāmur	tenēbāmur	dūcēbāmur	capiēbāmur	audiēbāmur
amābāminī	tenēbāminī	dūcēbāminī	capiēbāminī	audiēbāminī
amābantur	tenēbantur	dūcēbantur	capiēbantur	audiēbantur
amābor	tenēbor	dūcar	capiar	audiar
amāberis (re)	tenēberis (re)	dūcēris (re)	capiēris (re)	audiēris (re)
amābitur	tenēbitur	dūcētur	capiētur	audiētur
amābimur	tenēbimur	dūcēmur	capiēmur	audiēmur
amābiminī	tenēbiminī	dūcēminī	capiēminī	audiēminī
amābuntur	tenēbuntur	dūcentur	capientur	audientur
amātus sum	tentus sum	ductus sum	captus sum	audītus sum
amātus es	tentus es	ductus es	captus es	audītus es
amātus est	tentus est	ductus est	captus est	audītus est
amātī sumus	tentī sumus	ductī sumus	captī sumus	audītī sumus
amātī estis	tentī estis	ductī estis	captī estis	audītī estis
amātī sunt	tentī sunt	ductī sunt	captī sunt	audītī sunt
amātus eram	tentus eram	ductus eram	captus eram	audītus eram
amātus erās	tentus erās	ductus erās	captus erās	audītus erās
amātus erat	tentus erat	ductus erat	captus erat	audītus erat
amātī erāmus	tentī erāmus	ductī erāmus	captī erāmus	audītī erāmus
amātī erātis	tentī erātis	ductī erātis	captī erātis	audītī erātis
amātī erant	tentī erant	ductī erant	captī erant	audītī erant
amātus erō	tentus erō	ductus erō	captus erō	audītus erō
amātus eris	tentus eris	ductus eris	captus eris	audītus eris
amātus erit	tentus erit	ductus erit	captus erit	audītus erit
amātī erimus	tentī erimus	ductī erimus	captī erimus	audītī erimus
amātī eritis	tentī eritis	ductī eritis	captī eritis	audītī eritis
amātī erunt	tentī erunt	ductī erunt	captī erunt	audītī erunt

coni. pass.

amer	tenear	dūcar	capiar	audiar
amēris (re)	teneāris (re)	dūcāris (re)	capiāris (re)	audiāris (re)
amētur	teneātur	dūcātur	capiātur	audiātur
amēmur	teneāmur	dūcāmur	capiāmur	audiāmur
amēminī	teneāminī	dūcāminī	capiāminī	audiāminī
amentur	teneantur	dūcantur	capiantur	audiantur

amārer	tenērer	dūcerer	caperer	audīrer
amārēris (re)	tenērēris (re)	dūcerēris (re)	caperēris (re)	audīrēris (re)
amārētur	tenērētur	dūcerētur	caperētur	audīrētur
amārēmur	tenērēmur	dūcerēmur	caperēmur	audīrēmur
amārēminī	tenērēminī	dūcerēminī	caperēminī	audīrēminī
amārentur	tenērentur	dūcerentur	caperentur	audīrentur

amātus sim	tentus sim	ductus sim	captus sim	audītus sim
amātus sīs	tentus sīs	ductus sīs	captus sīs	audītus sīs
amātus sit	tentus sit	ductus sit	captus sit	audītus sit
amātī sīmus	tentī sīmus	ductī sīmus	captī sīmus	audītī sīmus
amātī sītis	tentī sītis	ductī sītis	captī sītis	audītī sītis
amātī sint	tentī sint	ductī sint	captī sint	audītī sint

amātus essem	tentus essem	ductus essem	captus essem	audītus essem
amātus essēs	tentus essēs	ductus essēs	captus essēs	audītus essēs
amātus esset	tentus esset	ductus esset	captus esset	audītus esset
amātī essēmus	tentī essēmus	ductī essēmus	captī essēmus	audītī essēmus
amātī essētis	tentī essētis	ductī essētis	captī essētis	audītī essētis
amātī essent	tentī essent	ductī essent	captī essent	audītī essent

imperatīvum pass. praes.(실제로는 못 갖춘 동사에서만 존재함)

| amāre | tenēre | dūcere | capere | audīre |
| amāminī | tenēminī | dūciminī | capiminī | audīminī |

imperatīvum pass. fut.

amātor	tenētor	dūcitor	capitor	audītor
amātor	tenētor	dūcitor	capitor	audītor
amāntor	tenēntor	dūcuntor	capiuntor	audiuntor

inf.

amāre	tenēre	dūcere	capere	audīre
amāvisse	tenuisse	dūxisse	cēpisse	audīvisse
amātūrus esse	tentūrus esse	ductūrus esse	captūrus esse	audītūrus esse
amārī	tenērī	dūcī	capī	audīrī
amātus esse	tentus esse	ductus esse	captus esse	audītus esse
amātum īrī	tentum īrī	ductum īrī	captum īrī	audītum īrī

불규칙 동사

ind.

volō	nōlō	mālō	sum	possum
vīs	nōn vīs	māvīs	es	potes
vult	nōn vult	māvult	est	potest
volumus	nōlumus	mālumus	sumus	possumus
vultis	nōn vultis	māvultis	estis	potestis
volunt	nōlunt	mālunt	sunt	possunt
volēbam	nōlēbam	mālēbam	eram	poteram
volēbās	nōlēbās	mālēbās	erās	poterās
volēbat	nōlēbat	mālēbat	erat	poterat
volēbāmus	nōlēbāmus	mālēbāmus	erāmus	poterāmus
volēbātis	nōlēbātis	mālēbātis	erātis	poterātis
volēbant	nōlēbant	mālēbant	erant	poterant
volam	nōlam	mālam	erō	poterō
volēs	nōlēs	mālēs	eris	poteris
volet	nōlet	mālet	erit	poterit
volēmus	nōlēmus	mālēmus	erimus	poterimus
volētis	nōlētis	mālētis	eritis	poteritis
volent	nōlent	mālent	erunt	poterunt
voluī	nōluī	māluī	fuī	potuī
voluistī	nōluistī	māluistī	fuistī	potuistī
voluit	nōluit	māluit	fuit	potuit
voluimus	nōluimus	māluimus	fuimus	potuimus
voluistis	nōluistis	māluistis	fuistis	potuistis
voluērunt	nōluērunt	māluērunt	fuērunt	potuērunt

volueram	nōlueram	mālueram	fueram	potueram
voluerās	nōluerās	māluerās	fuerās	potuerās
voluerat	nōluerat	māluerat	fuerat	potuerat
voluerāmus	nōluerāmus	māluerāmus	fuerāmus	potuerāmus
voluerātis	nōluerātis	māluerātis	fuerātis	potuerātis
voluerant	nōluerant	māluerant	fuerant	potuerant
voluerō	nōluerō	māluerō	fuerō	potuerō
volueris	nōlueris	mālueris	fueris	potueris
voluerit	nōluerit	māluerit	fuerit	potuerit
voluerimus	nōluerimus	māluerimus	fuerimus	potuerimus
volueritis	nōlueritis	mālueritis	fueritis	potueritis
voluerint	nōluerint	māluerint	fuerint	potuerint

coni.

velim	nōlim	mālim	sim	possim
velīs	nōlīs	mālīs	sīs	possīs
velit	nōlit	mālit	sit	possit
velīmus	nōlīmus	mālīmus	sīmus	possīmus
velītis	nōlītis	mālītis	sītis	possītis
velint	nōlint	mālint	sint	possint
vellem	nōllem	māllem	essem	possem
vellēs	nōllēs	māllēs	essēs	possēs
vellet	nōllet	māllet	esset	posset
vellēmus	nōllēmus	māllēmus	essēmus	possēmus
vellētis	nōllētis	māllētis	essētis	possētis
vellent	nōllent	māllent	essent	possent
voluerim	nōluerim	māluerim	fuerim	potuerim
voluerīs	nōluerīs	māluerīs	fuerīs	potuerīs
voluerit	nōluerit	māluerit	fuerit	potuerit
voluerīmus	nōluerīmus	māluerīmus	fuerīmus	potuerimus
voluerītis	nōluerītis	māluerītis	fuerītis	potuerītis
voluerint	nōluerint	māluerint	fuerint	potuerint
voluissem	nōluissem	māluissem	fuissem	potuissem
voluissēs	nōluissēs	māluissēs	fuissēs	potuissēs
voluisset	nōluisset	māluisset	fuisset	potuisset
voluissēmus	nōluissēmus	māluissēmus	fuissēmus	potuissēmus
voluissētis	nōluissētis	māluissētis	fuissētis	potuissētis
voluissent	nōluissent	māluissent	fuissent	potuissent

imperatīvum. praes.

| — | nōlī | — | es(estō) | — |
| — | nōlīte | — | este | — |

inf.

| velle | nōlle | mālle | esse | posse |
| voluisse | nōluisse | māluisse | fuisse | potuisse |

불규칙 동사

ind.

eō	fīō	ferō	feror
īs	fīs	fers	ferris (re)
it	fit	fert	fertur
īmus	fīmus	ferimus	ferimur
ītis	fītis	fertis	feriminī
eunt	fīunt	ferunt	feruntur
ībam	fīēbam	ferēbam	ferēbar
ībās	fīēbās	ferēbās	ferēbāris (re)
ībat	fīēbat	ferēbat	ferēbātur
ībāmus	fīēbāmus	ferēbāmus	ferēbāmur
ībātis	fīēbātis	ferēbātis	ferēbāminī
ībant	fīēbant	ferēbant	ferēbantur
ībō	fīam	feram	ferar
ībis	fīēs	ferēs	ferēris (re)
ībit	fīet	feret	ferētur
ībimus	fīēmus	ferēmus	ferēmur
ībitis	fīētis	ferētis	ferēminī
ībunt	fīent	ferent	ferentur
iī, īvī	factus sum	tulī	lātus sum
īstī	factus es	tulistī	lātus es
iit	factus est	tulit	lātus est
iimus	factī sumus	tulimus	lātī sumus
īstis	factī estis	tulistis	lātī estis
iērunt	factī sunt	tulērunt	lātī sunt

ieram	factus eram	tuleram	lātus eram
ierās	factus erās	tulerās	lātus erās
ierat	factus erat	tulerat	lātus erat
ierāmus	factī erāmus	tulerāmus	lātī erāmus
ierātis	factī erātis	tulerātis	lātī erātis
ierant	factī erant	tulerant	lātī erant
ierō	factus erō	tulerō	lātus erō
ieris	factus eris	tuleris	lātus eris
ierit	factus erit	tulerit	lātus erit
ierimus	factī erimus	tulerimus	lātī erimus
ieritis	factī eritis	tuleritis	lātī eritis
ierint	factī erunt	tulerint	lātī erunt

coni.

eam	fīam	feram	ferar
eās	fīās	ferās	ferāris (-re)
eat	fīat	ferat	ferātur
eāmus	fīāmus	ferāmus	ferāmur
eātis	fīātis	ferātis	ferāminī
eant	fīant	ferant	ferantur
īrem	fierem	ferrem	ferrer
īrēs	fierēs	ferrēs	ferrēris (-re)
īret	fieret	ferret	ferrētur
īrēmus	fierēmus	ferrēmus	ferrēmur
īrētis	fierētis	ferrētis	ferrēminī
īrent	fierent	ferrent	ferrentur
ierim	factus sim	tulerim	lātus sim
ierīs	factus sīs	tulerīs	lātus sīs
ierit	factus sit	tulerit	lātus sit
ierīmus	factī sīmus	tulerīmus	lātī sīmus
ierītis	factī sītis	tulerītis	lātī sītis
ierint	factī sint	tulerint	lātī sint
īssem	factus essem	tulissem	lātus essem
īssēs	factus essēs	tulissēs	lātus essēs
īsset	factus esset	tulisset	lātus esset
īssēmus	factī essēmus	tulissēmus	lātī essēmus
īssētis	factī essētis	tulissētis	lātī essētis
īssent	factī essent	tulissent	lātī essent

imperatīvum. praes.

ī	fī	fer	—
īte	fīte	ferte	—

inf.

īre	fierī	ferre	—
ī(vi)sse	—	tulisse	—
itūrus esse	—	lātūrus esse	—
īrī	—	—	ferrī
—	factus esse	—	lātus esse
—	factum īrī	—	lātum īrī

2. 명사 변화

bēstia, ae, *f.*

bēstia	bēstiae
bēstiae	bēstiārum
bēstiae	bēstiīs
bēstiam	bēstiās
bēstiā	bēstiīs

nauta, ae, *m.*

nauta	nautae
nautae	nautārum
nautae	nautīs
nautam	nautās
nautā	nautīs

amīcus, ī, *m.*

amīcus	amīcī
amīcī	amīcōrum
amīcō	amīcīs
amīcum	amīcōs
amīcō	amīcīs

dōnum, ī, *n.*

dōnum	dōna
dōnī	dōnōrum
dōnō	dōnīs
dōnum	dōna
dōnō	dōnīs

liber, brī, *m.*

liber	librī
librī	librōrum
librō	librīs
librum	librōs
librō	librīs

puer, puerī, *m.*

puer	puerī
puerī	puerōrum
puerō	puerīs
puerum	puerōs
puerō	puerīs

dux, ducis, *m.*

dux	ducēs
ducis	ducum
ducī	ducibus
ducem	ducēs
duce	ducibus

lībertas, ātis, *f.*

lībertās	lībertātēs
lībertātis	lībertātum
lībertātī	lībertātibus
lībertātem	lībertātēs
lībertāte	lībertātibus

homō, inis, *m.*

homō	hominēs
hominis	hominum
hominī	hominibus
hominem	hominēs
homine	hominibus

tempus, oris, *n.*

tempus	tempora
temporis	temporum
temporī	temporibus
tempus	tempora
tempore	temporibus

cīvis, is, *m*.

cīvis	cīvēs
cīvis	cīvium
cīvī	cīvibus
cīvem	cīvēs
cīve	cīvibus

aedēs, is, *f*.

aedēs	aedēs
aedis	aedium
aedī	aedibus
aedem	aedēs
aede	aedibus

※ iuvenis, canis, sēdēs, ambagēs(*pl*.)는 예외적으로 *gen. pl*. iuvenum, canum, sēdum

pars, partis, *f*.

pars	partēs
partis	partium
partī	partibus
partem	partēs
parte	partibus

dēns, dēntis, *m*.

dēns	dentēs
dentis	dentium
dentī	dentibus
dentem	dentēs
dente	dentibus

※ parentēs, māter, pater, frāter는 예외적으로 *gen. pl*. parentum, mātrum, patrum, frātrum
※ imber, linter, uter, venter는 *gen. pl*. -ium

animal, alis, *n*.

animal	animālia
animālis	animālium
animālī	animālibus
animal	animālia
animālī	animālibus

mare, is, *n*.

mare	maria
maris	marium
marī	maribus
mare	maria
marī	maribus

turris, is, *f*.

turris	turrēs
turris	turrium
turrī	turribus
turrim	turrīs(-ēs)
turrī	turribus

불규칙

Iuppiter	senex	bos	iter	vīs	vās	
Iovis	senis	bovis	itineris		vāsis	opis
Iovī	senī	bovī	itinerī		vāsī	
Iovem	senem	bovem	iter	vim	vās	opem
Iove	sene	bove	itinere	vī	vāse	ope
	senēs	bovēs	itinera	vīrēs	vāsa	opēs
	senum	boum	itinerum	vīrium	vāsōrum	opum
	senibus	bōbus	itineribus	vīribus	vāsis	opibus
	senēs	bovēs	itinera	vīrēs	vāsa	opēs
	senibus	bōbus	itineribus	vīribus	vāsis	opibus

versus, ūs, m.

versus	versūs
versūs	versuum
versuī	versibus
versum	versūs
versū	versibus

manus, ūs, f.

manus	manūs
manūs	manuum
manuī	manibus
manum	manūs
manū	manibus

cornū, ūs, n.

cornū	cornua
cornūs	cornuum
cornū	cornibus
cornū	cornua
cornū	cornibus

rēs, reī, f.

rēs	rēs
reī	rērum
reī	rēbus
rem	rēs
rē	rēbus

diēs, diēī, f./m.

diēs	diēs
diēī	diērum
diēī	diēbus
diem	diēs
diē	diēbus

3. 형용사 변화

bonus	bonī	bona	bonae	bonum	bona
bonī	bonōrum	bonae	bonārum	bonī	bonōrum
bonō	bonīs	bonae	bonīs	bonō	bonīs
bonum	bonōs	bonam	bonās	bonum	bona
bonō	bonīs	bonā	bonīs	bonō	bonīs

※ līber, lībera, līberum; piger, pigra, pigrum

celer	celerēs	celeris	celerēs	celere	celeria
celeris	celerium	celeris	celerium	celeris	celerium
celerī	celeribus	celerī	celeribus	celerī	celeribus
celerem	celerēs	celerem	celerēs	celere	celeria
celerī	celeribus	celerī	celeribus	celerī	celeribus

dulcis	dulcēs	dulce	dulcia
dulcis	dulcium	dulcis	dulcium
dulcī	dulcibus	dulcī	dulcibus
dulcem	dulcēs	dulce	dulcia
dulcī	dulcibus	dulcī	dulcibus

sapiēns	sapientēs	sapiēns	sapientia
sapientis	sapientium	sapientis	sapientium
sapientī	sapientibus	sapientī	sapientibus
sapientem	sapientēs	sapiēns	sapientia
sapientī	sapientibus	sapientī	sapientibus

dulcior	dulciōrēs	dulcius	dulciōra
dulciōris	dulciōrum	dulciōris	dulciōrum
dulciōrī	dulciōribus	dulciōrī	dulciōribus
dulciōrem	dulciōrēs	dulcius	dulciōra
dulciōre	dulciōribus	dulciōre	dulciōribus

※ vetus, veteris; pauper, pauperis; particeps, participis; princeps, principis; dīves, dīvitis

불규칙 형용사

sōlus	sōla	sōlum	alius	alia	aliud
sōlīus	sōlīus	sōlīus	alterīus	alterīus	alterīus
sōlī	sōlī	sōlī	alterī	alterī	alterī
sōlum	sōlam	sōlum	alium	aliam	aliud
sōlō	sōlā	sōlō	aliō	aliā	aliō
sōlī	sōlae	sōla	aliī	aliae	alia
sōlōrum	sōlārum	sōlōrum	aliōrum	aliārum	aliōrum
sōlīs	sōlīs	sōlīs	aliīs	aliīs	aliīs
sōlōs	sōlās	sōla	aliōs	aliās	alia
sōlīs	sōlīs	sōlīs	aliīs	aliīs	aliīs

※ ūnus, a, um; alter, altera, alterum; tōtus, a, um; ūllus, a, um; nūllus, a, um; (ne)uter, utra, utrum

형용사 비교

longus, a, um	longior, ius	longissimus, a, um
fortis, e	fortior, ius	fortissimus, a, um
fēlīx	fēlīcior, ius	fēlīcissimus, a, um
pulcher, chra, chrum	pulchrior, ius	pulcherrimus, a, um
miser, era, erum	miserior, ius	miserrimus, a, um
ācer, āris, ācre	ācrior, ius	ācerrimus, a, um
bonus, a, um	melior, ius	optimus, a, um
malus, a, um	peior, ius	pessimus, a, um
magnus, a, um	māior, ius	maximus, a, um
parvus, a, um	minor, minus	minimus, a, um
multus, a, um	—, plūs(plūrēs, plūra)	plūrimus, a, um
superus, a, um	superior, ius	summus, a, um(suprēmus)
—	prior, ius	prīmus, a, um

4. 대명사 변화

인칭대명사

egō	tū	
meī	tuī	
mihi	tibi	
mē	tē	
mē	tē	
nōs	vōs	
nostrum	vestrum	
nostrī	vestrī	
nōbīs	vōbīs	
nōs	vōs	
nōbīs	vōbīs	

지시대명사

is	ea	id
eius	eius	eius
eī	eī	eī
eum	eam	id
eō	eā	eō
iī, eī	eae	ea
eōrum	eārum	eōrum
iīs (eīs)	iīs (eīs)	iīs (eīs)
eōs	eās	ea
iīs (eīs)	iīs (eīs)	iīs (eīs)

재귀대명사

suī
sibi
sē
sē
suī
sibi
sē
sē

※ 1인칭과 2인칭대명사는 주격을 제외하고, 재귀대명사로 쓰인다.

관계대명사와 의문대명사

quī	quae	quod	quis	quis	quid
cuius	cuius	cuius	cuius	cuius	cuius
cui	cui	cui	cui	cui	cui
quem	quam	quod	quem	quem	quid
quō	quā	quō	quō	quā	quō
quī	quae	quae	quī	quae	quae
quōrum	quārum	quōrum	quōrum	quārum	quōrum
quibus	quibus	quibus	quibus	quibus	quibus
quōs	quās	quae	quōs	quās	quae
quibus	quibus	quibus	quibus	quibus	quibus

※ 관계대명사는 의문대명사로 쓰인다. quis는 의문형용사로도 쓰인다.

지시대명사

hic	haec	hoc	ille	illa	illud
huius	huius	huius	illīus	illīus	illīus
huic	huic	huic	illī	illī	illī
hunc	hanc	hoc	illum	illam	illud
hōc	hāc	hōc	illō	illā	illō
hī	hae	haec	illī	illae	illa
hōrum	hārum	hōrum	illōrum	illārum	illōrum
hīs	hīs	hīs	illīs	illīs	illīs
hōs	hās	haec	illōs	illās	illa
hīs	hīs	hīs	illīs	illīs	illīs
ipse	ipsa	ipsum			
ipsīus	ipsīus	ipsīus			
ipsī	ipsī	ipsī			
ipsum	ipsam	ipsum			
ipsō	ipsā	ipsō			
ipsī	ipsae	ipsa			
ipsōrum	ipsārum	ipsōrum			
ipsīs	ipsīs	ipsīs			
ipsōs	ipsās	ipsa			
ipsīs	ipsīs	ipsīs			
iste	ista	istud	īdem	eadem	idem
istīus	istīus	istīus	eiusdem	eiusdem	eiusdem
istī	istī	istī	eīdem	eīdem	eīdem
istum	istam	istud	eundem	eandem	idem
istō	istā	istō	eōdem	eādem	eōdem
istī	istae	ista	(i)īdem	eaedem	eadem
istōrum	istārum	istōrum	eōrundem	eārundem	eōrundem
istīs	istīs	istīs	iīsdem	iīsdem	iīsdem
istōs	istās	ista	eōsdem	easdem	eadem
istīs	istīs	istīs	iīsdem	iīsdem	iīsdem

5. 수사

I ūnus, a, um	prīmus, a, um	semel
II duo, duae, duo	secundus, a, um	bis
III trēs, tria	tertius, a, um	ter
IV quattuor	quārtus, a, um	quater
V quīnque	quīntus, a, um	quīnquiēs
VI sex	sextus, a, um	sexiēs
VII septem	septimus, a, um	septiēs
VIII octō	octāvus, a, um	octiēs
IX novem	nōnus, a, um	noviēs
X decem	decimus, a, um	deciēs
XI ūndecim	ūndecimus, a, um	undeciēs
XII duodecim	duodecimus, a, um	duodeciēs
XIII tredecim	tertius decimus	ter deciēs
XIV quattuordecim	quārtus decimus	quater deciēs
XV quīndecim	quīntus decimus	quīnquiēs deciēs
XVI sēdecim	sextus decimus	sexiēs deciēs
XVII septendecim	septimus decimus	septiēs deciēs
XVIII duodēvīgintī	duodēvīcēsimus	duodēviciēs
XIX ūndēvīgintī	ūndēvīcēsimus	ūndēviciēs
XX vīgintī	vīcēsimus	viciēs
XXI vīgintī ūnus, ūnus et vīgintī	vīcēsimus prīmus	semel viciēs
XXX trīgintā	trīcēsimus	trīciēs
XL quadrāgintā	quadrāgēsimus	quadrāgiēs
L quīnquāgintā	quīnquāgēsimus	quīnquāgiēs
LX sexāgintā	sexāgēsimus	sexāgiēs
LXX septuāgintā	septuāgēsimus	septuāgiēs
LXXX octōgintā	octōgēsimus	octōgiēs
XC nōnāgintā	nōnāgēsimus	nōnāgiēs
C centum	centēsimus	centiēs
CC ducentī, ae, a	duocentēsimus	ducentiēs
CCC trecentī, ae, a	trecentēsimus	trecentiēs
CCCC quadringentī, ae, a	quadringentēsimus	quadringentiēs
D quīngentī, ae, a	quīngentēsimus	quīngentiēs
DC sescentī, ae, a	sescentēsimus	sescentiēs
DCC septingentī, ae, a	septingentēsimus	septingentiēs
DCCC octingentī, ae, a	octingentēsimus	octingentiēs
DCCCC nōngentī, ae, a	nōngentēsimus	nōngentiēs
M mīlle	mīllēsimus	mīliēs
MM duo mīlia	bis mīllēsimus	bis mīliēs

1. ūnus, duo, trēs는 격변화 한다.
2. 4~100까지는 격변화하지 않는다.
3. 백 단위 : 200~900은 격변화 한다.
4. 천 단위 : 1000은 격변화하지 않고 2000부터 격변화 한다.

ūnus	ūna	ūnum	duo	duae	duo	trēs	tria
ūnīus	ūnīus	ūnīus	duōrum	duārum	duōrum	trium	trium
ūnī	ūnī	ūnī	duōbus	duābus	duōbus	tribus	tribus
ūnum	ūnam	ūnum	duōs	duās	duo	trēs	tria
ūnō	ūnā	ūnō	duōbus	duābus	duōbus	tribus	tribus

VOCABVLA

※ 어휘 설명 끝의 숫자는 단어가 처음 나오는 과를 가리킨다.

A

ā, ab, abs (전) 로부터, 에 의하여(*abl.*) 1
abeō, īre, iī, itum 떠나다 14
abstineō, ēre, tinuī, tentum 멀리하다(*abl.*)
absum, abesse, āfuī, — 멀리 있다, 없다 9
abundō, āre 풍부하다, 넘쳐흐르다 19
abdō, ere, didī, ditum 치우다, 숨기다 7
ac → atque
accēdō, ere, cessī, cessum 다가가다, 많아지다 10
accidō, ere, cidī, — 떨어지다, 발생하다 9
accipiō, ere, cēpī, ceptum 받다 20
accurrō, ere, currī, cursum 달려가다 9
accūsō, āre 고발하다 17
ācer, ācris, ācre 뾰족한, 매운 6
aciēs, ēī, *f.* 전선(戰線) 22
acquīrō, ere, quīsīvī, quīsītum 얻다, 획득하다
Actaeōn, onis, *m.* 악타이온 9
acus, ūs, *f.* 침, 바늘
acūtus, a, um 날카로운, 신랄한 8
ad (전) 로, 근처에(*acc.*) 2
addō, ere, didī, ditum 더하다, 보태다 17
addūcō, ere, dūxī, ductum 이끌다, 소환하다
adeō (부) 그토록, 그때까지 15
adeō, īre, iī, itum 찾아가다, 방문하다 6
adhibeō, ēre, buī, bitum 사용하다, 드러내다 13
adhūc 아직까지, 여태 6
adigō, ere, ēgī, āctum 밀다, 박다
adimō, ere, ēmī, ēmptum 빼앗다(*alci alqd*) 21

adiungō, ere, iūnxī, iūnctum 결합하다
administrō, āre 관리하다, 보살피다 10
admīrābilis, e 놀라운 15
admīror, ārī 경탄하다, 감탄하다 12
admittō, ere, mīsī, missum 승낙하다
admoveō, ēre, mōvī, mōtum 일으키다, 이동시키다 19
adōrō, āre 간구하다, 기도하다
adulēscēns, entis 젊은 15
adulēscentia, ae, *f.* 청춘, 청년 13
advehō, ere, vēxī, vectum 옮기다, 운반하다 13
advena, ae, *m.* 외국인
adveniō, īre, vēnī, ventum 도착하다 11
adventus, ūs, *m.* 도착 16
adversus (전) 반하여(*acc.*) 18
adversus, a, um 불리한, 적대적인, 향해 있는 13
advocō, āre 호출하다 5
aedēs, is, *f.* 신전, 주택 8
aedificium, ī, *n.* 건물 5
aeger, gra, grum 병든, 아픈
aemula, ae, f. (여자) 경쟁자 5
aemulus, ī, *m.* 경쟁자
Aenēās, ae, *m.* 아이네아스 8
aequē (부) 같게, 공정하게
aequor, oris, *n.* 평면, 수면, 평원
aequus, a, um 공평한, 동등한, 평평한 12
āēr, āeris, *m.* 공기
aestās, ātis, *f.* 여름 19
aestimō, āre 평가하다 18
aestus, ūs, *m.* 더위 13
aetās, ātis, *f.* 세월, 시간 8
aeternus, a, um 영원한 7

aethēr, eris, *m.* 하늘 (*acc.* aethera) 12
affectus, ūs, *m.* 감정, 걱정 20
Āfrica, ae, *f.* 아프리카 2
affor, ārī 말을 걸다 17
Agamemnōn, onis, *m.* 아가멤논 21
age (감탄) 자, 그래 21
ager, agrī, *m.* 밭, 토지 3
agō, ere, ēgī, āctum 행하다 7
agricola, ae, *m.* 농부 1
Āiāx, ācis, *m.* 아약스 24
āiō 말하다(오직 ais, ait, āiunt 등) 17
āla, ae, *f.* 날개 16
albus, a, um 하얀 12
ālea, ae, *f.* 주사위 1
Alcyonē, ēs, *f.* 아이올로스의 딸 19
aliēnus, a, um 남의, 타향의, 외국의 8
aliquantum (부명) 상당량 19
aliquis, (a), id (부명) 어떤 사람, 어떤 무엇 12
alius, a, ud 다른 17
alō, ere, aluī, altum 키우다 24
almus, a, um 생명의, 다산의
Alphēos, ī, *m.* 알페오스 13
alter, era, erum 둘 중 하나의 8
altus, a, um 깊은, 높은 13
ambō, ae, ō 양쪽의
ambulō, āre 걷다, 여행하다 2
amīca, ae, *f.* (여성) 친구
amīcitia, ae, *f.* 우정 7
amīcus, ī, *m.* 친구 3
āmittō, ere, mīsī, missum 멀리 보내다, 잃다 20
amō, āre 사랑하다 5
amor, ōris, *m.* 사랑 6
amplector, plectī, plexus sum 안다 19
amplus, a, um 넓은, 훌륭한, 위대한 19

an (의접) 인가? 15
ancilla, ae, *f.* 하녀 4
anhēlō, āre 숨 쉬다 20
anima, ae, *f.* 숨결, 영혼 3
animal, ālis, *n.* 동물 10
animus, ī, *m.* 마음, 정신, 영혼 3
annuō, ere, uī, — (고개를) 끄덕이다 23
annus, ī, *m.* 일 년 10
annuus, a, um 일 년의, 해마다의 23
ānser, eris, *m.* 거위 14
ante (부) 전에, 앞에 19
ante (전) 전에, 앞에(*acc.*) 14
anteā (부) 전에, 일찍이
antepōnō, ere, posuī, positum 앞세우다 8
antequam (접) 하기 전에 19
antiquus, a, um 오래된 13
antrum, ī, *n.* 동굴 11
ānus, ī, *m.* 반지, 항문
anus, ūs, *f.* 노파 14
aper, aprī, *m.* 멧돼지 21
aperiō, īre, ruī, rtum 열다
Apollō, inis, *m.* 아폴로 6
appāret (비인) 분명하다(*inf.*) 10
appellō, āre 부르다 8
apportō, āre 운반하다 5
aptus, a, um 알맞은(ad *alqd* / *alci*) 16
apud (전) 에서, 집에서(*acc.*) 8
aqua, ae, *f.* 물 2
aquila, ae, *f.* 독수리 1
āra, ae, *f.* 제단 2
Arachnē, ēs, *f.* 아라크네 5
arānea, ae, *f.* 거미 5
arātrum, ī, *n.* 쟁기 20
arbiter, trī, *m.* 판별자, 주재자

arbitrium, ī, *n.* 판단, 중재, 자유재량 22
arbitror, ārī 판단하다 25
arbor, oris, *f.* 나무 6
Arcadia, ae, *f.* 아르카디아 10
arceō, ēre, cuī, — 막다, 금하다 8
arcus, ūs, *m.* 활, 궁륭 21
ārdeō, ēre, ārsī, ārsum 불타다 11
ārdor, ōris, *m.* 불꽃 20
arduus, a, um 가파른 7
Arethūsa, ae, *f.* 아레투사 13
argentum, ī, *n.* 은, 은화
arma, ōrum, *n. pl.* 무기 3
armātus, a, um 무장한 14
armō, āre 무장시키다 23
arō, āre (밭을) 갈다 20
arripiō, ere, ripuī, arreptum 잡아당기다, 잡다 22
ars, artis, *f.* 기술, 예술, 학문 8
artus, a, um 좁은, 밀접한
artus, ūs, *m.* 관절, 몸, 부분 15
arx, arcis, *f.* 성채 23
Ascanius, ī, *m.* 아스카니우스
ascendō, ere, scendī, scēnsum 올라가다
Asia, ae, *f.* 아시아 2
asper, era, erum 거친, 모진
aspiciō, ere, spexī, spectum 쳐다보다 23
assentiō, īre, sēnsī, sēnsum 동의하다
assentior, īrī, sensus sum 동의하다
assuēfaciō, ere, fēcī, factum 익숙하게 만들다 25
assum, adesse, affuī(adfuī), — 나타나다, 앞에 서다 21
astrum, ī, *n.* 별 3
at (접) 그런데 6

āter, ātra, ātrum 검은 6
Athēnae, ārum, *f. pl.* 아테네 2
Atlās, antis, *m.* 아틀라스 8
atque (접) 그리고 10
ātrium, ī, *n.* 현관 15
atrōx, ōcis 포악한, 거친
attendō, ere, dī, tum 주목하다
attonitus, a, um 놀란, 얼빠진 10
auctor, ōris, *m.* 제작자, 보호자, 시조 8
auctōritās, ātis, *f.* 위엄 14
audācia, ae, *f.* 만용, 무모함 5
audāx, ācis 대담한, 무모한
audeō, ēre, ausus sum 감히…하다(*inf.*) 4
audiō, īre, īvī, ītum 듣다 7
audītor, ōris, *m.* 청자, 학생
auferō, auferre, abstulī, ablātum 빼앗다, 데려가다 14
augeō, ēre, auxī, auctum 늘리다
augēscō, ere, auxī, — 커지다, 자라나다
aura, ae, *f.* 바람, 공기 1
aureus, a, um 황금의 20
auris, is, *f.* 귀
aurum, ī, *n.* 황금, 돈 22
aut (접) 혹은 9
autem (접) 하지만 6
auxilium, ī, *n.* 도움 14
avāritia, ae, *f.* 탐욕 16
avārus, a, um 탐욕스러운 15
āvia, ōrum, *n.* 황야, 외진 곳 7
avidus, a, um 열망하는(*alcis*) 22
avis, is, *f.* 새
āvius, a, um 길에서 벗어난 7
avunculus, ī, *m.* 외삼촌 21
avus, ī, *m.* 할아버지 8

axis, is, *m.* 축 8

B
bāca, ae, *f.* 진주 15
balneae, ārum, *f. pl.* 목욕탕 10
barba, ae, *f.* 턱수염 3
beātus, a, um 행복한, 유복한 10
bellum, ī, *n.* 전쟁 3
bene (부) 잘, 좋게 5
beneficium, ī, *n.* 호의, 은혜 16
benevolentia, ae, *f.* 호의, 친절 16
bēstia, ae, *f.* 짐승 7
bibō, ere, bibī, — 마시다 11
biennium, ī, *n.* 2년 22
bīnī, ae, a 둘씩, 한 쌍의 16
bis (부) 두 번, 두 배로 19
blanditia, ae, *f.* 아첨, 아양 15
bonus, a, um 착한, 선한, 좋은 4
Boreās, ae, *m.* 북풍 25
bra(c)chium, ī, *n.* 상박, 팔 11
brevis, e 짧은 17
brevitās, ātis, *f.* 짧음 17
brūma, ae, *f.* 동지
bustum, ī, *n.* 화장터
Byblis, idis, *f.* 뷔블리스 (*acc.* Byblida) 18

C
cadō, ere, cecidī, — 떨어지다 8
caecus, a, um 눈먼, 어두운 10
caedēs, is, *f.* 죽음 9
caedō, caedere, cecīdī, caesum 자르다 13
caelum, ī, *n.* 하늘 7
calcar, āris, *n.* 박차 10
calculus, ī, *m.* 자갈 13

caleō, ēre, uī, — 뜨겁다 16
calidus, a, um 따뜻한, 열정적인
cālīgō, inis, *f.* 어둠, 안개
callidus, a, um 영리한, 현명한 23
campus, ī, *m.* 연병장, 들판 17
candidus, a, um 순백의, 눈부신 16
canis, is, *m./f.* 개 (*pl. gen.* canum) 9
canō, ere, cecinī, cantātum 노래하다 3
cantō, āre 노래하다 16
capella, ae, *f.* 산양 12
capillus, ī, *m.* 머리카락 6
capiō, ere, cēpī, captum 잡다 16
captīvus, a, um 포로의, 감금된 25
captō, āre 잡으려하다 12
caput, itis, *n.* 머리 6
careō, ēre, ruī, — 없다, 멀리하다 (*abl.*) 19
carmen, inis, *n.* 노래 22
cārus, a, um 소중한 19
casa, ae, *f.* 집 1
castra, ōrum, *n. pl.* 군영 3
cāsus, ūs, *m.* 추락, 우연, 경우 16
caupōna, ae, *f.* 여관 7
causa, ae, *f.* 이유, 원인, 사안 6
caveō, ēre, cāvī, cautum 조심하다 18
caverna, ae, *f.* 동굴 13
cēdō, ere, cessī, cessum 가다, 양보하다 (*alci*)
celeber, bris, bre 군중이 운집한 15
celer, eris, ere 빠른 6
cēlō, āre 숨기다 10
cēna, ae, *f.* 저녁식사 11
cēnō, āre 식사하다 10
centum (수) 일백 9
cernō, ere, crēvī, crētum 구별하다, 보다 8
certāmen, minis, *n.* 경쟁 21

certātim (부) 경쟁적으로 25
certē (부) 확실히, 반드시 5
certō, āre 싸우다, 겨루다 5
certus, a, um 결정된, 확인된, 알려진 17
cervus, ī, m. 사슴 9
cēterus, a, um 나머지 9
chaos, n. 혼돈 1
charta, ae, f. 종이, 문서 11
cibus, ī, m. 음식 11
cingō, ere, cinxī, cinctum 묶다,
　둘러싸다(abl.)
cinis, eris, m. 재 14
circiter 주변에 25
circum (전) 주변에(acc.) 23
circumclūdō, ere, sī, sum 포위하다 22
cīvis, is, m. 시민 8
cīvitās, ātis, f. 도시, 국가 8
clāmō, āre 소리치다 6
clāmor, ōris, m. 고함, 함성 21
clārus, a, um 맑은, 밝은, 분명한 5
classis, is, f. 함대 24
claudō, ere, clausī, clausum 닫다 12
coeō, īre, iī, itum 모이다 9
coepiō, ere, coepī, coeptum 시작하다 22
cōgitō, āre 생각하다(de) 14
cognitiō, ōnis, f. 인식, 앎 18
cognōscō, ere, gnōvī, gnitum 알다 10
cōgō, ere, coēgī, coāctum 강요하다 20
collis, is, m. 언덕 14
collum, ī, n. 목 12
colō, ere, coluī, cultum 가꾸다, 살다,
　숭배하다 3
color, ōris, m. 색깔 8
coma, ae, f. 머리카락 18

comes, itis, m. 동료 8
cōmis, e 친절한, 상냥한 15
comitātus, a, um 동반하여(abl.) 22
commemorō, āre 기억하다, 언급하다 23
committō, ere, mīsī, missum 저지르다,
　맡기다 25
commodum, ī, n. 편의, 이익 15
commodus, a, um 적합한, 유익한 15
commūnis, e 공통의, 공동의(alci) 11
commūtō, āre 교환하다, 바꾸다 15
comparō, āre 마련하다, 갖추다 22
compleō, ēre, ēvī, ētum 채우다 23
compōnō, ere, posuī, positum 꾸미다,
　만들다 21
concēdō, ere, cessī, cessum 양보하다 20
concilium, ī, n. 회합, 민회 19
concipiō, ere, cēpī, ceptum 붙잡다,
　임신하다 15
concordia, ae, f. 화합, 질서, 평화 1
concurrō, ere, currī, cursum 마주하다 23
condiciō, ōnis, f. 조건, 규약, 협정 10
condō, ere, didī, ditum 세우다, 감추다,
　꽂다 10
cōnferō, ferre, tulī, collātum 합치다,
　대항하다 24
cōnficiō, ere, fēcī, fectum 이루다 22
cōnfīdō, ere, fīsus sum 신뢰하다(alci) 20
coniciō, ere, iēcī, iectum 던지다 23
coniux, iugis, m./f. 배우자 15
coniungō, ere, iūnxī, iūnctum 결합하다, 맺다
　16
cōnscientia, ae, f. 양심 20
cōnscius, a, um 같이 알고 있는,
　자각하는(gen.) 24

cōnsenēscō, ere, senuī, — 함께 늙다 14
cōnsequor, sequī, secūtus sum 얻다 22
cōnservō, āre 보존하다 24
cōnsīdō, ere, sēdī, sessum 함께 앉다 16
cōnsilium, ī, *n.* 계획 13
cōnsistō, ere, stitī, — 멈추다, 주둔하다 25
cōnsōlor, ārī, sōlātus sum 위로하다 21
cōnspiciō, ere, spexī, spectum 쳐다보다
cōnstāns, antis 한결같은, 꾸준한 16
cōnstantia, ae, *f.* 항덕, 일관성 8
cōnstat 분명하다(*inf.*) 10
cōnstituō, ere, uī, ūtum 세우다, 계획하다(*inf.*) 10
cōnstō, āre, stitī, — 서있다 15
cōnsuēscō, ere, suēvī, suētum 익숙해지다 21
cōnsuētūdō, inis, *f.* 관습, 교제 16
cōnsul, ulis, *m.* 집정관 9
cōnsulō, ere, luī, ltum 묻다, 염려하다(*alci*) 23
cōnsultō, āre 의논하다, 묻다 22
cōnsūmō, ere, sūmpsī, sūmptum 소모하다 18
contemnō, ere, tempsī, temptum 깔보다 16
contendō, ere, tendī, tentum 애쓰다, 당기다 15
contentiō, ōnis, *f.* 싸움, 토론 22
contentus, a, um 만족한(*abl.*) 13
contiguus, a, um 인접한 11
contingō, ere, tigī, tāctum 손대다, 만지다 4
contrā (부) 반하여, 반대하여 10
contrā (전) 반하여, 반대하여(*acc.*) 18
contrahō, ere, trāxī, tractum 축소시키다 9
convalēscō, ere, luī, — 건강해지다 21
conveniō, īre, vēnī, ventum 모이다, 만나다 11
conventus, ūs, *m.* 모임, 회합
convertō, ere, vertī, versum 돌리다 20

convīva, ae, *m.* 잔치 손님 15
cōpia, ae, *f.* 다수 17
cōpiōsē 풍성하게, 상세히 20
cōpiōsus, a, um 풍성한, 상세한 20
cor, cordis, *n.* 심장
cornū, ūs, *n.* 뿔 13
corōna, ae, *f.* 화관 2
corpus, oris, *n.* 몸 9
corrigō, ere, rēxī, rēctum 고치다, 수정하다 22
corripiō, ere, ripuī, reptum 붙잡다, 휩쓸다 7
corrumpō, ere, rupī, ruptum 부패시키다 20
Corsica, ae, *f.* 코르시카 2
cotīdiē (부) 매일 9
crās (부) 내일에
crēdō, ere, didī, ditum 믿다 12
cremō, āre 불태우다 23
creō, āre 낳다, 야기하다
crēscō, ere, crēvī, crētum 커지다, 성장하다 21
Crēta, ae, *f.* 크레타 2
crīmen, inis, *n.* 범죄 10
crīnis, is, *m.* 머리카락 12
crūdēlis, e 잔인한 8
cruentō, āre 피로 물들이다
cruentus, a, um 피 묻은, 피에 주린 11
cruor, ōris, *m.* 피 24
crūs, ūris, *n.* 정강이, 다리
cubiculum, ī, *n.* 방, 침실 15
cūiās (의부) 어디 출신의? 3
culīna, ae, *f.* 부엌
culpa, ae, *f.* 죄, 잘못 15
culpō, āre 꾸짖다 18
cultūra, ae, *f.* 경작, 문화 24

cum (전) 와 함께(*abl.*) 4
cum (접) 할 때 9
cūnae, ārum, *f. pl.* 요람
cūnctus, a, um 전체의 10
cupiditās, ātis, *f.* 욕망 13
cupīdō, inis, *f.* 욕망 20
Cupīdō, inis, *m.* 쿠피도 6
cupidus, a, um 욕망하는, 갈망하는(*gen.*) 21
cupiō, ere, īvī(cupiī), ītum 원하다 7
cūr (의부) 왜? 5
cūra, ae, *f.* 근심, 돌봄 1
cūrō, āre 돌보다 2
currō, ere, cucurrī, cursum 달리다 7
currus, ūs, *m.* 마차 13
cursus, ūs, *m.* 항로, 경로 9
custōs, ōdis, *m.* 감시자, 보초 11

D

damnō, āre 비난하다, 유죄판결하다 18
damnum, ī, *n.* 손해, 쇠퇴 17
Daphnē, ēs, *f.* 다프네 6
dē (전) 로부터, 에 관하여(*abl.*) 1
dea, ae, *f.* 여신 2
dēbeō, ēre, uī, itum 해야 한다 5
decem (수) 십, 열 12
deceō, ēre, uī, — 어울리다, 합당하다(*acc.*) 6
dēcernō, ere, crēvī, crētum 판결하다, 결정하다 22
dēcipiō, ere, cēpī, ceptum 속이다 7
dēclīnō, āre 기울다, 빗나가다, 벗어나게 하다 18
decōrus, a, um 합당한, 단정한 5
decus, oris, *n.* 자랑, 기품, 장식 23
dēcutiō, ere, cussī, cussum 떨어뜨리다

dēfendō, ere, fendī, fēnsum 지키다, 방어하다 10
dēficiō, ere, fēcī, fectum 떨어지다, 떠나다 18
dēfleō, ēre, ēvī, ētum 울다, 탄원하다 22
deinde (부) 그 다음에 13
dēlectō, āre 즐겁게 하다 6
dēleō, ēre, ēvī, ētum 지우다 12
dēlīberō, āre 심사숙고하다, 문의하다 14
dēliciae, ārum, *f. pl.* 즐거움
dēligō, ere, lēgī, lēctum 고르다, 선발하다
dēmēns, entis 정신 나간, 미친 18
dēmittō, ere, mīsī, missum 내려 보내다, 넣다 11
dēmō, ere, dēmpsī, dēmptum 빼앗다
dēmōnstrō, āre 명시하다, 설명하다 10
dēnique (부) 마지막으로, 요컨대 24
dēns, dentis, *m.* 이빨
dēpōnō, ere, posuī, positum 내려놓다
dēprehendō, ere, hendī, hēnsum 붙잡다 12
dēscendō, ere, scendī, scēnsum 내려가다 4
dēscrībō, ere, scrīpsī, scrīptum 묘사하다
dēsīderium, ī, *n.* 그리움, 염원 17
dēsīderō, āre 바라다, 희망하다 4
dēsinō, ere, siī, situm 그만두다
dēsōlātus, a, um 황폐한 17
dēspērātus, a, um 절망적인 15
dēspērō, āre 절망하다 16
dēsum, deesse, dēfuī, — 없다 9
dēterreō, ēre, uī, itum 막다, 저지하다 14
dētrīmentum, ī, *n.* 손해
Deucaliōn, ōnis, *m.* 데우칼리온 17
deus, ī, *m.* 신 4
dēvexus, a, um 경사진, 내리막의
dexter, t(e)ra, t(e)rum 오른손의, 능숙한 16

dīcō, ere, dīxī, dictum 말하다 3
dictātor, ōris, *m.* 독재자 17
Dīdō, ōnis, *f.* 디도 27
diēs, ēi, *m./f.* 일(日), 낮 15
differō, ferre, distulī, dīlātum 다르다,
　연기하다 18
difficilis, e 어려운 10
diffugiō, ere, fūgī, fugitūrus 흩어지다
diffundō, ere, fūdī, fūsum 뿌리다, 쏟다
digitus, ī, *m.* 손가락 10
dīgnitās, ātis, *f.* 공적, 품위, 위신 18
dīgnus, a, um 어울리는(*abl.*) 19
dīlēctus, ūs, *m.* 모병, 선발 19
dīligēns, entis 세심한
dīligenter (부) 세심하게 5
dīligentia, ae, *f.* 세심함, 열심 13
dīligō, ere, lēxī, lēctum 사랑하다,
　좋아하다 11
dīmittō, ere, mīsī, missum 해산하다, 포기하
　다 13
dīmoveō, ēre, mōvī, mōtum 옮기다, 가르다 14
Diomēdēs, is, *m.* 디오메데스 21
Diōnē, ēs, *f.* 디오네 8
dīrigō, ere, rēxī, rēctum 정돈하다, 지휘하다 23
discēdō, ere, cessī, cessum 떠나다 12
disciplīna, ae, *f.* 훈련, 학문, 규율 8
discipulus, ī, *m.* 학생
discō, ere, didicī, — 배우다 5
discordia, ae, *f.* 불화 18
dissolūtus, a, um 이완된, 유약한 10
dissuādeō, ēre, suāsī, suāsum 말리다 7
distinguō, ere, stīnxī, stīnctum 가르다,
　구별하다
distō, āre, —, — 떨어져 있다

diū (부) 오랫동안 14
diutius (부) 더 오랫동안 9
dīversus, a, um 다른, 반대의
dīves, itis 부유한, 풍요로운
dīvīdō, ere, vīsī, vīsum 나누다 1
dīvīnus, a, um 신성한 7
dīvitiae, ārum, *f. pl.* 재산 4
dīvus, a, um 신의, 하늘의 16
dō, dare, dedī, datum 주다 3
doceō, ēre, docuī, doctum 가르치다 3
doleō, ēre, luī, — 아프다, 슬프다 19
dolor, ōris, *m.* 고통 6
dolus, ī, *m.* 간교, 속임수 10
domī (부) 집에서 8
domina, ae, *f.* 여주인 8
dominātiō, ōnis, *f.* 지배 17
dominus, ī, *m.* 주인 3
domō, āre, muī, mitum 길들이다,
　정복하다 19
domum (부) 집으로 15
domus, ūs, *f.* 집 14
dōnec (접) 하는 동안 내내 14
dōnum, ī, *n.* 선물 7
dormiō, īre, īvī, ītum 잠자다 9
dōs, dōtis, *f.* 지참금, 자질
　(*pl. gen.* dōtium)
dubitō, āre 의심하다, 망설이다 22
dubius, a, um 의심스러운 11
ducentī, ae, a 이백의, 수많은 14
dūcō, ere, dūxī, ductum 이끌다 4
dulcēdō, inis, *f.* 달콤함 16
dulcis, e 달콤한, 즐거운 6
dum (접) 하는 동안, 한에서, 할 때까지 9
duo, duae, duo (수) 둘 6

dūrus, a, um 딱딱한, 모진, 잔혹한 4
dux, ducis, m. 지도자 5

E

ē, ex (전) 로부터(abl.) 4
ēdiscō, ere, didicī, — 배우다 20
ēdō, ere, didī, ditum 내보내다, 방출하다 18
edō, ere, ēdī, ēsum 먹다 22
ēducō, āre 훈육하다
ēdūcō, ere, dūxī, ductum 끌어내다 19
efficiō, ere, fēcī, fectum 만들다, 성취하다
efflō, āre 내뿜다 20
effugiō, ere, fūgī, — 피하다 20
egeō, ēre, uī, —, 부족하다(gen.) 16
egō 나는 11
ēgredior, gredī, gressus sum 걸어 나오다, 초월하다 19
ēlabōrō, āre 정성들여 가공하다 25
ēlegantia, ae, f. 우아함 13
ēlīdō, ere, sī, sum 밀쳐내다
ēloquēns, ntis 말 잘하는 25
ēloquentia, ae, f. 화술, 연설술 15
ēloquor, loquī, locūtus sum 말하다, 웅변하다 23
ēlūdō, ere, sī, sum 이기다, 우롱하다 14
ēmendō, āre 고치다, 개선하다 3
ēmicō, are, cuī, cātum 번쩍이다, 분출하다
ēmineō, ēre, uī, — 두드러지다, 눈에 띄다 9
emō, ere, ēmī, ēmptum 사다
enim (접) 사실, 왜냐하면, 말하자면 12
ēnītor, nītī, nīxus sum 낳다, 힘쓰다 18
ēnsis, is, m. 검 24
eō, īre, iī(īvī), itum 가다 6
eō (부) 거기로, 그 때문에 15

epistula, ae, f. 편지 22
epulae, ārum, f. pl. 잔치
eques, itis, m. 기사계급
equitātus, ūs, m. 기병
equus, ī, m. 말 7
ergā (전) 의 맞은편에, 에 대하여(acc.) 18
ergō (접) 따라서 1
ērigō, ere, rēxī, rēctum 올리다 11
ēripiō, ere, ripuī, reptum 빼앗다 22
errō, āre 헤매다, 떠돌다 4
error, ōris, m. 방황, 잘못 14
ērubēscō, ere, rubuī, — 붉히다 13
ērumpō, ere, rūpī, ruptum 분출하다, 분출시키다 25
et (접) 그리고 1
etiam (접) 조차, 마저
etsī (접) 비록...이지만
Eumenides, um, f. pl. 자비로운 여신들 22
Eurōpa, ae, f. 에우로파 22
Eurydicē, ēs, f. 에우뤼디케 22
ēvehō, ere, vēxī, vectum 들어 올리다 15
ēveniō, īre, vēnī, ventum 일어나다 16
ēvincō, ere, vīcī, victum 물리치다, 이기다 16
ex aequō 똑같이 9
exagitō, āre 괴롭히다, 선동하다 24
excēdō, ere, cessī, cessum 떠나다, 나가다 4
excellō, —, — 탁월하다, 뛰어나다 19
excūsātiō, ōnis, f. 변명, 사과 24
excūsō, āre 용서하다 4
exemplar, āris, n. 사례, 표본 10
exemplum, ī, n. 예, 모범, 귀감 17
exeō, īre, iī, itum 나오다, 죽다, 나가다 11
exerceō, ēre, uī, itum 갈다, 단련하다 10
exercitātiō, ōnis, f. 훈련, 연마 24

exercitus, ūs, *m.* 군대 13
exhibeō, ēre, uī, itum 제시하다, 진열하다
exhortor, ārī 격려하다
exiguus, a, um 작은, 적은 12
exīstimō, āre 생각하다 16
exitium, ī, *n.* 멸망, 사망
expallēscō, ere, luī, — 창백해지다
expellō, ere, pulī, pulsum 내쫓다, 내보내다 7
experior, perīrī, pertus sum 시험하다, 경험하다 20
expetō, ere, īvī, ītum 간절히 요청하다 16
explicō, āre 설명하다 8
exprīmō, ere, pressī, pressum 짜내다
expūgnō, āre 정복하다 15
exsequiae, ārum, *f. pl.* 장례식
exsistō, ere, stitī, — 나타나다, 발생하다 24
exspectō, āre 기다리다 14
exstinguō, ere, stīnxī, stīnctum 끄다, 없애다 20
exsultō, āre 높이 뛰다
exuō, ere, uī, ūtum 벗다, 내려놓다 16

F

faber, brī, *m.* 장인(匠人) 5
fābula, ae, *f.* 이야기 1
faciēs, ēī, *f.* 외관, 얼굴 15
facilis, e 쉬운, 평이한 11
facinus, oris, *n.* 행위 22
faciō, ere, fēcī, factum 만들다, 하다 3
fallāx, ācis 속이는, 기만하는 12
fallō, ere, fefellī, (dēceptus) 속이다 11
falsus, a, um 거짓된 5
fāma, ae, *f.* 명성 1
famulus, ī, *m.* 하인

fateor, ērī, fassus sum 고백하다 14
fatīgō, āre 지치게 하다
fātum, ī, *n.* 운명, 죽음 11
faveō, ēre, fāvī, fautum 호의를 보이다 18
fēcundus, a, um 비옥한, 풍요로운 16
fēlīciter (부) 행복하게 15
fēlīx, īcis 행복한, 비옥한 6
fēmina, ae, *f.* 여성 1
fenestra, ae, *f.* 창문 5
fera, ae, *f.* 맹수 9
ferē (부) 거의, 대략 23
fēriae, ārum, *f. pl.* 휴가 23
feriō, īre, —, — 때리다, 치다 13
ferō, ferre, tulī, lātum 나르다, 옮기다, 전하다 9
ferrum, ī, *n.* 칼, 쇠 11
fertur 라고 전해지다(*inf.*) 9
ferus, a, um 야생의, 사나운 13
fessus, a, um 지친 9
festīnō, āre 서두르다 2
fēstus, a, um 축제의 15
fidēs, eī, *f.* 신의 14
fīdūcia, ae, *f.* 신뢰, 믿음 17
fīdus, a, um 믿을 수 있는, 확실한 19
figūra, ae, *f.* 모양, 인물, 형태 10
fīlia, ae, *f.* 딸 6
fīlius, ī, *m.* 아들 3
fīlum, ī, *n.* 실 5
findō, ere, fidī, fissum 쪼개다, 찢다 11
fingō, ere, finxī, fictum 지어내다, 만들다
fīniō, īre, īvī, ītum 끝내다 9
fīnis, is, *m.* 경계, 끝, (*pl.*) 영토 11
fīnitimus, a, um 이웃한, 인접한 22
fīō, fierī, factus sum 되다 9

firmus, a, um 튼튼한, 굳센 12
flagrō, āre 불타다
flamma, ae, *f.* 화염 1
flāvus, a, um 황금색의 18
flectō, ere, ēxī, ēxum 굽히다, 돌리다 14
fleō, ēre, ēvī, ētum 울다 22
flōreō, ēre, uī, — 번영하다, 빛나다 25
flōs, ōris, *m.* 꽃 12
flūctus, ūs, *m.* 파도, 조류, 동요 19
flūmen, minis, *n.* 강 11
fluō, fluere, flūxī, (flūxum) 흐르다 5
fluvius, ī, *m.* 강 3
focus, ī, *m.* 화덕 14
foedus, eris, *n.* 동맹, 약속 19
folium, ī, *n.* 나뭇잎 14
fōns, fontis, *m.* 샘, 우물 9
fōrma, ae, *f.* 형태, 형상 1
formīdō, inis, *f.* 공포, 무서움, 전율
fōrmō, āre 만들다 5
fōrmōsus, a, um 아름다운 4
forsan (부) 아마도 10
fortasse (부) 아마도 25
fortis, e 강한, 용감한 6
fortūna, ae, *f.* 운명 4
forum, ī, *n.* 광장 3
fragilis, e 깨지기 쉬운 20
fragor, ōris, *m.* (깨지는) 굉음
frangō, frangere, frēgī, frāctum 깨다 21
frāter, tris, *m.* 형제(*pl. gen.* frātrum) 8
fremō, ere, uī, — 웅성거리다, 포효하다
frequēns, entis 자주 찾는, 빈번한
frequenter (부) 자주, 빈번히 2
frīgus, oris, *n.* 추위, 전율 19
frondeō, ēre, —, — 잎이 무성해지다 14

frūctus, ūs, *m.* 열매 17
frūmentum, ī, *n.* 곡물, 알곡 13
fruor, fruī, fruitus sum 즐기다, 사귀다(*abl.*) 19
frūstrā (부) 헛되이, 보람 없이 8
fuga, ae, *f.* 도주 13
fugiō, ere, fūgī, fugitum 도망하다, 피하다 6
fugō, āre 추방하다 6
fundāmentum, ī, *n.* 토대 8
fundō, ere, fūdī, fūsum 붓다, 주조하다 11
fundus, ī, *m.* 농토, 토대 22
fungor, fungī, fūnctus sum 수행하다(*abl.*) 15
fuō, fore, fuī, futūrus 되다(esse의 보충형)
fūror, ārī, fūrātus sum 훔치다 14
furor, ōris, *m.* 광기 20

G

Gallia, ae, *f.* 갈리아 2
gaudeō, ēre, gāvīsus sum 즐거워하다(*abl.*) 3
gelidus, a, um 차가운, 시원한 9
geminus, a, um 쌍둥이의, 이중의 22
geminus, ī, *m.* 쌍둥이
gemō, ere, uī, — 한탄하다, 울다 25
gena, ae, *f.* 뺨 12
genitor, ōris, *m.* 아버지
genetrīx, trīcis, *f.* 어머니
gēns, gentis, *f.* 종족 24
genus, eris, *n.* 종(種) 5
Germānia, ae, *f.* 게르마니아 5
gerō, ere, gessī, gestum 행하다
gignō, ere, genuī, genitum 낳다 20
glōria, ae, *f.* 명예, 명성 15
gradus, ūs, *m.* 걸음, 계단 17
Graecia, ae, *f.* 그라이키아 2

Graecus, a, um 희랍의 8
grandis, e 거대한
grātia, ae, *f.* 사랑, 호의, 영향력
grātus, a, um 즐거운, 고마운 12
gravis, e 무거운 11
gubernātor, ōris, *m.* 조타수, 통치자 9
gubernō, āre 키를 잡다, 조정하다
gurges, itis, *m.* 격류

H

habēna, ae, *f.* 고삐 7
habeō, ēre, uī, itum 가지다 4
habitō, āre 거주하다 2
haereō, ēre, haesī, haesum 매달리다, 멎다 12
haud (부) 아니 11
hauriō, īre, hausī, haustum 긷다, 비우다 15
Hector, oris, *m.* 헥토르 21
herba, ae, *f.* 풀, 약초 4
herī (부) 어제
hērōs, ōis, *m.* 영웅 9
hībernus, a, um 겨울의 19
hīc (부) 이곳에서, 이때 12
hic, haec, hoc (지명) 이것 7
hiems, hiemis, *f.* 겨울 19
hinc (부) 여기로부터 10
Hispānia, ae, *f.* 히스파니아 2
hodiē (부) 오늘 21
homō, inis, *m.* 사람 5
honestās, ātis, *f.* 정직, 훌륭함 5
honestum, ī, *n.* 미덕, 정숙 17
honestus, a, um 정직한, 고결한 12
honor, ōris, *m.* 명예 18
honōrātus, a, um 존경받는 14
hōra, ae, *f.* 시간, 계절 8

hortor, ārī 격려하다 7
hortus, ī, *m.* 정원, 뜰 15
hospes, itis, *m.* 손님
hostis, is, *m.* 적 8
hūc (부) 이리로 11
hūmānus, a, um 인간적인, 상냥한 11
hūmānitās, ātis, *f.* 문명, 인간성 18
humī (부) 땅바닥에 12
humilis, e 낮은, 비천한 14
humus, ī, *f.* 흙, 땅 13

I

iaceō, ēre, uī, — 눕다 10
iaciō, ere, iēcī, iactum 던지다 7
iactō, āre 내던지다, 괴롭히다 17
iam (부) 벌써, 이제, 장차 9
iamiam (부) 이제 곧 23
Iāsōn, onis, *m.* 이아손 20
ibī (부) 거기에 9
īcō, ere, īcī, ictum 때리다 21
īdem, eadem, idem (대) 같은 사람, 같은 것 12
idōneus, a, um 적합한 (ad *alqd* / *dat.*) 16
igitur (접) 그래서 5
ignis, is, *m.* 불 12
īgnōrō, āre 무시하다, 무지하다 8
īgnōtus, a, um 미지의, 낯선 9
ille, illa, illud (지명) 저것 7
imāgō, inis, *f.* 형상 12
imbēcillus, a, um 허약한, 박약한
immemor, oris 잊은, 기억하지 않는 (*gen.*) 25
immortālis, e 불멸의
impediō, īre, īvī, ītum 막다, 방해하다 13
imperātor, ōris, *m.* 사령관

imperium, ī, *n.* 제국, 지배 11
imperō, āre 다스리다, 명령하다(*alci* + ut) 7
impetrō, āre 얻다, 획득하다 21
impetus, ūs, *m.* 습격, 공격, 충동 23
impleō, ēre, ēvī, ētum 채우다 19
implōrō, āre 탄원하다
impluvium, ī, *n.* 수조 15
impōnō, ere, posuī, positum 싣다,
    올려놓다 10
improbitās, ātis, *f.* 불량, 사악 17
improbus, a, um 불량한, 사악한
in (전) 안으로(*acc.*), 안에서(*abl.*) 1
inānis, e 공허한 17
incēdō, ere, cessī, cessum 들어오다 22
incendium, ī, *n.* 방화, 큰불 12
incertus, a, um 불확실한, 불명확한 7
incidō, ere, cidī, — 떨어지다, 마주치다
incipiō, ere, incēpī, inceptum 시작하다 18
incitō, āre 자극하다, 부추기다 12
incola, ae, *m.* 거주민 1
incolō, ere, coluī, cultum 거주하다 12
incrēdibilis, e 놀라운 14
incubō, āre, buī, bitum 누워있다(*alci*),
    품다 19
incumbō, ere, cubuī, cubitum 기대다(*alci*) 15
indāgō, āre 탐색하다 19
inde (부) 그러므로, 그때부터 12
indīgnor, ārī, ātus sum 분개하다 21
indūcō, ere, dūxī, ductum 이끌다
    인솔하다 11
indulgeō, ēre, dulsī, dultum 관대하다, 전념하
    다(*dat.*) 23
industria, ae, *f.* 근면 19
īnfāns, antis 말 못하는, 어린 21

īnfāns, antis, *m./f.* 갓난아기 21
īnfēlīx, īcis, 불행한 7
īnfestus, a, um 적의가 있는
īnfluō, ere, flūxī, flūxum 흘러 들어가다 24
īnfirmus, a, um 약한, 병든 20
īnfrā (부) 아래에 18
īnfrā (전) 아래에(*acc.*)
ingenium, ī, *n.* 재능, 성질, 성품 17
ingēns, entis, 거대한, 커다란 13
ingredior, gredī, gressus sum 들어가다
inīquus, a, um 불편한, 불공정한
initium, ī, *n.* 시작 4
iniūria, ae, *f.* 불의, 모욕 10
innocēns, entis 무죄한, 무해한
inquam 말하다(inquit, inquiunt) 5
inquīrō, ere, sīvī, sītum 묻다 18
īnsidiae, ārum, *f. pl.* 음모 7
īnsīgnis, e 뚜렷한, 굉장한 21
īnsuēscō, ere, suēvī, suētum 익숙해지다
īnsuētus, a, um 경험 없는
īnsula, ae, *f.* 섬, 공동주택 2
integer, gra, grum 온전한, 무사한 24
intellegō, ere, lēxī, lēctum 알다, 깨닫다 14
intendō, ere, tendī, tentum 뻗다, 힘쓰다 22
inter (전) 사이에(*acc.*) 2
intercipiō, ere, cēpī, ceptum 가로채다 21
interdiū (부) 낮에
intereā (부) 그 사이에 8
interest (비인) 중요하다(*gen.*) 17
interficiō, ere, fēcī, fectum 죽이다
interior, ius 내부의, 안의 19
intermittō, ere, mīsī, missum 중단하다 24
interpōnō, ere, posuī, positum 삽입하다 16
interrumpō, ere, rūpī, ruptum 중단하다, 파괴

하다 12
intimus, a, um → interior의 최상급 19
intrā (전) 안에, 이내에(*acc.*) 21
intrō, āre 들어가다 9
intueor, ērī, — 응시하다 24
inultus, a, um 복수하지 않는
inūtilis, e 쓸모없는, 무익한 3
inveniō, īre, vēnī, ventum 발견하다 11
invidus, a, um 질투하는 11
invītō, āre 초대하다 20
invītus, a, um 싫은 마음의, 원하지 않는 16
Īphigenīa, ae, *f.* 이피게니아 23
ipse, ipsa, ipsum (다른 누구도 아닌) 본인의 7
īra, ae, *f.* 분노, 화 2
īrāscor, īrāscī, —, — 분노하다 20
īrātus, a, um 분노한 5
irrītō, āre 자극하다, 흥분시키다
is, ea, id (지명) 그는, 그녀는, 그것은 8
iste, ista, istud (지명) 저 사람, 저것 24
ita (부) 그렇게 7
itaque (접) 그래서 5
iter, itineris, *n.* 여행 7
iterum (부) 다시, 재차 13
iubeō, ēre, iussī, iussum 명하다 10
iūdex, icis, *m.* 심판인 20
iūdicō, āre 판단하다 13
iūgis, e 마르지 않는
iugum, ī, *n.* 멍에
iūmentum, ī, *n.* 역축(役畜) 25
iungō, ere, iūnxī, iūnctum 묶다, 연결하다
Iūnō, ōnis, *f.* 유노 10
Iuppiter, Iovis, *m.* 유피테르 4
iūs, iūris, *n.* 법, 권리 18

iussum, ī, *n.* 명령 20
iūstitia, ae, *f.* 정의 16
iūstus, a, um 정의로운, 정당한 17
iuvat (비인) 기쁘게 하다 5
iuvenca, ae, *f.* 암소 16
iuvenis, is, *m.* 소년, 청년(*pl. gen.* iuvenum) 8
iuvō, āre, iūvī, iūtum 돕다 4

K
Kalendae, ārum, *f. pl.* 초하루 21

L
lābor, lābi, lāpsus sum 미끄러지다 22
labor, ōris, *m.* 노동 5
labōrō, āre 일하다, 수고하다 2
lac, lactis, *n.* 우유 18
lacrima, ae, *f.* 눈물 8
laedō, ere, sī, sum 상처 입히다 6
laetitia, ae, *f.* 즐거움 4
laetus, a, um 즐거운, 행복한 4
lāna, ae, *f.* 양털 20
languēscō, ere, guī, — 줄어들다
lānificus, a, um 양털을 짜는 5
laniō, āre 찢다 11
lapis, idis, *m.* 바위
latebra, ae, *f.* 은신처 12
lateō, ēre, uī, — 숨다 15
Lātōna, ae, *f.* 라토나 (=Lātō, ūs) 8
lātus, a, um 넓은, 광대한 18
latus, eris, *n.* 옆구리, 측면 23
laudō, āre 칭송하다 2
laus, laudis, *f.* 명성, 칭찬 5
lavō, āre, lāvī, lautum 씻다 9
lēctus, a, um 선발된 9

lēgātus, ī, *m.* 사신, 장교 8
legiō, ōnis, *f.* 로마군단
legō, ere, lēgī, lēctum 가려내다, 읽다 13
lēnis, e 부드러운, 온화한, 느린
lentē (부) 천천히 1
lentus, a, um 유연한, 느린, 둔한 1
leō, ōnis, *m.* 사자 11
lētum, ī, *n.* 죽음
levis, e 가벼운, 경쾌한 11
lēvis, e 반들반들한, 빛나는 15
lēx, lēgis, *f.* 법 5
liber, brī, *m.* 책 3
līber, era, erum 자유로운 4
līberī, ōrum, *m. pl.* 자식들 3
līberō, āre 해방하다, 구하다 19
lībertās, ātis, *f.* 자유 5
lībertīnus, a, um 해방된 19
licet, licuit (비인) 허락되다(*inf.*) 8
lignum, ī, *n.* 목재 15
līnea, ae, *f.* 선
lingua, ae, *f.* 언어, 혀 10
liquidus, a, um 맑은, 투명한 12
littera, ae, *f.* 글자, 문학(*pl.*) 3
lītus, oris, *n.* 해안 19
loca, ōrum, *n. pl.* 장소, 지형 11
locuplēs, ētis 풍요로운, 축복받은 19
locus, ī, *m.* 장소, (*pl.* loci) 책의 대목
(*pl.* loca) 10
longē (부) 길게, 멀리 2
longus, a, um 긴, 먼 8
loquāx, ācis 수다스러운
loquor, loquī, locūtus sum 말하다 16
lūcidus, a, um 밝은, 맑은 9
lūcus, ī, *m.* 성림(聖林) 9

lūdō, ere, lūsī, lūsum 놀다 4
lūdus, ī, *m.* 학교, 축제 3
lūmen, inis, *n.* 불빛, 눈빛, 눈
lūna, ae, *f.* 달 19
luō, ere, luī, — 씻다, 갚다 14
lūx, lūcis, *f.* 빛 5

M

mactō, āre 제물로 바치다, 도살하다 14
madeō, ēre, uī, — 젖다 22
maestus, a, um 슬픈 18
magis (부) 더 많이, 차라리 16
magister, trī, *m.* 선생님 3
magistra, ae, *f.* 여자 선생님 5
magnitūdō, inis, *f.* 크기, 다량, 힘 19
magnus, a, um 큰 4
māior, māius → magnus의 비교급 24
māiorēs, um, *m. pl.* 조상
mālō, mālle, māluī, — 더 원하다 18
mālum, ī, *n.* 사과, 과일 4
malus, a, um 악한, 나쁜 4
maneō, ēre, mānsī, mānsum 머물다,
기다리다 3
mānō, āre 흘리다, 흐르다
manus, ūs, *f.* 손, 힘, 병력 13
mare, is, *n.* 바다 7
margō, inis, *m./f.* 가장자리 22
marītus, a, um 결혼한 23
marmor, oris, *n.* 대리석
massa, ae, *f.* 덩어리 1
māter, tris, *f.* 어머니(*pl. gen.* mātrum) 8
mātrōna, ae, *f.* 기혼부인
mātūrus, a, um 원숙한, 연로한 22
maximē (부) 최대의, 최선의 5

maximus, a, um → magnus의 최상급 4
medicāmen, inis, *n.* 약, 독 20
medicīna, ae, *f.* 의학 6
medicus, ī, *m.* 의사 3
meditor, ārī 깊이 생각하다 18
medius, a, um 중간의, 한가운데의 7
membrum, ī, *n.* 사지 11
meminī, meminisse, — 기억하다 10
memor, oris 기억하는(*gen.*) 11
memoria, ae, *f.* 기억 17
memorō, āre 기억하다, 상기시키다 24
mēns, mentis, *f.* 정신, 이성, 판단력 9
mēnsa, ae, *f.* 식탁 8
mēnsis, is, *m.* 달, 월 14
mēnsūra, ae, *f.* 척도, 크기 23
mentior, īrī, mentītus sum 거짓말하다 17
mergō, ere, mersī, mersum 담그다, 처박다 12
mereō, ere, ruī, ritum 합당하다, 공헌하다 15
mereor, merērī, meritus sum → mereō
merīdiēs, ēī, *m.* 정오 14
meritum, ī, *n.* 상벌, 공로 21
meritus, a, um 합당한, 공헌한
mēta, ae, *f.* 말뚝, 반환점 9
mētior, mētīrī, mēnsus sum 측량하다, 분배하다 13
metuō, ere, tuī, — 두려워하다 4
metus, ūs, *m.* 두려움
meus, mea, meum 나의 4
mīles, itis, *m.* 병사, 군인 14
mīlia passuum 1리(哩)(1,482 km) 26
mīlle 천(千)(단수 불변; *pl.* mīlia, ium) 14
Minerva, ae, *f.* 미네르바 5
minimē (부) 조금도 아니 4
minimus, a, um 극소의(parvus의 최상급) 4

minister, trī, *m.* 하인, 시종
minor, ārī 위협하다, 돌출하다 14
minor, minus 좀 더 적은(parvus의 비교급) 7
mīror, ārī, mīrātus sum 놀라다 14
mīrus, a, um 기묘한, 놀라운 15
misceō, ēre, miscuī, mixtum 섞다
miser, era, erum 가련한, 불쌍한 4
misereor, ērī, eritus sum 불쌍히 여기다 18
misericordia, ae, *f.* 연민, 자비 17
mītis, e 부드러운, 잘 익은 26
mittō, ere, mīsī, missum 보내다 8
mōbilis, e 움직이는, 변덕스러운 25
moderātus, a, um 절도 있는, 온건한 10
modestus, a, um 적절한, 절제 있는 10
modicus, a, um 절도 있는, 알맞은, 작은
modo (부) 방금, 다만 7
modus, ī, *m.* 방식, 치수, 한도
moenia, ium, *n. pl.* 성벽 7
mōlēs, is, *f.* 거구, 제방, 수고 10
molestus, a, um 성가신, 괴로운 17
mollis, e 부드러운, 유연한 15
mōmentum, ī, *n.* 움직임, 순간, 중요성 8
moneō, ēre, uī, itum 훈계하다 12
mōns, montis, *m.* 산 9
mōnstrō, āre 지명하다, 보여주다, 증명하다 11
mora, ae, *f.* (시간) 지체 8
morbus, ī, *m.* 질병 19
morior, morī, mortuus sum 죽다 15
moror, ārī 머물다, 붙잡다 22
mors, tis, *f.* 죽음 11
mortālis, e 필멸의, 인간의 7
mortuus, a, um 죽은 21
mōs, mōris, *m.* 관습, 습관
moveō, ēre, mōvī, mōtum 움직이다 13

mox (부) 곧 4
muliebris, e 여인의 25
mulier, eris, *f.* 여인 25
multitūdō, inis, *f.* 다수, 대중 5
multus, a, um 많은 4
mundus, ī, *m.* 세계, 우주 22
mūniō, īre 보강하다, 세우다 16
mūnus, eris, *n.* 선물 15
murmur, uris, *n.* 웅얼거림 13
mūrus, ī, *m.* 담, 성벽 25
Mūsa, ae, *f.* 무사 여신, 학문, 문학 1
mūsicus, a, um 음악의, 학문의 6
mūtō, āre 바꾸다 5
mūtuus, a, um 빌린, 서로의 20

N
Nāias, adis, *f.* 물의 요정
nam (접) 왜냐하면 5
nāris, is, *f.* 코 20
narrō, āre 이야기하다, 들려주다 2
nāscor, nāscī, nātus sum 태어나다, 생겨나다 15
nāta, ae, *f.* 딸
nātiō, ōnis, *f.* 국가, 민족 5
nātūra, ae, *f.* 자연 1
nātus, ī, *m.* 아들
naufragium, ī, *n.* 난파
nauta, ae, *m.* 선원 2
nāvigō, āre 항해하다 2
nāvis, is, *f.* 배 8
nē (부) 아니(nē...quidem) 19
nē (접) 않도록(목적) 23
nec (접) 도 아니 7
necesse est (비인) 필연적이다(*inf.*) 10

necō, āre 죽이다 14
nefās (불변) *n.* 불경, 죄악 18
negō, āre 부정하다 12
negōtium, ī, *n.* 일, 사업, 분주 10
Nemesis, is, *f.* 복수의 여신 12
nēmō, nūllīus, *m.* (부명) 아무도 아닌 사람 8
nemus, oris, *n.* 숲 9
nepōs, ōtis, *m.* 손자
Neptūnus, ī, *m.* 넵투누스 3
neque → nec
nēquīquam (부) 헛되이 23
nervus, ī, *m.* 힘줄, 시위 22
nesciō, īre, īvī, ītum 모르다 12
nescius, a, um 모르는(*gen.*) 10
Nestor, oris, *m.* 네스토르 21
neuter, tra, trum 둘 중 아무도 아닌, 중립의 17
nīdus, ī, *m.* 둥지 19
niger, gra, grum 검은 4
nihil (부명) 아무 것도 아님 7
nīmīrum (부) 당연히, 확실히 22
nimis (부) 과도하게, 지나치게 13
nimium (부) 너무 많이, 과도하게 17
nimius, a, um 너무 많은, 지나친 17
Niobē, ēs, *f.* 니오베 8
nisī (접) 만약...하지 않는다면 9
nitidus, a, um 빛나는, 비옥한 12
niveus, a, um 눈의, 눈 덮인 15
noceō, ēre, cuī, citum 해롭다, 해를 끼치다 17
noctū (부) 밤에 14
nocturnus, a, um 밤의 23
nōlō, nōlle, luī, — 원하지 않다 16
nōmen, inis, *n.* 이름 6
nōminō, āre 이름 부르다 11

nōn (부) 아니 1
nōn sōlum...sed etiam 뿐만 아니라....도 2
nōndum (부) 아직 아니 11
nōs 우리는 11
nōscō, ere, nōvī, nōtum 알다, 검토하다 18
noster, nostra, nostrum 우리의 4
nota, ae, f. 표식 7
nōtitia, ae, f. 앎, 인지, 개념, 통지
notō, āre 표하다, 기록하다 18
novem (수) 구, 아홉
novus, a, um 새로운, 낯선 16
nox, noctis, f. 밤 8
nūbō, ere, nūpsī, nuptum (여자가) 혼인하다
nūdus, a, um 벗은 10
nūllus, a, um 아무도 아닌 12
nūmen, inis, n. 신의 뜻, 신 22
numerus, ī, m. 숫자
numquam (부) 결코 아니 12
nunc (부) 이제 1
nūntius, ī, m. 전령 3
nūper (부) 요새, 최근 19
nupta, ae, f. 결혼한 여인 22
nusquam (부) 아무데도 아니 12
nūtrīx, īcis, f. 유모 5
nympha, ae, f. 요정 5

O

ob (전) 때문에(acc.) 18
obdūrō, āre 버티다 9
oblectō, āre 즐겁게 하다 6
oblīquus, a, um 비스듬한, 완곡한, 간접의
oblīvīscor, vīscī, lītus sum 잊다(gen.) 11
oborior, orī, ortus sum 생겨나다, 나타나다 17
obscūrus, a, um 어두운, 희미한 17

obsideō, ēre, sēdī, sessum 포위하다
obstō, āre, stitī, — 막다, 방해하다 11
obvius, a, um 마주하는, 만나는(alci) 20
occāsiō, ōnis, f. 기회 13
occasus, ūs, m. 일몰, 죽음 19
occidō, ere, cidī, cāsum 쓰러지다 8
occīdō, ere, cīdī, cīsum 죽이다 8
occultus, a, um 숨겨진 23
occupō, āre 차지하다 7
occurrō, ere, currī, cursum 만나다(alci) 4
Ōceanus, ī, m. 오케아누스, 바다 3
octō (수) 팔, 여덟
oculus, ī, m. 눈 6
ōdī, ōdisse, — 미워하다 10
odiōsus, a, um 불쾌한, 미운
odium, ī, n. 증오, 미움 17
offendō, ere, fendī, fēnsum 상처 내다 15
offerō, ferre, obtulī, oblātum 제시하다,
    내던지다 22
officium, ī, n. 의무 15
ōlim (부) 예전에, 언젠가 10
Olympus, ī, m. 올림푸스 4
omnīnō (부) 전적으로, nōn omnīnō 전적으로
    아니 24
omnis, e 모든, 전체의 7
onus, eris, n. 짐, 부담 23
opācus, a, um 그늘진
opera, ae, f. 일, 노력 17
oportet, uit (비인) 마땅하다(inf.) 22
oppidum, ī, n. 도시, 마을 3
oppōnō, ere, posuī, positum 반대하다 27
opportūnus, a, um 알맞은, 편리한 12
oppūgnō, āre 공격하다 18
ops, opis, f. 힘, 재산(pl.) 8

optimus, a, um 최선의(bonus의 최상급) 16
optō, āre 원하다 19
opus, eris, *n.* 작품, 작업, 업무 5
opus est 필요하다(*abl.*) 24
ōra, ae, *f.* 변두리, 해안, 경계 4
ōrātiō, ōnis, *f.* 연설 9
ōrātor, ōris, *m.* 연설가 5
orbis, is, *m.* 궤도, 세상 15
ōrdō, inis, *m.* 질서, 신분 7
orīgō, inis, *f.* 기원 5
orior, īrī, ortus sum 발생하다, 태어나다 19
ōrnātē (부) 우아하게 20
ōrnātus, a, um 꾸며진, 우아한 20
ōrnātus, ūs, *m.* 장비, 장식
ornō, āre 장식하다 4
ōrō, āre 기도하다
ortus, ūs, *m.* 출현, 떠오름 19
Ortygia, ae, *f.* 오르튀기아 13
ōs, ōris, *n.* 입, 얼굴 8
os, ossis, *n.* 뼈 17
ōsculum, ī, *n.* 입맞춤 6
ostendō, ere, tendī, tentum 제시하다, 보여주다
ōstium, ī, *n.* 입구, 출구, 하구 4
ōtium, ī, *n.* 여가 10
ōvum, i, *n.* 달걀 4

P

pābulum, ī, *n.* 사료, 양식 17
pācō, āre 평정하다, 진정시키다 25
pactum, ī, *n.* 협정, 협약 22
paene (부) 거의 24
paenīnsula, ae, *f.* 반도 2
paenitet (비인) 후회하다(*alqm alicis rei*)

palam (부) 공개적으로 18
palleō, ēre, uī, — 창백해지다 7
pallidus, a, um 창백한 18
palma, ae, *f.* 손바닥, 종려나무, 승리 15
palūs, ūdis, *f.* 늪 14
pār, paris 같은, 동등한, 비슷한 9
parēns, entis, *m./f.* 父 혹은 母 17
pāreō, ēre, uī, — 출현하다, 복종하다(*alci*) 14
paries, etis, *m.* 담, 벽 11
pariō, ere, peperī, partum 낳다
pariter (부) 똑같이, 나란히 19
Parnāssus, ī, *m.* 파르나소스 산 17
parō, āre 준비하다 14
pars, partis, *f.* 부분 13
parvus, a, um 작은 5
passim 사방에, 무질서하게 25
passus, ūs, *m.* 발걸음 22
pāstor, ōris, *m.* 목동 6
pateō, ēre, uī, — 드러나다 10
pater, tris, *m.* 아버지(*pl. gen.* patrum) 7
patior, patī, passus sum 당하다, 견디다 20
patria, ae, *f.* 조국, 고향 3
patrōnus, ī, *m.* 두호인(斗護人) 18
paucus, a, um 소수의 15
paulātim (부) 천천히 18
paulō (부) 조금, 약간 10
paulum (부) 잠깐 동안 22
pauper, eris 가난한, 빈약한 16
paveō, ēre, pāvī, — 떨다 4
pāx, pācis, *f.* 평화 5
peccātum, ī, *n.* 죄, 범죄, 과오 20
peccō, āre 죄짓다 25
pectus, oris, *n.* 가슴 11
pecūnia, ae, *f.* 돈 3

pecus, oris, *n.* 가축, 양떼 24
pellō, ere, pepulī, pulsum 내몰다 22
pendeō, ēre, pependī, — 매달리다 5
penitus (부) 깊숙이, 완전히 7
per (전) 통하여, 거쳐서, 에 두루(*acc.*) 2
peragō, ere, ēgī, āctum 완수하다, 끝내다
percipiō, ere, cēpī, ceptum 파악하다 13
percutiō, ere, cussī, cussum 치다, 뚫다 8
perdō, ere, didī, ditum 망치다 17
peregrīnor, ārī 떠돌다, 멀리 여행하다 13
pereō, īre, iī, itum 소멸하다 7
perferō, ferre, tulī, lātum 견디다, 가져가다 25
perficiō, ere, fēcī, fectum 완성하다 19
perfīgō, ere, —, fīxum 뚫다 21
perfundō, ere, fūdī, fūsum 적시다, 끼얹다 9
perfugium, ī, *n.* 피난처, 도피처 13
perīclitor, ārī 위험에 처하다 21
perīculōsus, a, um 위험한
perīculum, ī, *n.* 위험 7
perimō, ere, ēmī, ēmptum 죽이다 11
perītus, a, um 능숙한, 정통한(*gen.*) 23
pernoctō, āre 밤을 보내다 13
perpetuō (부) 영원히 23
perpetuus, a, um 영원한 16
Persephonē, ēs, *f.* 페르세포네 22
persequor, sequī, secūtus sum 추적하다, 추구하다 23
persuādeō, ēre, sī, sum 설득하다(*alci*) 6
perturbātiō, ōnis, f. 혼란, 소동 19
perveniō, īre, vēnī, ventum 이르다, 도착하다 9
perversē (부) 비뚤게, 나쁘게 19

pēs, pedis, *m.* 발 13
pessimus, a, um → (malus의 최상급) 16
petō, ere, īvī, ītum 찾다 6
Phāsis, idis, *m.* 파시스 강 20
philosophia, ae, *f.* 철학 4
philosophus, ī, *m.* 철학자 3
pictūra, ae, *f.* 그림 5
pietās, ātis, *f.* 효심, 사랑, 경건 20
piger, pigra, pigrum 게으른 20
piget, uit (비인) 싫증나다(*alqm alcis rei*) 17
pingō, ere, pīnxī, pictum 그리다 5
pinguis, e 살찐, 비옥한
placeō, ēre, uī, itum 좋아하다, 기뻐하다 12
placidus, a, um 온화한, 차분한, 평화로운 19
plācō, āre 달래다 25
plānum, ī, *n.* 평지
plēbs, bis, *f.* 평민 23
plēnus, a, um 가득한(*alqo / alcis*) 9
plūrimus, a, um → multus의 최상급
plūs, plūris → multus의 비교급, 중성
poena, ae, *f.* 벌, 고통 8
poēta, ae, *m.* 시인 2
polītē (부) 세련되게 23
polliceor, ērī, licitus sum 약속하다 15
Polyxena, ae, *f.* 폴뤽세나 25
pondus, eris, *n.* 무게 7
pōnō, ere, posuī(posīvī), positum 놓다 4
pōns, pontis, *m.* 다리 10
pontus, ī, *m.* 바다
poples, itis, *m.* 무릎, 오금 13
populāris, e 인민의, 대중의 10
populus, ī, *m.* 인민 2
porrigō, ere, rēxī, rēctum 내밀다
porta, ae, *f.* 문, 대문 2

portō, āre 옮기다, 나르다 5
portus, ūs, *m.* 항구
poscō, ere, poposcī, — 요구하다 8
possideō, ēre, sēdī, sessum 소유하다
possum, posse, potuī, — 할 수 있다(*inf.*) 5
post (부) 후에 10
post (전) 후에(*acc.*) 17
posteā (부) 나중에
posteāquam → postquam
posterī, ōrum, *m. pl.* 후손
posterior, ius 나중의, 다음의 19
postis, is, *m.* 기둥
postpōnō, ere, posuī, positum 뒤에 놓다
postquam (접) 한 후에 22
potior, īrī, potītus sum 누리다,
　　지배하다(*abl.*) 22
pōtō, āre, āvī, pōtum 마시다 16
praebeō, ēre, uī, itum 제공하다 6
praeceptum, ī, *n.* 계명, 가르침 16
praeda, ae, *f.* 전리품 4
praeditus, a, um 타고난, 갖춘(*abl.*) 24
praeferō, ferre, tulī, latum 앞세우다
praemium, ī, *n.* 노획물, 소득, 상급 15
praesertim (부) 특히 14
praesēns, entis 현재의, 생생한 20
praeses, sidis, *m.* 보호자 16
praesidium, ī, *n.* 도움, 보호 15
praestō, āre, stitī, stitum 뛰어나다(*alci*), 증명
　　하다
praesum, esse, fuī, — 이끌다(dat.) 20
praeter (전) 옆에, 제외하고(*acc.*) 18
praetereō, īre, iī, itum 지나가다, 지나치다 20
prātum, ī, *n.* 풀밭
precēs, um, *f. pl.* 기도, 간청

precor, ārī 빌다, 기원하다
prehendō, ere, hendī, hēnsum 잡다
premō, ere, pressī, pressum 누르다 13
pretium, ī, *n.* 가격
prīdem (부) 오래 전에 24
prīmō (부) 처음에 4
prīmus, a, um 최선의(prior의 최상급) 6
prīnceps, ipis 첫 번째의 16
prīnceps, ipis, *m.* 일인자, 장군, 지도자 17
prīncipium, ī, *n.* 시작 1
prior, prius 먼저의 21
priusquam (접) 하기 전에
prō (감탄) 슬프도다(*voc.*) 24
prō (전) 위하여, 대신하여, 대가로(*abl.*) 5
probō, āre 인정하다, 받아들이다 16
probus, a, um 좋은, 착한
prōcēdō, ere, cessī, cessum 앞으로 가다 6
procul (부) 멀리 10
prōcumbō, ere, cubuī, cubitum 엎드리다 12
prōdō, ere, didī, ditum 폭로하다
prōdūcō, ere, dūxī, ductum 인도하다, 산출하
　　다 14
proelium, ī, *n.* 전투 24
profectō (부) 실로, 참으로 10
prōferō, ferre, tulī, lātum 제시하다, 내놓다 22
prōficiō, ere, fēcī, fectum 진보하다, 성공하다
proficīscor, scī, fectus sum 떠나다,
　　출발하다 19
profiteor, ērī, fessus sum 공언하다, 공약하다
profundō, ere, fūdī, fūsum 쏟다, 붓다 19
prohibeō, ēre, uī, itum 금하다, 막다 24
prōiciō, ere, iēcī, iectum 던지다 13
prōlēs, is, *f.* 자손(*pl. gen.* prōlum)
prōmittō, ere, mīsī, missum 약속하다 12

prōmptus, a, um 갖추어진, 탁월한 24
prōnus, a, um (내리막의) 엎드린, 기울어진 17
prōnūntiō, āre 소리 내다, 말하다
prope (부) 거의, 근처에 10
prope (전) 가까이, 근처에(*acc.*) 25
properō, āre 서두르다 13
propius (부) 좀 더 가까이 10
proprius, a, um 고유한(*gen.*) 7
propter (전) 때문에(*acc.*) 18
proptereā (부) 그 때문에 25
prōrsus (부) 앞으로, 곧장, 철저히
prōscindō, ere, scidī, scissum 자르다, 갈다
prōspiciō, ere, spexī, spectum 바라보다
prōsum, prōdesse, fuī, — 이롭다(+ad) 22
prōtinus (부) 곧이어 19
prōvidentia, ae, *f.* 섭리 22
prōvincia, ae, *f.* 속주 2
proximus, a, um → (prope의 최상급) 16
prūdentia, ae, *f.* 현명, 지혜 19
pūblicus, a, um 공공의, 공적인 10
pudeō, ēre, puduī, — 부끄러워하다
pudet (비인) 부끄럽다(*inf.* /*gen.*) 18
pudor, ōris, *m.* 수줍음, 염치, 정숙 25
puella, ae, *f.* 소녀 4
puer, erī, *m.* 소년 3
pūgna, ae, *f.* 투쟁 1
pūgnō, āre 싸우다 5
pulcher, chra, chrum 예쁜 4
pulchritūdō, inis, *f.* 아름다움
pulmō, ōnis, *m.* 허파
pulsō, āre 치다, 두들기다 18
purpura, ae, *f.* 심홍, 관복 2
purpureus, a, um 심홍의 9
putō, āre 생각하다 17

Pygmaliōn, ōnis, *m.* 퓌그말리온 15
Pȳramus, ī, *m.* 퓌라무스 11
Pyrrha, ae, *f.* 퓌르라 17

Q

quā (의부) 어디로? 어떻게?
quā (관부) 거기로 11
quaerō, ere, sīvī, sītum 요구하다, 묻다 5
quālis, e (의형) 어떠한? 23
quālis, e (관형) 그러한 16
quam (의부) 얼마나? 18
quam (부) 매우, 대단히 16
quam (접) 보다 더 10
quamquam (접) 비록…이지만(*ind.*) 5
quamvīs (접) 비록…이지만(*coni.*) 19
quandō (의부) 언제? 7
quantus, a, um (관형) 그런 크기의 21
quantus, a, um (의형) 얼마나 큰? 14
quasi (접) 처럼 16
quattuor (수) 사, 넷
queror, erī, questus sum 불평하다
quī, quae, quod (관대) 그는, 그녀는, 그것은 15
quī, quae, quod (의형) 어떠한?
quia (접) 왜냐하면 15
quīdam, quaedam, quoddam (부명) 어떤 17
quidem (부) 실로, 참으로 (→ nē…quidem) 18
quidem…sed (tamen) 비록…이지만 10
quīn (접) 하지 않음을 20
quīnque (수) 오, 다섯
quis, quid (의대) 누구? 무엇? 3
quisquam, quidquam (부대) 어떤 사람, 어떤 것 11
quisque, quaeque, quodque (부대) 각자 8

quisquis, quidquid (부대) 누구든지, 무엇이든지 16
quīvīs, quaevīs, quidvīs (부대) 아무나 11
quō (의부) 어디로? 13
quō (접) 때문에
quō (접) 하기 위하여
quoad (접) 하는 동안 내내 25
quod (접) 왜냐하면 4
quōminus (접) 하지 못하도록 22
quōmodo (의부) 어떻게? 얼마나? 1
quoniam (접) 왜냐하면 6
quoque (부) 도 또한 5
quotannīs (부) 매년 24
quotiēns (의부) 몇 번의? 12
quotiēns (관부) 할 때마다 매번 16

R

rādīx, īcis, f. 뿌리
rapīna, ae, f. 납치 22
rapiō, ere, rapuī, raptum 잡아채다 7
raptor, ōris, m. 약탈자 23
rārus, a, um 드문 23
ratiō, ōnis, f. 이성, 계산 5
recingō, ere, cinxī, cinctum 풀다 13
recipiō, ere, cēpī, ceptum 수복하다, 영접하다 11
recondō, ere, didī, ditum 보관하다, 감추다 11
rēctor, ōris, m. 통치자 16
rēctē (부) 올바르게, 무사히 10
rēctus, a, um 바른, 곧은
recūsō, āre 거부하다 5
reddō, ere, didī, ditum 돌려주다 17
redeō, īre, iī, itum 돌아오다 7
reditus, ūs, m. 귀향

redimō, ere, ēmī, ēmptum 되사다 25
referō, ferre, rettulī, relātum 다시 가져오다, 보고하다, 이야기하다, 제출하다 21
rēgia, ae, f. 왕국 22
rēgīna, ae, f. 여왕 2
regiō, ōnis, f. 지역
rēgius, a, um 왕의 22
rēgnō, āre 통치하다 12
rēgnum, ī, n. 왕국 22
regō, ere, rēxī, rēctum 통치하다 7
relābor, lābī, lāpsus sum 도로 떨어지다 22
relevō, āre 경감한다, 위로하다 14
religiō, ōnis, f. 종교, 신앙 15
relinquō, ere, līquī, lictum 버리다, 남기다 14
reliquiae, ārum, f. pl. 나머지 22
remaneō, ēre, mānsī, mānsum 머물다, 남아있다 24
remedium, ī, n. 치료 2
remittō, ere, mīsī, missum 돌려보내다 19
removeō, ēre, mōvī, mōtum 치우다 23
renāscor, nāscī, nātus sum 다시 태어나다 18
reor, rērī, ratus sum 생각하다 24
repente (부) 갑자기 25
repetō, ere, petīvī, petītum 다시 찾다 19
repūgnō, āre 대항하다, 상충하다(dat.) 20
requiēs, ētis, f. 휴식, 안식 14
requiēscō, ere, quiēvī, quiētum 쉬다 25
requīrō, ere, sīvī, sītum 요구하다 11
rēs, reī, f. 사건, 사안, 일 8
resideō, ēre, sēdī, sessum 앉아 있다, 가라앉다 20
resolvō, ere, solvī, solūtum 풀다, 열다, 녹다 17
respiciō, ere, spexī, spectum 뒤돌아보다 4

respondeō, ēre, spondī, spōnsum 대답하다 (*alci*) 5
restituō, ere, uī, ūtum 복구하다 23
restō, āre, stitī, — 멈추다, 남다 23
resupīnus, a, um 누운, 뒤로 넘어진 11
rēte, is, *n.* 그물 13
retexō, ere, texuī, textum 도로 풀다, 다시 짜다 22
retractō, āre 다시 잡다, 다시 살피다 15
retrō (부) 뒤로, 반대로 22
revertor, revertī, reversus sum 돌아오다 19
rēx, rēgis, *m.* 왕 5
rīdeō, ēre, rīsī, rīsum 웃다 12
rigidus, a, um 뻣뻣한
rīpa, ae, *f.* 강둑
rogō, āre 묻다, 청하다 17
Rōma, ae, *f.* 로마 2
Rōmānus, a, um 로마의 2
rōs, rōris, *m.* 이슬
rosa, ae, *f.* 장미 9
rubefaciō, ere, fēcī, factum 붉게 만들다 21
rūmor, ōris, *m.* 소문, 평판 20
rumpō, ere, rūpī, ruptum 쪼개다, 부수다 13
ruō, ere, ruī, rūtum 달려들다, 쓰러지다 25
rūpēs, is, *f.* 절벽
rūre (부) 시골로부터
rūrī (부) 시골에서 19
rūrsus (부) 다시, 뒤로 15
rūs, rūris, *n.* 시골 18
rūsticor, ārī 시골에 살다 13
rūsticus, a, um 촌스러운 13

S

sacer, cra, crum 신성한, 저주스러운(*gen.*) 9
saeculum, ī, *n.* 세기, 백년

saepe (부) 가끔, 종종 7
saevitia, ae, *f.* 잔인함, 사나움 9
saevus, a, um 잔인한, 사나운 6
sagitta, ae, *f.* 화살 6
saliō, īre, luī, — 춤추다
saltus, ūs, *m.* 숲, 밀림
salūber, bris, bre 건강의, 유익한 6
salūs, ūtis, *f.* 안녕, 건강, 구원 10
salveō, ēre, —, — 안녕하다 3
salvus, a, um 온전한, 건강한 10
sanguis, inis, *m.* 피 8
sānus, a, um 건강한 11
sapiēns, entis 지혜로운 6
sapientia, ae, *f.* 지혜 5
sapiō, ere, —, — 지혜롭다
Sardinia, ae, *f.* 사르디니아 2
satiō, āre 충족시키다, 채우다
satis (부) 충분히 5
saxum, ī, *n.* 바위, 돌 8
scabies, ēī, *f.* 부스럼, 우둘두툴함
scelus, eris, *n.* 죄, 잘못
scēptrum, ī, *n.* 왕홀 16
scīlicet (부) 당연히, 분명 26
sciō, īre, scīvī, scītum 알다 12
scopulus, ī, *m.* 바위, 암초
scrība, ae, *m.* 서기 24
scrībō, ere, scrīpsī, scrīptum 쓰다 3
scrīptor, ōris, *m.* 역사가, 작가
sculpō, ere, psī, ptum 조각하다, 다듬다 15
sēcēdō, ere, cessī, cessum 떠나가다 10
secundum (전) 를 따라서(*acc.*) 7
secundus, a, um 순조로운 13
secūris, is, *f.* 도끼 10
sēcūrus, a, um 안전한

secus (부) 달리, 다르게 16
sed (접) 그러나 1
sedeō, ēre, sēdī, sessum 앉다 11
sēdēs, is, *f.* 좌석(*pl. gen.* sēdum)
semel (부) 한번, 한 차례 14
semper (부) 항상, 영원히 3
senātus, ūs, *m.* 원로원 5
senectūs, ūtis, *f.* 노령 14
senex, senis 늙은, 노인의 9
senex, senis, *m.* 노인 9
sēnsa, ōrum, *n. pl.* 생각 10
sēnsim (부) 조금씩 4
sēnsus, ūs, *m.* 감각 13
sententia, ae, *f.* 생각, 의도, 지혜 12
sentiō, īre, sēnsī, sēnsum 알다 6
sēparō, āre 분리하다 24
sepeliō, īre, sepelīvī, sepultum 파묻다
septem (수) 칠, 일곱
sepulcrum, ī, *n.* 무덤 19
sequor, sequī, secūtus sum 따르다, 추적하다 18
sermō, ōnis, *m.* 대화 16
serō, ere, —, sertum 짜다, 엮다 18
serō, ere, sēvī, satum (씨를) 뿌리다, 심다 20
sērō (부) 늦게 14
serpēns, entis, *f.* 뱀 22
sērus, a, um 늦은 14
serva, ae, *f.* 하녀 2
serviō, īre, īvī, ītum 시중들다, 섬기다(*alci*) 16
servitūs, ūtis, *f.* 굴종 10
servō, āre 지키다, 보존하다 3
servus, ī, *m.* 하인, 노예 7
sevērus, a, um 가혹한, 근엄한

sex (수) 육, 여섯
sī (접) 만약…이라면 7
sīc (부) 그렇게 8
siccus, a, um 마른 4
sīcut (접) 처럼 9
Sicilia, ae, *f.* 시킬리아 2
sīdō, ere, sīdī, sessum 앉다 4
sīdus, eris, *n.* 별 10
sīgnificō, āre 표시하다 22
sīgnum, ī, *n.* 징표, 별자리, 군기 9
silentium, ī, *n.* 침묵, 고요 22
silva, ae, *f.* 숲 6
similis, e 유사한, 비슷한(*alcis* /*alci*) 6
simul (부) 함께, 동시에 14
simulac → simulatque
simulācrum, ī, *n.* 모상, 형상 12
simulatque (접) 하자마자 9
sine (전) 없이(*abl.*) 7
singulāris, e 단일의, 뛰어난 19
singulī, ae, a 하나씩, 매, 마다 24
sinister, tra, trum 왼손의, 불길한
sinō, ere, sīvī(siī), situm 허락하다(*inf.*)
sinuō, āre 굽히다, 켕기다
sistō, ere, stetī(stitī), statum 정지하다 7
sitiō, īre, —, — 목마르다 12
situs, a, um 건설된, 매장된 18
sitis, is, *f.* 갈증 10
societās, ātis, *f.* 유대, 사교, 회합
socius, a, um 동료의, 동맹의 15
sōl, sōlis, *m.* 태양 6
sōlācium, ī, *n.* 위안, 앙갚음, 경감 13
soleō, ēre, solitus sum 늘…하다(*inf.*) 9
sōlus, a, um 혼자의, 유일한 10
solvō, ere, solvī, solūtum 해결하다 14

somnus, ī, *m.* 잠 18
sonus, ī, *m.* 소리 24
sordidus, a, um 지저분한, 더러운
soror, ōris, *f.* 누이, 여동생 18
sors, tis, *f.* 운명, 제비, 신탁 17
spargō, ere, sparsī, sparsum 뿌리다 20
spatium, ī, *n.* 공간, 사이, 간격 17
speciēs, ēī, *f.* 외형, 외관 14
speciō, ere, spexī, spectum 보다 7
spectābilis, e 화려한 8
spectō, āre 바라보다 4
speculātor, ōris, *m.* 관찰자, 척후병 21
spērō, āre 희망하다 5
spēs, speī, *f.* 희망 14
spīritus, ūs, *m.* 호흡 21
spīrō, āre 숨 쉬다 5
splendidus, a, um 빛나는, 훌륭한 21
spolia, ōrum, *n. pl.* 전리품
stadium, ī, *n.* 경기장
statim (부) 즉시, 곧 6
statiō, ōnis, *f.* 임무, 체류지 16
statua, ae, *f.* 조각상, 동상 2
statuō, ere, uī, ūtum 세우다
sternō, ere, strāvī, strātum 쓰러뜨리다 21
stīlla, ae, *f.* 물방울 2
stīpes, itis, *m.* 통나무 21
stō, stāre, stetī, statum 서다, 매달리다 14
stringō, ere, strīnxī, strictum(1) 건드리다, 상처 내다 19
stringō, ere, strīnxī, strictum(2) 졸라매다, 묶다
studeō, ēre, uī, — 골몰하다, 공부하다(*alci*) 9
studiōsus, a, um 열중한, 근면한(*gen.*) 17
studium, ī, *n.* 공부, 열정 3

stultus, a, um 어리석은 8
stupeō, ēre, uī, — 마비되다 22
suādeō, suādēre, suāsī, suāsum 설득하다 20
sub (전) 아래로(*acc.*), 아래에(*abl.*) 11
subeō, īre, iī, itum 들어가다, 짊어지다, 접근하다 9
succumbō, ere, cubuī, — 엎드리다, 굴복하다 16
succurrō, ere, currī, cursum 돕다(*alci*) 14
sufferō, sufferre, sustulī, sublātum 견디다 14
sum, esse, fuī, — 이다, 있다 1
sūmō, ere, sūmpsī, sūmptum 취하다, 뽑다 16
summittō, ere, mīsī, missum 내려 보내다, 복종시키다 12
summus, a, um → superus의 최상급 19
super (전) 위에(*acc./abl.*) 14
superbia, ae, *f.* 오만, 자존심 12
superbus, a, um 오만한 6
superī, ōrum, *m. pl.* 천상의 신들 14
superior, ius → superus의 비교급 21
superō, āre 앞지르다, 정복하다 6
supersum, esse, fuī, — 살아남다 8
superus, a, um 천상의, 지상의 6
superstes, stitis 남아있는, 살아있는 17
suppliciter (부) 간절히
suprā (부) 위에 23
suprā (전) 위에(*acc.*)
suprēmus, a, um → superus의 최상급 22
surgō, ere, surrēxī, surrēctum 일어나다 254sūs, suis, *m./f.* 돼지
suscēnseō, ēre, suī, —, 화내다(*dat.*) 16
suscipiō, ere, cēpī, ceptum 받치다, 책임지다 16
suspiciō, ere, spexī, spectum 쳐다보다 23

suspīciō, ōnis, *f.* 의심
suspicor, ārī 의심하다, 추측하다 25
sustineō, ere, tinuī, tentum 견디다, 버티다 22
suus, a, um 자기 자신의 9

T

tabella, ae, *f.* 판, 쪽지, 투표용지 18
taberna, ae, *f.* 오두막, 상점 18
tābēscō, ere, buī, — 쇠약해지다
tabula, ae, *f.* 판, 글판 19
taceō, ēre, uī, itum 침묵하다 23
tacitus, a, um 침묵의, 무언의 20
taeda, ae, *f.* 횃불, 혼인 11
taedet (비인) 싫증나다(*alqm alcis rei*) 17
tālis, e 그런 성질의, 그와 같은 22
tam (부) 그처럼 4
tamen (부) 그럼에도 3
tandem (부) 마침내 2
tangō, ere, tetigī, tāctum 건드리다, 감동시키다 8
Tantalis, idos, *f.* 탄탈로스의 딸
Tantalus, ī, *m.* 탄탈로스 8
tantus, a, um 그만큼 커다란 10
tardus, a, um 느린
Tartara, ōrum, *n. pl.* 저승 23
taurus, ī, *m.* 황소 4
tēctum, ī, *n.* 지붕, 집
teg(i)mentum, ī, *n.* 덮개 20
tegō, ere, tēxī, tēctum 덮다, 가리다 9
tellūs, ūris, *f.* 지구, 땅 22
tēlum, ī, *n.* 창, 화살 10
temere (부) 아무렇게나, 함부로 23
temeritās, ātis, *f.* 경솔함, 성급함 23
temperō, āre 배합하다, 제압하다 22
templum, ī, *n.* 신전, 사원 14
temptō, āre 시도하다 3
tempus, oris, *n.* 시간, 시대 5
tendō, ere, tetendī, tentum 펼치다, 향해가다
tenebrae, ārum, *f. pl.* 어둠 7
teneō, ēre, uī, tentum 잡다 6
tener, era, erum 부드러운 4
tenuis, e 가는, 약한, 섬세한 18
tenus (부) 까지(선행 *abl.*) 13
tepeō, ēre, uī, — 미지근하다, 따뜻해지다 15
tepidus, a, um 미지근한, 따뜻한 14
tergum, ī, *n.* 등, 가죽 4
terō, ere, trīvī, trītum 밟다 2
terra, ae, *f.* 대지, 땅 1
terreō, ēre, uī, itum 위협하다 13
testimōnium, ī, *n.* 증언 18
testis, is, *m./f.* 증인 24
texō, ere, texuī, textum (옷감을) 짜다 7
Thēseus, eos, *m.* 테세우스
Thisbē, ēs, *f.* 티스베 11
tībiae, ārum, *f. pl.* 피리
timeō, ēre, timuī, — 두려워하다(nē) 8
timidē (부) 소심하게 15
timidus, a, um 소심한, 겁내는 24
timor, ōris, *m.* 두려움 7
tingō, ere, tīnxī, tīnctum 적시다, 물들이다 10
titulus, ī, *m.* 자격, 권리, 명칭 21
tolerō, āre 참다, 견디다 10
tollō, tollere, sustulī, sublātum 들다, 없애다 12
torqueō, ēre, torsī, tortum 돌리다, 고문하다 20
torus, ī, *m.* (혼인)침대 15
tot (불변) 그렇게 많은 17

totidem (불변) 같은 수의 8
totiēns (부) 여러 번의 24
tōtus, a, um 전체의 15
trabs, trabis, *f.* 나무
trādō, ere, didī, ditum 전달하다 16
trādūcō, ere, dūxī, ductum 건네 보내다 18
trahō, ere, trāxī, tractum 끌다 9
trāiciō, ere, iēcī, iectum 건너보내다
tranquillitās, ātis, *f.* 고요 10
tranquillus, a, um 잔잔한, 고요한, 평온한 10
trāns (전) 를 건너서(*acc.*) 20
trānseō, īre, iī, itum 건너다 5
trānsfīgō, ere, fīxī, fīxum 찌르다
trānsitus, ūs, *m.* 넘어감, 이전 19
tremō, ere, uī, — 떨다, 무서워하다 18
trepidō, āre 떨다 6
trēs, tria (수) 셋, 삼 14
tribūnus, ī, *m.* 구대장 19
tribuō, ere, uī, ūtum 분배하다, 양보하다 16
tribus, ūs, *f.* 지역, 부족 16
triplex, icis 삼중의 23
trīstis, e 슬픈, 엄격한 6
trīstitia, ae, *f.* 슬픔, 비통 9
Trōia, ae, *f.* 트로이아 12
tū 너는 11
tueor, ērī, tūtātus sum 보호하다, 주시하다
tumultus, ūs, *m.* 소요
tumulus, ī, *m.* 무덤 19
tunc (부) 당시에, 그다음에 21
turba, ae, *f.* 군중, 운집 8
turbō, āre 소란케 하다, 소요를 야기하다 12
turpis, e 추한, 흉한 9
turris, is, *f.* 탑, 요새, 왕궁 10
tūs, tūris, *n.* 향

tūtēla, ae, *f.* 후견, 후견인 14
tūtor, ārī, tūtātus sum 보호하다 12
tūtor, ōris, *m.* 보호자
tūtus, a, um 안전한 2
tuus, tua, tuum 너의 5
tyrannus, ī, *m.* 왕, 독재자

U

ūber, eris 충만한, 풍요로운
ubī (접) 할 때에, 하는 곳에서 5
ubī (의부) 어디에? 5
ubī (관부) 거기서 9
ūllus, a, um (부정문에서) 전혀 아닌 25
ulter, tra, trum 저쪽의
ulterior, ius → ulter의 비교급
ultimus, a, um → ulter의 최상급 22
ultor, ōris, *m.* 복수자 21
umbra, ae, *f.* 그림자 9
umerus, ī, *m.* 어깨 6
umquam → unquam
ūnā (부) 함께 10
unda, ae, *f.* 파도, 물결, 바다 1
unde (부) 거기로부터 7
unde (의부) 로부터? 1
undique (부) 사방에서 25
ūniversus, a, um 전체적인, 보편적인 16
unquam (부) 한번이라도 15
ūnus, a, um 하나의 8
urbs, urbis, *f.* 도시 7
urgeō, ēre, ursī, — 재촉하다 21
urna, ae, *f.* 항아리 24
ūrō, ere, ussī, ustum 불태우다
ursa, ae, *f.* (암컷) 곰 10
ūsque (부) 계속, 마냥 4

ūsus, ūs, *m.* 쓸모 18
ut (접) 그렇게 되다(결과) 23
ut (접) 하기 위하여(목적) 22
ut (접) 처럼(비교) 16
ut (접) 할 때(시간)
uter, utra, utrum (지명) 둘 중 하나
uter, utra, utrum (의대) 둘 중 누구? 15
uterque, utraque, utrumque 둘 다 각각 9
ūtilis, e 쓸모 있는, 유익한 15
ūtilitās, ātis, *f.* 유용성 12
ūtor, ūtī, ūsus sum 사용하다(*abl.*) 19
utrum (부) 냐? 15
uxor, ōris, *f.* 아내 19

V

vacca, ae, *f.* 암소
vacō, āre 비어있다 16
vacuus, a, um 텅빈, 공허한 19
vādō, ere, —, — 가다
vago, are(vagor, ārī) 돌아다니다, 헤매다 22
valdē (부) 매우 2
valeō, ēre, uī, itum 건강하다, 유효하다 9
validus, a, um 강력한 20
vallēs(is), is, *f.* 계곡 22
vapor, ōris, *m.* 증기, 불꽃
variō, āre 바꾸다, 차이 나다
varius, a, um 다양한 9
vāstō, āre 파괴하다, 약탈하다 17
vāstus, a, um 황폐한, 야생의 22
vastus, a, um 광대한, 볼품없는
vātēs, is, *m.* 예언자, 시인 22
vehō, ere, vēxī, vectum 나르다, 운반하다 17
vel (부) 혹은 5
vēlāmen, inis, *n.* 옷 10

vēlō, āre 가리다, 덮다 17
velut (부) 와 같이, 처럼
vēnātiō, ōnis, *f.* 사냥 25
vēnātus, ūs, *m.* 사냥 24
venēnum, ī, *n.* 독
veniō, īre, vēnī, ventum 가다 3
vēnor, ārī, vēnātus sum 사냥하다
ventus, ī, *m.* 바람
venus, eris, *f.* 사랑
Venus, eris, *f.* 사랑의 여신 베누스 15
vēr, vēris, *n.* 봄 6
verbum, ī, *n.* 단어, 말 3
vereor, ērī, veritus sum 두려워하다,
 경외하다
vēritās, ātis, *f.* 진실 13
vērō (부) 실로, 물론 4
versus, ūs, *m.* 줄, 행, 시(詩) 13
vertex, icis, *m.* 소용돌이, 꼭대기 13
vertō, ere, vertī, versum 바꾸다 13
vērum (부) 그러나 25
vērus, a, um 진실된, 참된 5
vesper, erī, *m.* 저녁, 황혼 19
vester, vestra, vestrum 너희의 11
vestīgium, ī, *n.* 발바닥, 자취 4
vestis, is, *f.* 옷 13
vetō, āre, uī, itum 금지하다
vetus, eris 늙은, 오래된 16
via, ae, *f.* 길 2
viātor, ōris, *m.* 여행자 25
vīcīnus, a, um 가까운, 인접한 10
victor, ōris, *m.* 승리자 15
victōria, ae, *f.* 승리 16
vīcus, ī, *m.* 마을
videō, ēre, vīdī, vīsum 보다 4

vigeō, ēre, uī, — 번성하다, 건강하다 25
vigilia, ae, *f.* 야경, 야간
vigilō, āre 깨어있다 18
vīlla, ae, *f.* 저택 11
vinciō, īre, vinxī, vinctum 묶다 23
vincō, ere, vīcī, victum 이기다 5
vinculum, ī, *n.* 사슬, 속박
vindex, icis, *m.* 복수자
vindicō, āre 법적 권리를 주장하다, 복수하다 16
vīnum, ī, *n.* 포도주
violentus, a, um 격분한, 난폭한 21
vir, virī, *m.* 남자, 남편, 사람 3
virga, ae, *f.* 지팡이, 막대기 16
virgō, inis, *f.* 처녀 15
viridis, e 푸른, 싱싱한 12
virīlis, e 남자의
virtūs, ūtis, *f.* 덕, 훌륭함 5
vīs, vīs, *f.* 힘, 능력(*pl.* vīrēs, vīrium) 14
vīsitō, āre 방문하다
vīta, ae, *f.* 삶 2
vitium, ī, *n.* 과오 11
vītō, āre 피하다 5
vīvō, vivere, vīxī, — 살다 12
vīvus, a, um 활기찬, 살아 있는
vix (부) 거의 아닌 21
vixdum (부) 겨우, 간신히 25
vocō, āre 부르다 6
volō, āre 날다 19
volō, velle, voluī, — 원하다 6
volucris, is, *f.* 새 15
voluntās, ātis, *f.* 의지 7
vomō, ere, uī, itum 토하다
voluptās, ātis, *f.* 쾌락, 욕망

volvō, ere, volvī, volūtum 굴리다 14
vōs 너희는 11
vōtum, ī, *n.* 소망 15
vōx, vōcis, *f.* 목소리 11
vulnerō, āre 상처 입히다 16
vulnus, eris, *n.* 상처 9
vultus, ūs, *m.* 얼굴 13

참고문헌

고전라틴어연구소(편), 『라틴—한글 사전』, 가톨릭대학교출판부, 1995.
공성철(편), 『(명문으로 문법과 독해력을 습득하는)라틴어 강좌』, 한들, 2007.
박기용, 『라틴어: 문법강좌, 명저원강』, 태학사, 1999.
성염(저), 『고급라틴어』, 경세원, 2014.
성염(저), 『라틴어 첫 걸음』, 경세원, 2002.
이화남, 『라틴어 문법』, 세기문화사, 1995.
조경호, 『꿩먹고 알먹는 라틴어 첫걸음』, 문예림, 2010.
조경호(저), 『(기초) 라틴어 문법』, 문예림, 2013.
한동일, 『카르페 라틴어 종합편』, 문예림, 2016.

M. Balme & J. Morwood, *Oxford Latin Course I, II*, Oxford University press, 1996.

E. Bornemann, *Lateinisches Unterrichtswerk*, Frankfurt am Main, 1972.

E. Dickey, *Learning Latin the Ancient Way*, Cambridge Univ. Press, 2016.

J. Clackson, *A companion to the Latin Language*, Wiley Blackwell, 2011.

Gildersleeve & Lodge, *Latin Grammar*, New York, 1895.

P. A. Johnston, *Traditio: An Introduction to the Latin Language*, New York, 1997.

R. Kühner & C. Stegmann, *Ausführliche Grammatik der Lateinischen Sprache*, Darmstadt, 1976.

G. Kurz, *Studium Latinum*, Buchner, 1993.

H. Menge, *Repetitorium der Lateinischen Syntax und Stilistik*, Darmstadt, 1995.

H. H. Ørberg, *Lingua Latina, pars 1, familia Romana*, cultura clasica, 1991.

Rubenbauer & Hofmann, *Lateinische Grammatik*, Bamberg/ München, 1995.

F. M. Wheelock, *Wheelock's Latin*, Collins reference, 2011.

E. C. Woodcock, *A new Latin Syntax*, Bolchazy-Carducci, 1959.

저작권 표시

15쪽   Forum Rōmānum ⓒ Diana Ringo
33쪽   Homērus, Bāiae ⓒ Marie-Lan Nguyen
34쪽   Ovidius ⓒ Kurt Wichmann
39쪽   Eurōpa ⓒ Carl Raso
46쪽   전차 경기 ⓒ Ealdgyth
47쪽   Sīlēnus et Pān, Pompeii ⓒ Yann Forget
50쪽   Pēnelopē lānifica ⓒ kladcat
55쪽   Daphnē fīlia et pater Pēnēus ⓒ Wolfgang Sauber
58쪽   Apollō cum lyrā ⓒ Carole Raddato
62쪽   Cupīdō et Lyra ⓒ Wolfgang Rieger
66쪽   Villa Romana del Casale ⓒ Jerzy Strzelecki
72쪽   Puellae, Villa Romana del Casale ⓒ M. Disdero
75쪽   Niobidae ⓒ Carole Raddato
79쪽   Venātiō, Lucania, 기원전 4세기 후반 ⓒ Carole Raddato
85쪽   Diana, Napoli ⓒ ArchaiOptik
90쪽   Ursa māior ⓒ Sidney Hall(1788~1831)
93쪽   Casca Longus, Pompeii ⓒ Jebulon
94쪽   Suāda et Cupīdō, Pompeii ⓒ Marie-Lan Nguyen
97쪽   Herculēs et Omphalē ⓒ Stefano Bolognini
100쪽   로마의 식사문화 ⓒ 박민음
109쪽   Amphitheātrum Flāvium ⓒ Paolo Costa Baldi
110쪽   Ūrīnātor, Paestum, 기원전 480~470년 ⓒ Miguel Hermoso Cuesta
113쪽   Pōlypus et piscēs, Pompeii ⓒ Marie-Lan Nguyen
116쪽   Satyrī, Vīlla Cicerōnis, Pompeii ⓒ ArchaiOptix
117쪽   로마의 철학 ⓒ 양호영
125쪽   로마 지도 ⓒ Cristiano64
133쪽   FACITIS VOBIS SUAVITER EGO CANTO EST ITA VALEAS ⓒ Napoli, Museo Archeologico Nazionale

134쪽	Ātrium, casa del Menandro, Pompeii © Carole Raddato
137쪽	Ad cucumās, Herculaneum © Carole Raddato
147쪽	Casa del bracciale d'oro, Pompeii © Stefano Bolognini
151쪽	12표법 © 최병조
157쪽	Fēmina cum lyrā, Pompeii © Carole Raddato
161쪽	형사소송절차 © 성중모
162쪽	avis © Jebulon
164쪽	Flōrēs et avēs © Carole Raddato
169쪽	로마공화정 © 김덕수
178쪽	Medea, Villa Arianna © Mentnafunangann
180쪽	Herculaneum © Napoli, Museo Archeologico Nazionale
192쪽	Portus © Napoli, Museo Archeologico Nazionale
194쪽	Bacchus, Casa del Centenario, Pompeii © Wolfgang Rieger
195쪽	Reditus, Lūcānia, 기원전 375~370년 © Carole Raddato
198쪽	Gallus et ūvae, Pompeii © Carole Raddato
203쪽	Duellum, Lūcānia, 기원전 3세기 © Carole Raddato
213쪽	Herculaneum © Napoli, Museo Archeologico Nazionale
216쪽	Pompeii © Stefano Bolognini

색인

간접화법 ōrātiō oblīqua 173, 204, 213
내적 종속 128, 173, 188, 196
능동태 actīva 26
대격 accūsātīvus 155
    -감탄 exclāmātiōnis
    -목적어
    -부사적 대격 adverbiālis
    -희랍의 대격 graecus(respectūs)
대격과 부정사 AcI 87
대격과 분사 AcP 103
독립 탈격 ablatīvus absolūtus 103
동명사 gerundium 111
동사의 사주(四柱) 64
동사 변화 coniugātiō 26, 33, 95, 128, 145, 172
등위 접속사 49
명령법 imperātīvus 56
명사 변화 dēclīnātiō 21, 33, 48, 73, 88, 111, 120
목적격 → 대격
목적분사 supīnum 120
못 갖춘 동사 dēpōnēns 64
부정사 īnfīnitīvum 87
분사 구문 participium coniūnctum 103
    -동반
    -시간
    -양보
    -역접
    -이유
    -조건
    -목적

소유격 → 속격
미래수동분사 gerundīvum 111
수동태 passīva 128, 145
속격 genetīvus 145
    -가격 pretiī → 규정
    -귀속 pertinentiae
    -규정 qualitātis
    -목적어
    -소유 possessīvus
    -재료 materiae
    -전체 partitīvus
    -정의 dēfīnītīvus
    -죄목 crīminis
시제 일치 cōnsecūtiō temporum 173, 188, 196, 204
어순 40
여격 datīvus 154
    -간접 목적어
    -목적 fīnālis
    -소유 possessīvus
    -이익 commodī
    -판단 iūdicantis
    -행위자 auctōris
    -화자의 관심 ēthicus
일치 40, 41, 103, 127
    -관형어의 일치
    -동격
    -의미에 따른 일치 congruentia ad sēnsum
    -주어와 술어의 일치
의문문 65, 128

　　　　－의문대명사
　　　　－의문부사
　　　　－의문형용사
전치사 155, 164, 181
접속법 coniūnctīvus 128, 172, 173, 181,
　　　188, 196, 204, 212
　　　　－가정
　　　　－금지
　　　　－명령
　　　　－소원
　　　　－숙고
　　　　－양보
　　　　－청유
종속절
　　　　－간접의문문 188
　　　　－결과 cōnsecūtīva 196
　　　　－관계 relātīva 128
　　　　－목적 fīnālis 188
　　　　－비교 comparātīva 186
　　　　－시간 temporālis 212
　　　　－양보 concessīva 196
　　　　－이유 causālis 196
　　　　－조건 condiciōnālis 204
탈격 ablātīvus 163
　　　　－관점 respectūs
　　　　－규정 qualitātis
　　　　－도구 īnstrumentī
　　　　－동반 sociatīvus(comitātīvus)
　　　　－비교 comparātiōnis
　　　　－양태 modī
　　　　－이유 causae
　　　　－이탈 sēparātiōnis(orīginis)
　　　　－장소와 시간 locī et temporis
　　　　－차이 mēnsūrae(differentiae)

　　　　－행위자 auctōris
ablātīvus → 탈격
ablātīvus absolūtus → 독립 탈격
accūsātīvus → 대격
AcI → 대격과 부정사
AcP → 대격과 분사
coniugātiō → 동사 변화
coniūnctīvus → 접속법
cōnsecūtiō temporum → 시제 일치
datīvus → 여격
dēclīnātiō → 명사 변화
dēpōnēns → 못 갖춘 동사
genetīvus → 속격
gerundium → 동명사
gerundīvum → 수동미래분사
imperfectum → 과거
īnfīnitīvum → 부정사
ōrātiō oblīqua → 간접화법
participium coniūnctum → 분사 구문
subiūnctīvus → coniūnctīvus
supīnum → 목적분사

FABVLA DOCET
희랍 로마 신화로 배우는 고전 라티움어

1판 1쇄 펴냄	2019년 2월 25일
개정판 1쇄 펴냄	2019년 9월 2일
개정2판 1쇄 펴냄	2020년 3월 6일
개정2판 2쇄 펴냄	2020년 9월 1일
개정2판 3쇄 펴냄	2021년 3월 15일
개정3판 1쇄 펴냄	2024년 12월 6일

지은이　김남우
펴낸이　김정호
펴낸곳　아카넷
편집　박수용
디자인　이경은 이대응
마케팅　나영균
제작 및 관리　박정은

출판등록　2000년 1월 24일(제406-2000-000012호)
주소　10881 경기도 파주시 회동길 445-3 2층
전화　031-955-9510(편집) 031-955-9514(주문)
팩스　031-955-9519
전자우편　acanet@acanet.co.kr
홈페이지　www.acanet.co.kr

ⓒ 김남우, 2024
ISBN 978-89-5733-959-6 (93790)

이 도서의 국립중앙도서관 출판예정도서목록(CIP)은 서지정보유통지원시스템 홈페이지(http://seoji.nl.go.kr)와 국가자료공동목록시스템(http://www.nl.go.kr/kolisnet)에서 이용하실 수 있습니다.
(CIP제어번호: CIP2020005540)

• 책값은 뒤표지에 있습니다.
• 잘못 만들어진 책은 구입하신 곳에서 교환해 드립니다.